AtV

Nahe der Berliner Friedrichstraße verläuft die Auguststraße. In der Nummer 14/16 befand sich bis in die achtziger Jahre die 1947 gegründete Max-Planck-Oberschule, und Regina Scheer war eine ihrer Schülerinnen. Das Haus, über dessen Vergangenheit so auffällig geschwiegen wurde, beschäftigte sie über ihre Schulzeit hinaus. Sie suchte Auskünfte über die wechselvolle Geschichte des Gebäudes, das als jüdisches Krankenhaus gebaut wurde, später das Kinderheim AHAWAH beherbergte und schließlich Sammelstelle für den Abtransport jüdischer Menschen in die Konzentrationslager war. Regina Scheer fand Fotos, Dokumente und Zeugen, die Haus und Straße kannten. Es gab Nachbarn, die von nichts wußten, nichts gesehen oder gehört hatten, aber es gab auch Menschen, für die das Erinnern schmerzhaft Wunden aufriß.

Die Autorin folgte den Spuren bis nach Israel zu ehemaligen Zöglingen der AHAWAH. Sie hatte plötzlich Fäden in der Hand, die sich zu Lebensgeschichten verwoben.

Von einem vergessenen Haus ging die Spurensuche aus. Sie traf auf jüdische Kulturgeschichte, Berliner Leben in diesem Jahrhundert, auf sichtbare oder verborgene Indizien deutscher Geschichte in der Gegenwart.

Regina Scheer wurde 1950 in Berlin geboren. 1968 machte sie das Abitur, danach studierte sie Theater- und Kulturwissenschaft an der Humboldt-Universität zu Berlin. Von 1972 bis 1976 war sie Redakteurin der Studentenzeitung „Forum“. Seit 1976 arbeitet sie freiberuflich als Redakteurin, Publizistin und Herausgeberin. Sie lebt in Berlin.

Veröffentlichungen von Gedichten und Erzählungen in Anthologien.

„AHAWAH. Das vergessene Haus“ erschien 1992.

Regina Scheer

AHAWAH.
Das vergessene Haus

Spurensuche
in der Berliner Auguststraße

Aufbau Taschenbuch Verlag

Die Namen der Personen und Orte sind weitgehend authentisch. In einigen Fällen wurden sie aus Gründen des Personenschutzes verändert.

Allen Menschen, die mir mit Hinweisen, mit ihrem Vertrauen und mit ihrer Geduld geholfen haben, möchte ich danken. Herzlicher Dank gilt auch Frau Dr. Ruth Gross, die mir Fotografien ihres Vaters Abraham Pisarek zur Verfügung stellte.

R. S.

ISBN 3-7466-1008-7

3. erweiterte Auflage 2000
Aufbau Taschenbuch Verlag Berlin

Umschlaggestaltung Preuße/Hülpüsch Grafik Design
unter Verwendung eines Fotos von Bertt Hülpüsch
Satz LVD GmbH, Berlin
Druck Elsnerdruck GmbH, Berlin
Printed in Germany

www.aufbau-taschenbuch.de

Inhalt

Das sprechende Haus

Ich will über ein Haus schreiben, über Menschen, die dort hineingingen, hineingetragen, hineingetrieben wurden, über Menschen, die in dem Haus lebten, gesund wurden, hofften, haßten, starben, Menschen, die in ihm lernten, lehrten, die es verließen, verlassen mußten, hinausgetrieben, hinausgetragen wurden, die hinausrannten, aus dem Fenster sprangen, die das Haus nicht vergessen haben, die es mit sich nahmen bis an den Rand der Wüste.

Ich war vierzehn Jahre alt und kam in das Haus, weil es damals die Erweiterte Oberschule Max Planck war. Vier Jahre lang fuhr ich an jedem Schultag mit der Straßenbahn von Niederschönhausen nach Berlin Mitte.

Nie zuvor hatte ich eine solche Straße gesehen.

Sie schien mir schmal, dunkel; die Fassaden der Häuser blätterten ab, wie entzündete Wunden kroch die Fäulnis über das Mauerwerk, gab Reste von Anstrichen und Inschriften preis. Hinter den Fassaden ahnte ich Leben.

Auf dem kurzen Stück der Auguststraße zwischen der Tucholskystraße und der Großen Hamburger gab es drei Schulen - oder waren es sogar vier. Aber die eigentlichen Bewohner der Auguststraße waren alte Frauen, die aus den Fenstern guckten, die mit geblümten Beuteln und Kunstledertaschen unterwegs waren oder zu zweit vor den Häusern standen, vor den zugemauerten Eingängen längst verschlossener Läden. Männer schienen zu diesen Frauen nicht zu gehören.

Meine Schule war ganz anders als die fünf Berliner Schulen, die ich bis dahin kennengelernt hatte. Sie sah anders aus, sie roch anders.

Von der Auguststraße kam man durch die Toreinfahrt des Vorderhauses, in dem eine Hilfsschule untergebracht war, auf den ersten Hof, in dessen Mitte eine Fahnenstange hochragte. Später, viel später sah ich auf alten Fotos, daß hier ein Blumenrondell gewesen war, und ich traf Menschen, die sich an die üppig blühende Pracht erinnerten.

Ein Vierteljahrhundert nach meiner ersten Begegnung mit dem Haus liegen neue Fotografien des Hauses und seiner Höfe vor mir. Da gibt es wieder ein Rondell, auf dem sich ein kümmerlicher Strauch zu leben abmüht. Die Fahnenstange hat sich verdoppelt, rechts und links des spärlichen Rondells harren sie weißgestrichen und leer der zukünftigen Fahnen, weil die alten im Moment, da ich dies schreibe, nichts mehr gelten.

Die Eingangstür auf den neuen Fotos ist dieselbe wie in meiner Schulzeit, es ist die dunkelgestrichene, mit Kreisen und Mäandern verzierte eichene Kassettentür wie auf den Fotos von Abraham Pisarek, es ist die Tür von 1861.

Fotos dieser Tür habe ich Menschen gezeigt, die bei ihrem Anblick in Tränen ausbrachen. Vier Jahre lang ging ich tausende Male durch diese Tür. Ich stieg die Treppe hoch, ging nach rechts ein Stück des langen Korridors entlang, wieder eine Treppe hoch, ganz oben rechts befand sich mein Klassenraum. Der war nicht wie gewöhnliche Klassenzimmer geschnitten, es gab in diesem Haus kaum Zimmer von normaler Größe. Die meisten Räume waren Säle, manche hatten seitliche Guckfenster, hinter denen schmale Kammern lagen. Alle Räume waren hell, hatten große Fenster zum ersten Hof oder wie unser Klassenzimmer zum Garten hinter dem Haus. Ich weiß nicht, warum ich ihn in Gedanken von Anfang an Garten nannte, denn außer wenigen alten Bäumen erinnerte nichts an einen Garten. Es war ein ummauerter Schulhof, auf seinem rötlichen Belag wuchs nichts. Aber von oben aus dem Fenster sah man hinter der Mauer so etwas wie einen verwilderten Park, in den Baracken hineingestellt waren, und dahinter die Rückfront der Ruine, die einmal die Synagoge in der Oranienburger Straße gewesen war. Die alten Bäume zwischen dieser Synagoge und meinem Schulhaus standen im Winter knorrig und schön wie von Caspar David Friedrich gemalt, im Sommer verdeckte ihr Grün die Synagoge. Von oben aber wirkte die Mauer nicht trennend, von hier sah alles aus, als gehörte es zusammen. Links hinter der Mauer war ein anderer Garten, der des katholischen Sankt Hedwig-Hospitals in der Großen Hamburger Straße. Die drei Grundstücke der Synagoge, des katholischen Hospitals und meines Schulhauses stießen hier zusammen.

Ich kam gern früh, lange vor den Lehrern und den anderen Schülern, in das Haus. Dann waren die Straßenbahnen noch nicht so voll, und vor allem war das Schulhaus leer. Ich konnte an meinem Platz sitzen und schreiben oder lesen. Da, wo ich herkam, fand ich diese Stille nicht. Ich schrieb kleine Bücher voll, meine Tagebücher, und hörte, wie sich das Haus langsam mit Geräuschen füllte, wenn die anderen kamen. Dann verstummte das Haus. Vorher hatte es geächzt und gesummt und geatmet. In den frühen Morgenstunden, wenn die Stimmen seiner Bewohner noch schweigen und keine Türen klappen, kann man die Sprache eines Hauses verstehen.

Manchmal, wenn ich morgens kam, traf ich die Reinigungsfrau, die in meinem Klassenzimmer noch bei der Arbeit war. Die Frau, denke ich heute, wird dreißig gewesen sein, mir kam sie alt und müde vor. Bevor sie ging, setzte sie sich manchmal an den Lehrertisch, rauchte eine Zigarette und sprach mit mir. Sie störte mich nicht, ihre Stimme war nicht laut, nur monoton. Sie sprach, ohne eine Antwort zu erwarten, von ihren Kindern, denen sie, bevor sie im Morgengrauen zur Arbeit gegangen war, das Frühstück hingestellt hatte, von ihrem Mann, der ausgezogen war, aber sie und die Kinder nicht in Ruhe ließ, von ihrer Wohnung in der Ackerstraße, nicht weit von hier, gleich hinterm Koppenplatz.

Die Frau war in dieser Gegend geboren.

Oft erzählte sie von dem Bonzenbunker am Koppenplatz, der nach dem Krieg gesprengt worden sei. Wenn sie vom Einkaufen kommt, sagte sie, setzt sie sich manchmal da auf die Bank und denkt daran, wie sie als Zehnjährige mit ihrer Mutter und den Geschwistern bei angekündigtem Bombenalarm zu dem Bunker gerannt war, wo meistens schon Hunderte warteten. Aber erst zum Schluß, als die Bonzen schon abgehauen waren, hätten sie und ihre Geschwister einen Platz im Bunker bekommen. Vier Wochen lang saßen sie dann da unten, vier Wochen bis zum 2. Mai, bis die Russen kamen.

Einmal fragte ich die Reinigungsfrau, was meine Schule für ein Haus gewesen sei. „Ein Judenhaus“, sagte sie, und ihr Gesicht verschloß sich. Was das sei, ein Judenhaus, wollte ich wissen. Die leise, monotone Stimme antwortete nicht mehr.

Wie oft habe ich später bei Frauen in der Auguststraße diesen Moment erlebt, wo ein offenes Gesicht sich verschließt, wo keine Antwort mehr kommt, wo jede Frage abprallt an glatter Freundlichkeit und der Behauptung, nichts zu wissen, nichts gesehen zu haben.

Aber das war viel später, in den siebziger und achtziger Jahren. Nein, in den achtziger Jahren antworteten dieselben Frauen mir schon wieder, da waren sie wirklich alt und freuten sich, daß eine kam und etwas von ihnen wissen wollte, da kramten sie in ihren Familienfotos, baten mich, wiederzukommen und erinnerten sich an *alles*.

Damals, in den sechziger Jahren, fragte ich meine Lehrer, und die wußten nur, daß das Haus ein Altersheim gewesen sei. Ein jüdisches Altersheim, sagten manche. Aber niemanden interessierte das, keiner wollte es genauer wissen, schien mir.

Freilich, jedes Jahr an einem bestimmten Tag fand ein Appell zum Gedenken an die Opfer des Faschismus statt, dicht am Jüdischen Friedhof in der Großen Hamburger Straße, den das Stadtgartenamt damals noch nicht eingeebnet hatte.

Hier hatte nun wirklich ein jüdisches Altersheim gestanden, davon war die Rede, der wir auf dem Bürgersteig stehend zuhörten und von der ich sonst nichts, gar nichts behalten habe. Ein Kranz wurde an der Stelle niedergelegt, wo das Altersheim gewesen war, das von der Gestapo 1941 als ein Sammellager für Berliner Juden eingerichtet wurde, die hier auf den Abtransport in die Gaskammern warten mußten. Als ich in der elften Klasse, also siebzehn Jahre alt war, bin ich ausgesucht worden, diesen Kranz niederzulegen. Ich weiß noch, das Grün war aus echten Nadelzweigen, die piekten, aber die roten und gelben Blüten waren kalte Plaste. Blumen waren damals schwer zu bekommen.

Ich haßte diesen Kranz, und der Auftrag war mir unangenehm. Ich weiß nicht, wieso ich ihn nicht einfach abgelehnt hatte. Vielleicht, weil es mir gar nicht in den Sinn kam, einen Auftrag der Lehrer abzulehnen oder weil ich es trotz allem als Auszeichnung empfand oder weil ich unklar fühlte, daß diese Zeremonie einen Sinn hatte, der tiefer lag, als diese Ansammlung gelangweilter Schüler dann vermuten ließ, die sich freuten, einer Stunde Unterricht entronnen zu sein, einen Sinn, der weiter reichte als diese Rede, der niemand zuhörte, der solche Reden kannte – und das war wohl jeder von uns.

Schon auf dem Rückweg zu unserem fünf Minuten entfernten Schulhaus war der Appell und was damit zusammenhing kein Thema mehr.

Jahre später, als ich schon nach Spuren der Menschen aus dem Haus in der Auguststraße suchte, als ich mir von Überlebenden berichten ließ und Protokolle in Archiven las, fand ich einen Bericht, der mich an die unglückseligen Appelle meiner Schulzeit in der Großen Hamburger Straße erinnerte.

Anneliese Borinski, ein junges Mädchen, das Auschwitz überlebt hatte, schrieb im Herbst 1945 über einen anderen Appell in der Großen Hamburger Straße. Anneliese, die ihren deutschen Namen ablegte und sich später Ora nannte, war bis zum Frühjahr 1943 im Landwerk Neuendorf bei Fürstenwalde gewesen. Dieses Gut, zu dem 1500 Morgen Land gehörten, war 1932 von der Jüdischen Fürsorge eröffnet worden, um junge Arbeitslose zu Landwirten und Gärtnern auszubilden – Berufe, die in Palästina gebraucht würden. Seit 1941 war Neuendorf ein Zwangsarbeiterlager, und die meisten der jungen Leute, von denen viele aus den inzwischen geschlossenen Hachscharahlagern Ahrensdorf und Schniebinchen gekommen waren, wo sie sich auf das Gelobte Land vorbereiten wollten, mußten unter Naziaufsicht in Fürstenwalder Fabriken arbeiten. Im März 1942 begannen die Deportationen aus Neuendorf. Und im April 1943 wurde die letzte Gruppe auf den Weg nach Auschwitz geschickt. Dabei war Anneliese Borinski.

Ihre Gruppe kam am 19. April in der Großen Hamburger Straße an. „Die Berliner scheinen an Bilder dieser Art gewöhnt“, schreibt sie und schildert den bewachten Marsch durch die Straßen. „Wir sind am Freitag Nachmittag angekommen, am Abend singen wir in allen Räumen: Schir Hammaloth. [Psalm zum Sabbat. – R.S.] Seltsame Atmosphäre, die in diesen Räumen herrscht. Mischung von hoffnungsloser Verzweiflung und ein wenig Sarkasmus, ein letztes Auflodern des Lebenswillens, und eine Begierde, noch einmal alles auszukosten, was dieses Leben bieten konnte. Eine Art ‚Zauberberg‘ . . . Am Morgen machen wir unseren Appell auf dem Flur, die Kommandos schallen durchs Haus. Wir machen Frühsport, nachdem wir die Erlaubnis dazu von dem für uns verantwortlichen SS-Chef bekommen haben, in dem kleinen Garten, der zum Haus gehört, - und in dem wir außerdem jeden Tag eine halbe Stunde zwei und zwei hintereinander spazieren gehen dürfen - und an den angrenzend der kleine alte Friedhof liegt, in dem sich das Grab Moses Mendelssohns befindet. - Es mutet einen an wie eine Art tragischer Ironie. Einmal machen wir dort unten einen ganz offiziellen Sing-Kreis, wir singen unsere Lieder, und die Gestapo hört zu, und wenn sie es verstehen, dann lächeln sie vielleicht über diese Toren, die in dieser Situation singen: ‚Wir formen ein neues, ein starkes Geschlecht. Wir fordern die jüdische Ehre! Wir kämpfen für Freiheit, für Gleichheit und Recht!'

Am Montag ganz früh noch einen letzten Mifkad [Appell. - R.S.]. Letzte Worte des Glaubens an ein gutes Geschick, des Vertrauens zueinander, des - hoffentlich nicht endgültigen - Abschieds. Ein Händedruck im Kreis - dann geht alles sehr schnell."

Mit Lastwagen fuhren sie zum Güterbahnhof, von dort in geschlossenen Viehwaggons nach Auschwitz.

Wie anders hätte unser eigener Appell sein können, wenn man über Menschen gesprochen hätte, über Menschen wie Anneliese Borinski, deren Gesichter und Namen hinter der erstarrten Formel von den Opfern des Faschismus nicht mehr aufleuchteten. Unsere Lehrer selbst werden nichts von ihr gewußt haben.

Daß ich den Appell nicht ganz vergessen habe, liegt vielleicht an der Reinigungsfrau aus der Ackerstraße, die an diesem Tag oder an einem der nächsten spöttisch zu mir sagte: „Du hättest den Kranz auch vor die Tür unseres eigenen Hauses legen können. Hier war auch ein Sammellager."

In den Monaten vor dem Abitur war ich auf der Suche nach einer eigenen Wohnung oder einem Untermieterzimmer oder wenigstens nach einer Bodenkammer. Ich bin in alle Häuser der Auguststraße gegangen, durch die fremden, nach Katzen und Kohl riechenden Treppenhäuser gestiegen, besichtigte die staubigen Böden, die nicht abgeschlossen waren, und schaute mir die Höfe an, auf denen kleine Werkstätten Lärm verbreiteten, die manchmal als Ersatz für einen Schrebergarten dienten, wo kümmerliche Pflanzen neben einem alten Küchentisch sorgsam begossen wurden. Damals sprach ich zum erstenmal mit den alten Frauen der Auguststraße, in einem seltsam flirrenden, funkelnden Licht, das in den Treppenhäusern die Schatten zerteilte. Die Sonnenstrahlen fielen durch die Reste bunter Scheiben oder durch leere Rahmen, denen die Scheiben längst fehlten. In manchen Häusern roch es nach kaputten Toiletten, in einem kamen die Frauen mit Eimern zu dem einzigen eisernen Ausguß auf einem Podest. Andere Häuser aber bewahrten ihre einstige Vornehmheit, mit Bohnerwachs kämpften die Frauen gegen die Gerüche des Zerfalls. Eine Wohnung fand ich in der Auguststraße nicht, aber ich fragte nach meinem Schulhaus und sah, wie die Gesichter sich verschlossen.

So lange wohne man nun doch nicht hier, und außerdem gingen die Fenster nach hinten raus und man hätte immer zu tun gehabt, das Haus sei eine Schule, das stünde doch dran, mehr könne man nicht sagen.

Im Herbst nach dem Abitur fing ich an der Humboldt-Universität zu studieren an und begann ein anderes Leben, das mich für lange Zeit nicht in die Auguststraße führte.

Der Gedanke an das Haus aber verließ mich nie ganz. Manchmal lieh ich mir Bücher aus der Bibliothek der Jüdischen Gemeinde, die war in der Oranienburger Straße 28, nur ein paar Minuten von meinem alten Schulhaus entfernt. Dieses graue, verfallene Bürgerhaus war etwa so alt wie das Haus in der Auguststraße und hatte wohl schon immer der Jüdischen Gemeinde gehört. Früher war es verbunden mit dem Haus Nr. 29, das im Krieg abgebrannt ist. Die umfangreiche Bibliothek der Gemeinde und die Lesesäle waren, das hatte ich gelesen, früher in den oberen Etagen beider Häuser untergebracht. Als ich die Bibliothek kennenlernte, in den siebziger Jahren, gab es nur ein paar Regale in einem kleinen Zimmer, das einmal in der Woche geöffnet war. Die Bücher, die man hier ausleihen konnte, handelten von jüdischem Leben oder sie waren von jüdischen Autoren geschrieben, nicht alle waren im Osten Deutschlands gedruckt. Nirgends sonst konnte man so einfach „Westbücher“ ausleihen wie in der Oranienburger Straße 28. Es gab keine entwürdigenden Erlaubnisscheine, keine Sondergenehmigungen wurden verlangt, keine Stempel. Aber nur wenige wußten damals davon. Viele Leser gehörten der Gemeinde an, andere waren, wie ich, Studenten oder Journalisten, die nach spezieller Literatur suchten. Wenn ich dort am Tisch saß und in Neuerscheinungen blätterte, hörte ich, wie die Besucher sich leise unterhielten, etwa über eine Gemeindeveranstaltung, den Sederabend oder den Chanukkaball, wie sie sich berichteten, wer krank geworden oder gestorben sei, und ich hörte, wie sie mit der hübschen, dunkelhaarigen Bibliothekarin, der Frau des Vorsitzenden der Jüdischen Gemeinde, besprachen, daß es diesem oder jener gelungen sei, einen Paß für eine Amerika- oder England-Reise zu erhalten, um Verwandte zu besuchen. Die Bibliothekarin trug einen silbernen Schmuck mit einem jüdischen Symbol, ich glaube, es war die Menorah, der siebenarmige Leuchter.

Menorah ist auch das Wort für Licht, und irgendwie schien mir dieses Symbol in dem düsteren Haus Oranienburger Straße 28 am richtigen Platz. Auch meine Freundin Jalda, ein Jahr jünger als ich, mit der ich während der Schulzeit in einem Singeklub war, trug so ein silbernes Kettchen um den Hals. An ihrem hing der Mogen David, der Davidstern, ein Geschenk ihrer Mutter, die Auschwitz und Bergen-Belsen überlebt hatte.

Ich war dabei, als ein Kulturfunktionär der Berliner Leitung der Freien Deutschen Jugend sie ärgerlich wegen des Kettchens ansprach. Sie solle es ablegen, oder ob sie mit dem Symbol eines imperialistischen Staates, eines Aggressors, herumlaufen wolle.

Jalda sagte ruhig, für sie sei dies das Symbol des Volkes ihrer Mutter. Sie trage den Davidstern zum Gedenken an die vielen Gefährtinnen ihrer Mutter, unter denen auch das Mädchen Anne Frank war, das ihre Mutter in Bergen-Belsen zur Totengrube tragen mußte.

Der Funktionär schwieg unzufrieden. Natürlich war er dafür, die Opfer des Faschismus zu ehren. Er war selbst erst Mitte zwanzig, was wußte er über den Davidstern. Er fragte nicht, er spürte wohl, daß es Fragen gab, die in Bereiche führten, in die er nicht eindringen wollte. Das spürten wohl auch die beiden Volkspolizisten, die damals, war es in diesem oder einem der nächsten Jahre, am 9. November die beiden Jungen und das Mädchen mit aufs Revier nahmen, weil sie Kerzen vor der Synagogenruine in der Oranienburger Straße 30 angezündet hatten.

Die Sechzehnjährigen standen noch einige Minuten vor der Synagoge, blickten auf die winzigen Lichter und wollten schon wieder gehen, als die Volkspolizisten, die sich auf dem Streifengang befanden, ihre Ausweise sehen wollten. Wer hatte den Jugendlichen die Genehmigung gegeben, hier so ein öffentliches Aufsehen zu erregen? Niemand. Aber die jungen Leute wußten von der sogenannten Kristallnacht, und die Kerzen sollten erinnern. Die Polizisten erinnerten sich an ganz andere Aktionen, wenn sie brennende Kerzen sahen, was ging sie die Kristallnacht an, die DDR als antifaschistischer Staat gehörte zu den Siegern der

Geschichte, in der Zeitung hatte auch nichts von einer Kristallnacht gestanden, und eine Gedenkveranstaltung, bitteschön, mit Kerzen, an einer öffentlichen Straße, dürfe nicht ohne staatliche Genehmigung erfolgen. Deshalb und weil das Mädchen keinen Ausweis bei sich trug, wurden die Jugendlichen mitgenommen aufs Revier, wo man sie ein paar Stunden lang festhielt, bis man einigermaßen überzeugt war, daß sie aus politischer Naivität und in keiner feindlichen Macht Auftrag gehandelt hatten, als sie die Kerzen anzündeten.

Einer von ihnen war Valentin, der Sohn einer Bekannten, der später eine grüne Punkfrisur trug und noch oft seine Nächte auf Polizeirevieren verbrachte. Als er vierundzwanzig war und trotz seines guten Abiturs immer wieder zum Studium abgelehnt wurde, stellte er einen Ausreiseantrag. Diesmal wurde er wirklich eingesperrt. Unter dem Vorwand der staatsfeindlichen Hetze saß er zehn Monate lang im Gefängnis und wurde dann verkauft.

Ich habe später oft an die Kerzen vor der Synagogenruine gedacht, die man nur so kurze Zeit brennen ließ.

1988 wurde der 50. Jahrestag des Novemberpogroms mit offiziellen Feierstunden begangen, laut und für die Medien inszeniert. Am 7. oder 8. November ging ich spät abends durch die Oranienburger Straße. Da waren Scheinwerfer aufgestellt, Gerüste verdeckten die schadhaften Fassaden der Häuser, an der Ruine wurde fieberhaft gearbeitet, mir schien, man pflasterte sogar das Straßenstück vor der Nummer 30 neu. Ich hatte gelesen, das Staatsoberhaupt würde am 9. November mit Repräsentanten des öffentlichen Lebens, mit Vertretern der Jüdischen Gemeinde, mit internationalen Gästen und Journalisten dort erscheinen. Als ich nähertreten und mir die nächtlichen Bauarbeiten anschauen wollte, forderten mich zwei Polizisten auf, weiterzugehen. Hier gebe es nichts zu sehen, mein Verhalten sei eine Ordnungswidrigkeit. Ich sah in die ausdruckslosen Gesichter der Uniformierten und begriff, daß es keinen Sinn hatte, mit ihnen zu streiten. Vielleicht waren sie vom selben Revier wie die, die mehr als ein Jahrzehnt vorher an eben dieser Stelle die Kerzen ausgetreten hatten.

In der Bibliothek der Jüdischen Gemeinde gab es einige alte Adreßbücher. Ich suchte nach der Auguststraße 14/16, dem Judenhaus, und fand, daß die Grundstücke 13 bis 17 tatsächlich der Jüdischen Gemeinde gehörten - oder gehört hatten. Die Nummer 13, der rote Backsteinbau neben meiner Schule, vom Baustil unverkennbar jünger als das Haus 14/16, war 1928 als Mädchenschule der Jüdischen Gemeinde gebaut worden. Vorher stand in den Adreßbüchern: Kohlenplatz. Der Kohlenplatz ist erst nach 1917 eingetragen, vor 1917 hieß es: Baracken des Jüdischen Krankenhauses.

Welchen Krankenhauses?

Für mein Schulhaus war im Adreßbuch von 1917 kein Krankenhaus angegeben, da stand: Jüdische Kindervolksküche. Und: Kleiderkammer der Kriegshilfskommission der Jüdischen Gemeinde. Und: Kriegskindergarten. Und: Näh-, Lehr- und Stillstube der Jüdischen Gemeinde.

Ich ging in die Ratsbibliothek im alten Marstallgebäude und fragte dort nach Adreßbüchern. Man wollte mir nicht alle der wertvollen, schadhaften Wälzer zeigen. Ich sollte mich für ein Jahr entscheiden. Ich wählte 1925.

Da stand für die Auguststraße 14/16:

AHAWAH - Jüdisches Kinder- und Jugendheim.

AHAWAH ist ein hebräisches Wort, es heißt Liebe.

Wenn man sich die Lage der Grundstücke auf einer Karte ansieht, erkennt man, daß ein großes, zusammenhängendes Areal, zu dem nicht nur die Häuser Auguststraße 13 bis 17, sondern auch die südlich angrenzenden Grundstücke der Oranienburger Straße

28 bis 31 - darunter das Synagogengrundstück - mitsamt ihren Gärten und Höfen Eigentum der Jüdischen Gemeinde waren.

Die Nummer 17 ist das Wohnhaus links neben meinem Schulhaus, scheinbar ein gewöhnliches Mietshaus, etwas besser erhalten als die umliegenden, nach dem Krieg wurde es verputzt. Auch dieses Haus hatte also der Jüdischen Gemeinde gehört.

Im Adreßbuch von 1917 ist ein Jüdischer Volksverein im Haus Nummer 17 eingetragen. In dem von 1925 steht auch: Zimmer 21, Verband der Ostjuden. Und eine Haushaltsschule gab es 1925. Sie ist bis zum Ende der dreißiger Jahre angegeben.

Außerdem steht da im Adreßbuch von 1925: Büro der *Poale Zion.*

Poale Zion?

Das heißt Arbeiter Zions, und so nennt sich die Jüdische Sozialdemokratische Arbeiterorganisation, deren Ziel von Anfang an eine Synthese zwischen Sozialismus und Zionismus war und die, so hatte ich in der Bibliothek der Jüdischen Gemeinde gelesen, „die territoriale Lösung der Judenfrage und die Schaffung eines sozialistischen Gemeinwesens in Palästina" anstrebte.

In der Nummer 17 war also unter anderem ein Büro dieser *Poale Zion,* die die Gründung von landwirtschaftlichen Produktionsgemeinschaften, der Kibbuzim, im Gelobten Land als Beitrag zur Lösung der Judenfrage ansahen. Davon hatte ich gehört, denn ich kannte schon als Kind Menschen, die in Palästina gelebt hatten und später in ihr Geburtsland Deutschland zurückkehrten, um hier den Sozialismus aufzubauen. Manchmal sprachen sie von diesem Sozialismus wie von einem Traum. Wenn ich sie dann fragte, ob das, was wir hier hätten, denn kein Sozialismus sei, schwiegen sie, als läge ein Tabu über diesem Wort. Ein Tabu wie über dem Wort Zionismus. Wenn man danach fragte, war es, als ob man die Nachbarinnen in der

Auguststraße nach dem alten Schulhaus fragte: Die Gesichter verschlossen sich.

Was in den Häusern 17 und 13 und was in der Oranienburger Straße gewesen war, schien mir zwar interessant, aber ich suchte nach *meinem* Haus.

Wie sehr diese Häuser und was in ihnen geschah miteinander verbunden waren, begriff ich erst viel später, als ich mehr wußte.

Damals also kannte ich nur den Namen des Kinderheims: AHAWAH.

Wo kamen die Kinder her?

Wo waren sie geblieben?

Erst seit 1920 taucht die AHAWAH in den Büchern auf. Was war vorher in dem Haus? Wieso standen nebenan Baracken des Jüdischen Krankenhauses?

Wo war dieses Jüdische Krankenhaus? Ich suchte in den Katalogen der Ratsbibliothek und fand ein Buch „Das Neue Krankenhaus der Jüdischen Gemeinde zu Berlin". Erschienen ist es 1861 im Verlag von Th. Chr. Fr. Enslin, gedruckt von Gustav Schade in der Marienstraße 10. Verfasser ist Dr. Ch. Esse, ein „Königlich-Geheimer Regierungsrath, Verwaltungsdirektor des Charité-Krankenhauses, der Chirurgischen Universitätsklinik und der Thierarzneischule zu Berlin". Ich blätterte in dem schmalen, hochformatigen Band, der eine vor allem technische Beschreibung des Krankenhauses zu sein schien. Funktionszeichnungen von Wasserleitungen, Klosetts, Pumpen und anderen technischen Details.

Und da sah ich das Haus.

Die Lithographie war wie eine Architekturzeichnung, genau, aber ohne Leben, und doch erkannte ich sofort das Haus, in dem ich vier Jahre lang zur Schule gegangen war, die mir vertraute Tür, die beiden seitlichen Eingänge, die immer verschlossen waren.

Ich vertiefte mich in Esses Beschreibung des Hauses und fand wieder, was ich kannte, so als ob man das Jugendbild eines vertrauten Menschen anschaut, dem man erst im Alter begegnete. Man erkennt die wesentlichen Züge und entdeckt sie eigentlich erst jetzt, wo das Alter sie verändert hat.

Plötzlich wurde mir der Sinn der seitlichen Guckfenster klar, hinter denen der Raum so schmal gebaut war. Das waren die Wärterinnenzimmer neben den großen Krankensälen. Der Königliche Geheimrat Esse war der Berater und Gutachter des Krankenhauses gewesen, er lobte das funktionstüchtige, schön und modern ausgestattete Gebäude, nur die schwer zu öffnenden Fenster im Obergeschoß (ich erinnerte mich gut an sie!) fanden sein Mißfallen, er vergaß aber nicht zu bemerken, daß in gerade dieser Angelegenheit sein Rat in den Wind geschlagen worden war. Aus Esses Schrift erfuhr ich auch, wann und wie es zum Bau des Krankenhauses gekommen war.

Das Haus hatte nun einen Beginn. Ich hielt einen Faden in der Hand, an dem ich mich bewegen konnte auf der Suche nach der Geschichte des Schulhauses, das ein Judenhaus gewesen war, ein Krankenhaus, bevor es zum Kinderheim AHAWAH wurde und schließlich zum Sammellager.

Nach vier Jahren Studium begann ich bei einer Zeitung zu arbeiten, und mein Leben wurde wie bei fast allen Frauen des Landes ähnlich dem Kampf mit dem vielköpfigen Drachen im Märchen, der unbesiegbar bleibt, weil ihm immer ein neuer Kopf nachwächst. Nur fehlte der tröstliche Schluß aller Märchen, dies war kein Märchen, sondern mein Alltag zwischen Kinderkrippe und Arbeitsplatz und Kaufhalle und Wohnungsamt... Manchmal stahl ich mir ein paar Stunden und fuhr in die Auguststraße. Hier veränderte ich meinen Schritt. Ich rannte nicht wie sonst, sondern ging, vorbei an den sprechenden Fassaden der Häuser. Manchmal blieb ich stehen und hörte zu. Vielleicht gehen andere so in den Wald, wie ich in die Auguststraße ging. Alles veränderte sich dort ständig, und doch blieb etwas unberührt, unverändert, wie erstarrt für eine lange Zeit, die noch nicht abgelaufen war.

Es war wie in der Schulzeit, wenn morgens das ächzende Haus zu mir gesprochen hatte, und ich ahnte, daß in den Mauern Geheimnisse liegen, die sich offenbaren, wenn man, wie im Märchen, die wahre Gestalt der Dinge hinter den durch Alter und bösen Zauber verunstalteten äußeren Formen erkennt.

Ich begann, diese Auguststraße zu lieben, besonders das Stück zwischen der Großen Hamburger Straße und der Tucholskystraße, die früher Artilleriestraße hieß.

An der Nummer 69, gegenüber dem Schulhaus, rostet ein Schild vor sich hin: MARGARINEFABRIK. Eine Margarinefabrik habe ich dort nie gesehen, aber das Schild gab es schon, als ich zur Schule ging, und es hängt heute, ein Vierteljahrhundert später, noch immer an dieser Stelle. An eben dieser Stelle, das hatte ich in alten Chroniken gelesen, befand sich auf einem Erdhügel von 1701 bis 1719 das Hochgericht. Die armen Löffeldiebe, Kindesmörderinnen und sonstigen Untertanen, die an dem Galgen ihr Leben lassen mußten, gaben der Gasse ihren ersten Namen: Armesündergasse. Schon vor 1723 aber nannte man sie nur noch Armengasse, nach Armenhaus und Armenfriedhof, die der Stadthauptmann Christian Koppe auf dem heutigen Koppenplatz, an dem die Große Hamburger Straße endet, hatte einrichten lassen. Auch Koppe selbst wurde 1721 dort beigesetzt. 1839 wurde der Friedhof eingeebnet, auf dem die Allerärmsten und Selbstmörder ihr Grab gefunden hatten. Gleich hinter dem Armenfriedhof war die Stadt zu Ende, die Linienstraße hieß früher Hinter der Linie. Sie war, wie der Friedhof, 1705 angelegt worden und bezeichnete den Weg entlang der Stadtgrenze. Parallel dazu verlief die spätere Auguststraße, die aber seit 1739 erst einmal Hospital-Straße hieß, benannt nach dem Koppeschen Armenhause. Fast hundert Jahre lang hieß sie so. Erst 1833 war sie nach Prinz August von Preußen, dem Generalinspektor und Chef der Artillerie benannt worden. Die Artilleriekasernen waren nicht weit von der neuernannten Auguststraße, eine lag am Oranienburger Tor, die anderen befanden sich am Kupfergraben, hinter der Ebertbrücke, auf die die Artilleriestraße zuführte, deren Namen man nach 1945 in Tucholskystraße umwandelte, weil Artillerie wohl zu militärisch klang. Aus demselben Grunde nannte man im Scheunenviertel eilig die Dragonerstraße und die Grenadierstraße nach antifaschistischen Widerstandskämpfern um, die in dieser Gegend nie gelebt hatten.

Die Straßennamen zu tilgen hieß, auch die Spuren so vieler Juden auszulöschen, die nichts hinterließen als ihre Adressen in den Deportationslisten der Gestapo. Niemandem scheint nach 1945 klar gewesen zu sein, daß man mit dem Auslöschen der Namen Dragoner- und Grenadierstraße den Ort namenlos machte, an dem die Erinnerung so vieler von dort Geflohener sich festhielt. Und wenn man diese Straßen schon unbedingt neu benennen wollte, warum dann nicht nach jüdischen Widerstandskämpfern, die hier gelebt haben? Sonja Spitz. Oder Ruben Rosenfeld.

Sonja Spitz wurde schon früh von den Nazis zusammengeschlagen und weggebracht, keiner weiß, wo sie umkam.* Von ihr hat mir ein alter Mann erzählt, der im Scheunenviertel gewohnt hatte. Gustav Buttgereit, Kommunist und jahrelang Häftling in Sachsenhausen, leitete bis zu seiner Verhaftung 1936 eine Widerstandsgruppe, die Losungen an die Wände schrieb und die illegale Zeitung „Rund um den Ochsenkopf“ druckte. Manchmal trafen sie sich in einer Kellerwohnung der Auguststraße. Sonst hatte er an die Auguststraße keine

* Im Januar 1992 lese ich in jahrzehntelang gesperrt gewesenen Akten des ehemaligen Parteiarchivs der SED auf einer Liste mit Namen von deutschen Kommunisten, die 1937 in der Sowjetunion verhaftet wurden, den Namen Sonja Spitz. Diese Liste wurde Wilhelm Pieck und Walter Ulbricht zur Bestätigung vorgelegt.

besonderen Erinnerungen. Aber seine Gruppe gab sich den Namen SONJA SPITZ, weil sie die fröhliche Sonja nicht vergessen konnten.

Und Ruben Rosenfeld, der „stille, bescheidene Junge aus dem Berliner Getto“, wie Mischket Liebermann, auch eine aus der Grenadierstraße, ihn in ihren Erinnerungen beschreibt, der seit 1933 illegal gearbeitet hatte, der verhaftet wurde und sich unter ein Auto warf, um niemanden zu verraten. Ruben Rosenfeld wurde gerettet, weiter gefoltert und schließlich, weil er aus einer ostjüdischen Einwandererfamilie kam, nach Polen ausgewiesen. Später entkam er in die Sowjetunion. Dieser Ruben Rosenfeld, von dem alle, die ihn kannten, mit Verehrung sprechen, saß noch irgendwo in einem sowjetischen Lager, als seine Genossen die Straße, in der er gelebt hatte, umbenannten. Erst 1956 kam er wieder, als Krüppel. Nach ihm ist nichts benannt. Von ihm haben mir alte Menschen erzählt, seine Genossen. Mit leiser Stimme. Wenn ich das Tonbandgerät vorher absschaltete.

Aber das war in späteren Jahren, als ich schon begriffen hatte, daß ich, um zu erfahren, was in der Auguststraße geschehen ist, auch nach anderen Straßen fragen mußte.

Die Auguststraße war der antimilitaristisch gemeinten Umbenennung entgangen, vielleicht, weil August so ein unverfänglicher, heiter anmutender deutscher Name ist.

August hieß auch der längst verstorbene Mann von Frau O., einer Greisin mit wirrem, weißem Haar, die ich schon oft beobachtet hatte, wie sie mit zwei schweren Taschen durch die Straßen schlurfte. Sie ist mir in der Erinnerung geblieben, weil sie die erste der alten Frauen war, der ich in ihre Wohnung folgen durfte, und weil mir diese Wohnung noch heute wie ein surrealistisches Bild vor Augen steht.

Ich weiß nicht mehr, ob ich Frau O. ansprach oder sie mich, jedenfalls durfte ich eine ihrer Taschen tragen und sie begleiten. Sie wohnte auf der der Schule gegenüberliegenden Seite der Auguststraße, ihre Wohnung erreichte man vom Hof über eine kleine Treppe. War es überhaupt eine Wohnung? Es war ein Loch, feucht und muffig, vollgerümpelt mit allen möglichen unbrauchbaren Dingen. Frau O. machte sich vor meinen Augen daran, den Inhalt ihrer Taschen auf dem Fußboden auszubreiten und zu sortieren, es waren Lumpen und Flaschen, die sie aus den Mülltonnen der Umgebung zusammengeklaubt hatte. Vom Verkauf dieses Abfalls lebte sie, erzählte sie mir, denn die Rente sei zu gering, und August, ihr verstorbener Mann, hätte alles Ersparte versoffen. Und die Kinder, von denen wolle sie gar nicht erst reden. Dabei wären sie einmal wohlhabend gewesen, August hätte einen Fischstand in der Markthalle besessen. Und vor dem Krieg hätten sie in der Nummer 66 gewohnt, im Vorderhaus, wo die Konditorei Wachsmuth war. Aber das Haus sei abgebrannt, und da hätten sie diese Bude hier zum Übergang bekommen, die Übergangszeit dauere jetzt schon über dreißig Jahre. Man müsse sich eben selber helfen. Und sie sei zufrieden, da draußen vor dem Fenster könne sie Tomaten züchten, und an Sommerabenden könne man auf der Treppe zum Hof gemütlich sitzen, man müsse sich eben einrichten. Sie zum Beispiel brauche fast gar nichts außer Essen zu kaufen, sie brauche bloß aufzuheben, was andere wegschmissen.

Jede Fläche in der Wohnküche, der linoleumbezogene Küchenschrank, der Tisch mit der abgewetzten Wachstuchdecke, die Stühle und Hocker, alles war vollgestellt mit Tassen ohne Henkel, mit angeschlagenen Blumenvasen, Porzellanfiguren, denen die Nase oder ein Arm fehlte und anderem Zeug. Vor allem aber irritierte mich ein kleiner Plastekosmonaut, der in verschiedenen Farben überall auftauchte. Er hing an der Lampe, und ein Dutzend von seiner Art stand aneinandergereiht auf dem Küchenschrank, das Bord über dem Waschbecken war mit blauen und rosa Plastekosmonauten belegt, und am Fenster hing eine ganze Traube Plastekosmonauten in gelb, grün, rosa, blau und orange.

Frau O. bemerkte meinen Blick und erzählte mir stolz, sie habe in der Linienstraße am Studentenklub einen ganzen Karton solcher Kosmonauten gefunden, da sei ein Büro von der FDJ gewesen, die hätten solche Kosmonauten für das Jugendfestival verkauft, das sei nun vorbei, und die Kosmonauten wären ihre. Ob sie mir einen schenken solle. Ich habe tatsächlich so einen himmelblauen Plastekosmonaut von Frau O. aus der Auguststraße mitgenommen, und noch lange lag der in der Spielzeugkiste meiner kleinen Tochter und erinnerte mich an Frau O., die ich aber auch sonst nicht vergessen hätte. Sie war die erste gewesen, die mir von den Kindern im Haus Nr. 14/16 erzählte. Sie hatte sie gesehen. Natürlich hatte sie die Kinder gesehen, erzählte sie arglos. Schließlich war sie schon im Jahre 1929 in die Auguststraße gekommen, weil sie August O., diesen Suffkopp, heiraten mußte. Wäre sie doch in Birkenwerder geblieben, wo sie hingehörte.

Aber die jüdischen Kinder konnte jeder sehen, die waren ja nicht unsichtbar. Die sind ganz normal zur Schule gegangen und haben Lärm auf der Straße gemacht wie alle Kinder. Zuerst jedenfalls. Als dann das mit Hitler und den Juden immer schlimmer wurde, sind auch die Kinder irgendwie stiller geworden. Die kamen kaum noch raus aus ihrem Haus. Da waren dann auch noch ganz kleine, die noch nicht laufen konnten. Mittags wurden sie auf dem Balkon des roten Schulhauses, der Nummer 13, ins Freie gelegt. Dann waren die Kinder weg.

„Wann?“ fragte ich. Und: „Wo waren die Kinder dann?“

Frau O. warf mir einen merkwürdigen Blick zu und schwieg. „War das Haus dann leer?“ fragte ich.

Leer war es nicht, erfuhr ich. Dann kamen alte, ganz hinfällige Greise. Manche mußten hineingetragen werden. Immer neue kamen. Fast jeden Tag. Und andere wurden abgeholt. Zum Schluß wurden sie alle abgeholt.

„Wohin?“ Wieder dieser merkwürdige Blick.

„War das Haus dann leer?“ Ich bohrte weiter.

Frau O. erinnerte sich, daß das Haus nie ganz leer war. Juden waren in den letzten beiden Kriegsjahren nicht mehr dort gewesen. Die waren alle verschwunden. Auch die jüdischen Nachbarn aus den anderen Häusern der Auguststraße. Hier haben ja in jedem Haus Juden gewohnt. Wer sagt, er erinnere sich nicht, lügt. In der Nummer 17 war die Frau Link so eine Art Hausmeisterin. Ihr Mann hat auch dort gearbeitet. Die Nummer 17 war ja so ein Bürohaus von den Juden. Die Links sind erst sehr spät weggekommen. Frau Link hatte eine Schwester, auch eine Jüdin natürlich, die hieß Frau Ruben und war Hausmeisterin in der roten Schule, der Nummer 13. Das war eine jüdische Mädchenschule. Aber die war schon vor dem Rußlandfeldzug geschlossen, die wurde Lazarett, und die Nonnen aus der Großen Hamburger Straße haben das Lazarett betreut. Frau Ruben, die Hausmeisterin, war da schon lange weg. Die und Frau Link hatten aber noch eine dritte Schwester, die mit einem Nazi verheiratet war. Die wohnten in der ersten Etage der Nummer 69, da, wo Margarinefabrik dransteht. Die hießen Goldmann. Goldmann klingt jüdisch, aber der Mann war in der SA, und die Frau tat dann so, als ob sie mit dem Jüdischen gar nichts zu tun hatte. Die hat ihre Schwestern nicht mal mehr gegrüßt. Sie hat überlebt. Jeder in der Auguststraße kannte die drei Schwestern Link, Goldmann und Ruben.

Ich solle doch mal die Else Wierschke fragen, die wohne in der Nummer 17. Damals hätte ihr der Lebensmittelladen in der 18 gehört, den gebe es nicht mehr, aber Else Wierschke wüßte Bescheid. Die würde alle kennen, die hier mal gewohnt haben.

„War denn das Haus nun leer“, fragte ich wieder.

Leer sei es nicht gewesen, die Hitlerjugend hätte noch darin gehaust. Und der Lehmann, der alte Nazi, das einarmige Scheusal, hätte die Jungens getriezt. Wie klein der gewesen sei, als die Russen kamen. Wie die meisten Nazis hier in der Auguststraße. An der Ecke zur Kleinen Auguststraße hatten die Rosenbergs gewohnt, auch keine Juden, ganz und gar nicht. Der sei dicker Nazi gewesen, und die Frau Köchin bei Hitlers Leibstandarte. Als dann alles vorbei war, hätten die sich an die Russen gehalten und wollten wieder bestimmen, wo es langgeht. Der Rosenberg hätte die Frauen zusammentreiben wollen, damit sie den Koppenplatz enttrümmern, den Bunker wegräumen. Aber der hätte sich nur einmal getraut, den Mund aufzumachen. Frau O. freute sich bei der Erinnerung, wie die Frauen es dem gegeben haben. Man wußte ja, wer Nazi war. Waren ja nicht so viele. Der Lehmann, sagte sie, sei erst zwei Jahre nach dem Krieg abgehauen.

„Also saß im Haus Auguststraße 14/16 zum Schluß die Hitlerjugend?" fragte ich.

Aber die gesprächige Frau O. fand, sie hätte nun genug erzählt, und außerdem argwöhnte sie inzwischen, ich wolle sie ausfragen.

Ich habe sie noch öfter besucht, und jedesmal freute sie sich, aber über die Juden in ihrer Straße zu sprechen hatte sie keine Lust mehr. Drei oder vier Jahre nach unserer ersten Begegnung fand ich ihre Wohnungstür aufgebrochen und angelehnt. Ich ging hinein, da waren noch ihre Möbel, ihre Lumpen und sogar ihre Plastekosmonauten und die bunten Postkarten auf den Konsolen, von denen aber, wie ich sah, keine an sie geschrieben worden war. Die Küche und der dahinterliegende Schlafraum waren noch unordentlicher als sonst, als hätte sie jemand durchsucht, aber nichts gefunden, was des Mitnehmens wert gewesen wäre. Auf dem Herd schimmelten noch Speisereste, aber ich begriff, daß Frau O. nicht wiederkommen würde.

Ich war ihr dankbar, denn sie war die erste, die zu mir von den Kindern gesprochen hatte. Ihre Erinnerung war neben den Eintragungen in den Adreßbüchern für lange Zeit das einzige Zeichen, daß es das Kinderheim AHAWAH wirklich gegeben hatte. Denn andere Nachbarn, die ich auf der Straße ansprach, bei denen ich klingelte, wußten nichts davon.

Sie erzählten mir, was für Läden es in der Auguststraße gegeben hat, sie wußten genau die Fassaden der Häuser zu beschreiben, die es nicht mehr gab, sie zeigten mir Fotos ihrer im Krieg gefallenen Söhne und Männer, sie erinnerten sich sehr gut an bestimmte Tage, zum Beispiel an den 22. April 1945, als mindestens drei Keller in der Straße verschüttet wurden und ein batteriegetriebenes Postauto, ein sogenannter Suppentriesel, mit der Schnauze nach unten auf der Kreuzung Auguststraße/Artilleriestraße in einen Bombentrichter fiel und merkwürdigerweise wochenlang dort liegenblieb. Und an den zweiten Mai erinnerten sie sich, als die Russen kamen. Eine Frau, die bei Kriegsende neun Jahre alt war, damals wohnte sie in der Kleinen Auguststraße, erzählte mir, ihre Mutter hätte sie immer gewarnt vor den Russen, die würden kleine Kinder mit der Zunge an den Tisch nageln. Als die fremden Soldaten dann am 2. Mai an der Kellertreppe standen und sie hochkommen mußten, verging das Mädchen fast vor Angst. Und dann war es wie in den späteren Lesebuchgeschichten: Der Russe ließ sein Gewehr sinken, als er das blondzöpfige Mädchen sah, streichelte mit seiner rauhen Hand dessen Gesicht und schenkte ihm eine Büchse Ölsardinen. Nein, hier in der Auguststraße taten die Russen keinem etwas. Damals jedenfalls nicht. Und mitten auf der Straße lag ein totes Pferd, da schnitten die Frauen sich mit Küchenmessern Scheiben ab. Aber auch diese Frau konnte sich nicht an das Kinderheim AHAWAH erinnern.

Auch das Ehepaar Stange nicht, das direkt dem Eingang zum Haus 14/16 gegenüber wohnte. Seit 1931.

Zuerst wollten sie gar nicht mit mir sprechen, sie wüßten auch nichts, weil sie nie Zeit hatten, auf die Nachbarn zu achten. Aber ich sprach Frau Stange, die oft am Fenster ihrer Parterrewohnung saß, immer wieder an, denn andere Nachbarn, auch Frau O., hatten mir gesagt, wie lange das Ehepaar schon in dieser Wohnung lebte. Eines Tages grüßte ich Frau Stange von Frau Zimmer, einer in dieser Gegend sehr geachteten Persönlichkeit aus der Sophien-Gemeinde, und sie lud mich doch in ihre Wohnung ein. Ihr Mann, der einen Schlips trug und sein dünnes Haar streng gescheitelt hatte, blieb distanziert. Etwas schien ihm an meinem Vorhaben nicht geheuer. Reserviert hörte er zu, wie seine Frau plauderte, die im Grunde froh war, eine Abwechslung zu haben. Ja, an die Links erinnere sie sich. Nette Leute. Und an die Loszynskis oder Loschinskis, die hätten auch in der Nummer 17 gewohnt. Der Herr Loszynski oder Loschinski war beim Katasteramt der Jüdischen Gemeinde. Von denen hätten sie das Klavier. Und, den Blick des Mannes bemerkend, fügte sie hastig hinzu: teuer gekauft. Eines Morgens waren bei Loszynskis die Jalousien runter. Weg, die ganze Familie.

Und die alten Leutchen im Altersheim in der Großen Hamburger Straße. Die guckten immer aus dem Fenster, wie das bei alten Menschen eben so ist. Sie selbst säße ja auch gern mal und gucke. Aber eines Tages waren da keine Köpfe mehr hinter den Scheiben. Man mußte doch dort vorbei, wenn man zur S-Bahn ging. Wann das gewesen sei, daran erinnere sie sich nicht. Für Zahlen habe sie kein Gedächtnis. Ja, auch an die Goldmann-Familie erinnere sie sich genau. Der Mann war bei der SA. Die hatten drei Kinder. Der Große war sogar Soldat. Das Mädel war so ’ne Dünne, der sah man das Jüdische von der Mutter her an. Wie die das gedreht haben, daß die Frau Goldmann unbehelligt blieb und keinen Stern tragen mußte wie ihre Schwestern und daß der Goldmann sogar Uniform trug ... Das war doch nicht rechtens. Aber niemand hat es gemeldet. Das nicht. In der Auguststraße hat keiner den anderen angezeigt. Vorher nicht und nachher nicht. Da sind manche in die Partei gegangen, die waren vorher in der anderen.

Der Mann räusperte sich. Frau Stange schwieg erschrocken.

Ich wollte, daß sie weiterredete, und fragte, was mir einfiel: nach dem Rabbinerseminar von Adass Jisroel in der Artilleriestraße.

Doch, sie hätten gewußt, daß da Juden waren. Man sah es ja an den Bärten. Von der Kristallnacht hätten sie nichts mitgekriegt, nein. In der Auguststraße war da nichts los. Nur ihr Günther, der Kleine, der 34 geboren wurde, der ist am nächsten oder übernächsten Tag mit dem Dieter aus dem Nachbarhaus losgezogen, und eine wütende Frau brachte die Kinder am Schlawittchen zurück. Da hatten der Bengel und sein Freund in der Artilleriestraße von den Fensterbrettern der Kellerwohnungen die Blumentöpfe auf die Straße geschmissen, und mit ihren kleinen Füßen hatten sie gegen die Türen getreten. „Die dachten wohl, da wohnen Juden", erzählte Frau Stange lachend. „Der muß was mitgekriegt haben von der Kristallnacht, Kinder haben doch ihre Augen überall."

Sie selbst konnte ihre Augen nicht überall haben, von dem Kinderheim wüßte sie nichts, versicherte sie immer wieder.

Ich sah, daß dem Mann das Gespräch immer weniger behagte. Von einem solchen Heim hätten sie niemals etwas gehört, bestätigte er. Und ob da drüben in dem Haus nun Kinder oder alte Menschen gewohnt hätten, darum hätten sie sich einfach nicht gekümmert, das sei doch auch nicht ihre Angelegenheit gewesen.

Ich blickte aus Stanges Wohnzimmerfenster. Man sieht von dieser Stelle durch den Torweg auf mein altes Schulhaus. Aber beide versicherten, nie bemerkt zu haben, was da vor sich ging. Und der Mann war Soldat gewesen. Als einer der ersten aus der Auguststraße wurde er eingezogen. Ich fragte ihn nach seinen Kriegserlebnissen. Zu meiner Überraschung, ich hatte keine Antwort erwartet, wurde er lebhaft.

Jawohl, er sei Soldat gewesen und könne beurteilen, was an dem dran sei, was man heute der Wehrmacht und überhaupt den Deutschen vorwirft. Vielleicht seien Unkorrektheiten vorgekommen, aber das hätte ja gar keiner gewußt. Er zum Beispiel war lange Zeit in Warschau im Lazarett. Da ist er auch mal an dem Ghetto vorbeigegangen, aber was da hinter den Mauern losgewesen sei, hätte man nicht erfahren. Wozu also diese Vorwürfe. Er könne sich schon denken, was meine Fragerei bezwecken solle. Er habe aber ein reines Gewissen und seine Frau auch. Er habe den ganzen Rußlandfeldzug mitgemacht. Bis nach Welikije Luki sei er gekommen. Immer korrekt, immer anständig. Weder er noch seine Kameraden müßten sich irgendwelche Greueltaten vorwerfen. Alles Propaganda. Aber die Russen!

Herr Stange stand auf und winkte mich ins Nebenzimmer, wo er mir einen dunkelbraunen Schreibtisch mit Löwenfüßen zeigte. Plötzlich erregt und bitter, wies er auf sorgfältig ausgebesserte Furnierschäden an der Seite. „Wissen Sie, wer das war? Die Russen. Wissen Sie, was die gemacht haben? Die sind im Mai 1945 in unsere Wohnung gedrungen, meine Frau war mit den Kindern im Harz bei ihrer Mutter, ich stand noch im Felde. Da haben die eine Kommandantura aus unserer Wohnung gemacht. Unser Schlafzimmer haben sie einfach auf den Hof gestellt. Kirschbaum, poliert, ein Schlafzimmer. Auf den Hof. Dem Regen ausgesetzt. Und hier, in den Schreibtisch haben sie Nägel reingeschlagen, hier an der Seite, für die Kalaschnikow, einfach so. Was müssen das für Menschen sein, die so etwas fertigbringen. Nein, korrekt waren die Russen nicht zu uns Deutschen."

Meinen Notizen nach fand dieser Besuch bei dem Ehepaar Stange im Mai 1977 statt. Dreihundertvierundachtzig Monate nach Kriegsende schmerzte das Loch im Furnier seines Herrenschreibtisches den Herrn Stange aus der Auguststraße mehr als alles andere, was ihm im Leben widerfahren war, mehr als die Löcher in seinem Gedächtnis.

Ich verabschiedete mich, aber es war nicht mein letzter Besuch bei den Stanges, deren Fenster heute, während ich das schreibe, mit Brettern vernagelt sind, weil in der Auguststraße 70 niemand mehr wohnt.

Ich begann, mir nach meinen Besuchen in der Auguststraße Notizen zu machen, ich hielt die Gespräche mit den Nachbarn fest und die Veränderungen in der Straße. Allmählich traten unter dem schlechten Putz und der Tünche der Nachkriegsjahre alte Inschriften wieder hervor:

Leitern - eigene Herstellung

Tapetenhaus - Gebrüder Untermann

Die feuchten Mauern gaben ihre Geheimnisse preis, und ich wußte, daß ich wiederkommen würde in die Auguststraße, fragen und zuhören, bis das Schweigen, das über dem Haus lag, aufgehoben sein würde.

Manchmal kam ich monatelang nicht in die Auguststraße, dann aber war ich wieder ganze Tage dort, und manche Nachbarn kannten mich schon, manche tranken Kaffee mit mir, zeigten mir die Briefe ihrer Kinder und wollten wissen, was mir ihre Nachbarn erzählt hätten. Über das Haus erfuhr ich lange Zeit nichts Neues. Aber meine Notizbücher und Mappen füllten sich. Mir blieben die Archive und Bibliotheken, mir blieb ein Stapel alter Gemeindeblätter, die die Bibliothekarin der Jüdischen Gemeinde mir auslieh, und mir blieb eine Broschüre, die ihr Mann von einem Symposium über Jüdische Krankenhäuser mitbrachte. Ich versuchte zu verstehen, was die Vorgeschichte des Hauses Auguststraße 14/16 gewesen war.

Vom Hekdesch zum Krankenhaus

Jüdische Gemeinden, die sich durch die Jahrhunderte immer wieder Verfolgung, Beschimpfung, Demütigung ausgesetzt fanden, konnten nur bestehen, indem sie sich als soziale Gemeinschaften verstanden, nicht nur durch den Glauben vereint, sondern auch durch die Verantwortung füreinander.

Zedakah ist ein hebräisches Wort und heißt Barmherzigkeit und Gerechtigkeit in einem. *Zedakah* ist eine Gerechtigkeit, die natürliches und soziales Unrecht ausgleicht. Wer im Sinne der *Zedakah* handelt, ist ein Zadik, ein Gerechter.

Ein jüdisches Krankenhaus gab es in Deutschland schon um 1210 bei Regensburg. Seit dem 15. Jahrhundert entstanden dann viele solcher Häuser, nicht nur in größeren Städten. Oft waren sie nur eine Art Quarantänestation für Aussätzige, ähnlich den Pesthäusern des Mittelalters.

Die jüdische Ethik, der Gedanke der *Zedakah* gebot, die Kranken zu besuchen, sie zu pflegen. Neben diesen Hospitälern gab es auch immer bescheidene Häuser, manchmal nur Stuben, die fremden Glaubensgenossen, und nicht nur solchen, Herberge boten. Auch arme Gemeindemitglieder konnten hier, an diesem *Hekdesch* genannten Ort, Obdach und Pflege finden.

Die sich für das *Hekdesch,* aber auch für andere Kranke verantwortlich fühlenden Gemeindemitglieder bildeten die Gesellschaft der Krankenbesucher, die *Chewra Bikur Cholim.*

Ein Grundgedanke jüdischer Krankenpflege ist die Zuwendung. Im Talmud heißt es:

„Du mußt den Kranken notfalls hundertmal am Tag besuchen, und allein das Interesse, das man ihm entgegenbringt, kann ihm Gutes tun."

Die Krankenbesuchsgesellschaft gab es in Berlin schon im Mittelalter. Das erste *Hekdesch* war um die Mitte des 16. Jahrhunderts westlich des heutigen Alexanderplatzes zu finden, zwischen der ehemaligen Gollnow- und der Landwehrstraße. Aber jüdische Geschichte ist eine Geschichte von Verfolgung und Vertreibung. Hundert Jahre lang gab es keine Juden in der Mark Brandenburg, keine *Hekdesch,* keine *Chewra Bikur Cholim*...

1671 begann die neuere Geschichte der Jüdischen Gemeinde Berlins, nachdem Friedrich Wilhelm von Brandenburg, genannt der Große Kurfürst, das „Edikt wegen 50 aufgenommener Schutzjuden, jedoch, daß sie keine Synagoge halten" erließ. Als ein Jahr später seine Landsleute gegen die Ansiedlung der reichen, aus Wien vertriebenen Familien protestierten, meinte der Große Kurfürst, die Juden seien „uns und dem Lande nicht schädlich, sondern vielmehr nutzbar".

Also durften sie bleiben, ihre Rechte wurden je nach der politischen Lage und der Laune des jeweiligen Herrschers in den folgenden Jahrhunderten eingeschränkt oder erweitert, aber in Berlin konnte die Jüdische Gemeinde sich etwa ab 1700 niederlassen. Auch das Recht, eine Synagoge zu errichten, hatte die Gemeinde schließlich für 3000 Taler vom König gekauft, und seit 1714 gab es sie in der Heidereuthergasse. Die Synagoge wurde im zweiten Weltkrieg zerstört, aber sie stand noch, erst nach dem Krieg wurde sie abgerissen. Heute liegt ein Parkplatz ungefähr dort, wo die Heidereuthergasse die Rosenstraße und die Spandauer Straße miteinander verband.

Um 1703 wurde wieder ein *Hekdesch* errichtet. Das stand in einer schmalen Gasse zwischen der Kloster- und der Rosenstraße. Im Statut dieses *Hekdesch* von

1744 heißt es, daß, wenn „was Gott verhüten möge, ein Fremder kommt“ oder auch ein Bedürftiger aus der eigenen Gemeinde, „der wert darin gebracht“. Er muß „sein gut Bett weiß überzogen“ vorfinden. Am Bett soll ein Schlafrock hängen. Ihm steht Essen zu, die Hilfe eines von der Gemeinde beauftragten Arztes und Medizin, die ein Bote aus der Apotheke holen soll. „Und wenn der Vorsteher befindet, daß der Kranke eine gefährliche Wunde oder Krankheit hot, so ret der Arzt selber, man soll noch mehr Aerzte nehmen. Mit einem Wort an kein geld wird nischt gespahrt.“

Zedakah ist eine Gerechtigkeit, die natürliches und soziales Unrecht ausgleicht.

Der simple Materialismus meiner Schulzeit in der Auguststraße lehrte uns, die Menschen allein aus den Verhältnissen, unter denen sie leben, zu begreifen. Der Mensch sei das Ensemble gesellschaftlicher Verhältnisse. Die Aufhebung des Privateigentums an Produktionsmitteln würde gleiche Bedingungen für alle schaffen, also Gerechtigkeit. Was wir an Bösem sähen, wären Überbleibsel, aus anderen gesellschaftlichen Verhältnissen auf uns gekommen. In jedem Gerichtsbericht stand stereotyp: Das Verhalten des Angeklagten ist unserer Gesellschaft wesensfremd. Aber wer Augen hatte, sah doch, wie ungleich die Umstände waren.

Heute schreien die Litfaßsäulen: TEST THE WEST!, und sie locken: JEDER HAT SEINE CHANCE!

Jeder?

„Schlagen Sie zu! Drei T-Shirts fünfzehn Mark, schlagen Sie zu!“, brüllt der Händler am S-Bahnhof Leninallee, der wohl nicht mehr lange so heißen wird. Und die Leute kaufen, mit geröteten Gesichtern drängen sie sich um das Sonderangebot, folgen der gewalttätigen Aufforderung. Und manche schlagen wirklich zu.

Am Bahnhof Lichtenberg, wo im Sommer nach der „Wende“ täglich Züge mit zerlumpten, umhergetriebenen Menschen aus dem Osten Europas ankamen, die auf der Flucht vor Pogromen waren und etwas vom Glanz der reichen Stadt Berlin für sich erhofften, schlugen, traten, stachen Menschen aufeinander ein. In den Zeitungen las ich täglich von Überfällen und Toten. Trotzdem fuhr ich hin, denn ich wollte eine Fahrkarte kaufen. Während ich anstand, sah ich einen schwarzhaarigen Jungen von etwa sechzehn Jahren zusammengerollt zwischen seinen Bündeln an der Treppe schlafen. Ein Mann, der vor mir eine Karte gekauft hatte, zweiter Klasse bis Ludwigslust, trat ein paar Schritte auf die Treppe zu und blieb stehen. Er suchte etwas in seiner Aktentasche, dabei betrachtete er den schlafenden Jungen. Plötzlich trat er gegen die Bündel, gegen den Jungen, trat auf ihn ein und rief: „Die füttern sich hier durch, wie die Ratten sind die, und wir können sehen, wo wir bleiben Die schleppen uns Krankheiten ein, Dreckzeug!“ Plötzlich war er von Männern umringt, braunhäutig und schmal wie der schlafende Junge, die erregt auf den Mann einschimpften, ihn an seinem blauen Anorak festhielten. Der Mann, in dessen schwammigem Gesicht jetzt helle Angst stand, versuchte sich loszureißen. Er schrie. Ich rannte aus der Bahnhofshalle, fort von diesem verzweifelten Knäuel der Gewalt. Ich rannte fort.

Zedakah ist eine Gerechtigkeit, die natürliches und soziales Unrecht ausgleicht.

Über den seit 1735 verbürgten Arzt des *Hekdesch,* Benjamin de Lemos, schreibt seine Tochter Henriette Herz in ihren Erinnerungen: „Er hatte in Halle die Arzneiwissenschaft studiert und war der erste Arzt jüdischer Nation, in Berlin bekam er schon bald Praxis bei seinen Glaubensgenossen, so wurde er doch zu

Anfang so schlecht bezahlt, daß er manchen Mittag sich mit Kartoffeln oder Kaffee begnügen mußte."

Und sie erinnert sich, wie ihr frommer Vater bis spät in die Nacht die Kranken der Gemeinde besuchte, von einem Diener geführt, der ihm mit der Stocklaterne den Weg wies. Oft sah sie ihn vom Regen durchnäßt oder mit Schnee bedeckt nach Hause kommen.

Benjamin de Lemos verheiratete seine Tochter sehr früh, wie es in jüdischen Familien damals üblich war. Ihr Mann wurde der um siebzehn Jahre ältere Marcus Herz, als Arzt, Physiker und Philosoph gleichermaßen bedeutend. Henriette Herz, von der es hieß, sie sei in ihrer Jugend die schönste Frau Berlins gewesen, trat wie viele ihrer Zeitgenossen im 19. Jahrhundert zum Christentum über. Ihr Salon wurde durch sie selbst berühmt und durch die Männer, die dort verkehrten: Schleiermacher, Jean Paul, die Brüder Humboldt, Börne, der sich um ihretwillen beinahe umbrachte, und andere.

Die Familie de Lemos kam ursprünglich aus Portugal, im 17. Jahrhundert war sie nach Hamburg oder Amsterdam ausgewandert. Der erste Arzt jüdischer Nation, wie Henriette Herz meinte, war ihr Vater nicht, vielleicht war er der erste jüdische Student an der Hallenser Universität, die im 18. Jahrhundert zu einem Zentrum der beginnenden Aufklärung geworden war. Jüdische Ärzte gab es schon am Hof der Merowinger, sogar einige Päpste hielten sich jüdische Leibärzte. In Berlin durften jüdische Familien ihre Söhne erst seit 1738 Medizin studieren lassen. Vorher geschah die Ausbildung jüdischer Ärzte entweder allein durch die Praxis, oder sie mußten im Ausland studieren, meist in Padua. Wenn Henriette Herz schrieb, daß Benjamin de Lemos „manchen Mittag sich mit Kartoffeln oder Kaffee begnügen mußte", so entsprach diese Bescheidenheit des Arztes der traditionellen jüdischen Ethik. Danach hatte der Arzt seine Pflicht im Grunde kostenlos zu tun, er ist der Bote und ein Abgesandter Gottes, und so wie Gott gnädig ist, muß der Arzt heilen, ohne Bezahlung zu verlangen.

Dennoch bezahlte die Krankenbesuchsgesellschaft, später die Gemeinde, den Arzt. Und auch wer wohlhabend war, gab ihm natürlich Geld. Um 1700 kamen in Berlin auf einhundert Einwohner sieben völlig mittellose, die durch eine Kurfürstliche „Commission zur Beobachtung und Verwaltung von Armen und Unterstützungsbedürftigen" gezählt wurden. Insgesamt lebten 50 000 Menschen, einschließlich der Soldaten der Garnison, in Berlin. Diese Zahl stieg ständig, um 1743 war die Einwohnerzahl Berlins schon auf 100 000 angewachsen. 1945 von ihnen waren Juden, insgesamt 333 jüdische Familien.

Der preußische Staat duldete die Juden – solange sie der Wirtschaft nützten. Aber ihre Anzahl sollte niedrig gehalten werden und ihre Tätigkeit sich auf solche Bereiche konzentrieren, die dem Staate den größten Vorteil versprachen. Dafür sollten sie so viele Steuern und Abgaben wie möglich entrichten.

Schon 1730 waren die unsicheren Rechte der Juden durch ein „General Privilegium und Reglement" des Königs stark eingeschränkt worden, und im April 1750 erließ „Friedrich, von Gottes Gnaden, König in Preußen, Marggraf zu Brandenburg, des Heil. Römischen Reichs Ertz-Cämmerer und Churfürst, Souverainer und Oberster Hertzog von Schlesien e.c.e.c." ein Gesetz, das, wie Mirabeau es charakterisierte, eines Kannibalen würdig war.

Dieses Gesetz ging als „Revidiertes General-Privilegium und Reglement vor die Judenschaft im Königreiche Preußen" in die Geschichte ein. Es wurde zwischen ordentlichen und außerordentlichen Schutzjuden unterschieden, und es wurde festgesetzt, wie groß jede Gruppe sein durfte. Die 203 „ordentlichen" Schutzjuden durften ihren zweifelhaften Schutz auf ein Kind vererben, für jedes andere Kind mußten horrende Summen bezahlt werden. Die 63 „außerordentlichen“ Schutzjuden waren zwar selbst geduldet, nach ihrem Tod aber erlosch jedes Recht ihrer Familienangehörigen auf Schutz. Der König selbst behielt sich das Recht vor, über jeden Zuwanderer zu befinden. Außerdem wurde dieses Gesetz ergänzt durch eine Liste der Abgaben, Steuern, Schutzgelder usw., die die Berliner Juden zu zahlen hatten. Es war ihnen verboten, ein bürgerliches Handwerk zu betreiben.

Eine besondere Härte war, daß die gesamte Gemeinde für jeden Diebstahl und für jedes andere Vergehen eines Glaubensgenossen haften mußte, gleich, woher der Missetäter kam. Dies mußte das Verhalten der Berliner Juden zu den fremden Glaubensgenossen verändern. Schon nach der Veröffentlichung des Gesetzes mußten 500 arme Juden die Stadt verlassen, und jeder Jude, der einreisen wollte, wurde fortan durch die Gemeinde kontrolliert.

In dem Reglement war genau festgelegt, was für „Bediente“ der Gemeinde auf ihre Kosten erlaubt waren. Unter anderem „zwey Lazareth-Aufwärter“, „ein Medicus“ und „acht Kranken-Wärter“.

In Berlin gab es schon vor der *Chewra Bikur Cholim,* der Krankenbesuchsgesellschaft, eine *Chewra Kadischa.* Das ist eine Beerdigungsgesellschaft, eine heilige Gemeinschaft. In der *Chewra Kadischa* waren Frauen und Männer. Die Frauen nähten die Totenkleider, die *Tachilim,* und sie wuschen die weiblichen Toten. Die Männer der *Chewra Kadischa* wuschen die männlichen Toten, sie hoben die Grube aus und schlossen sie nach der Beisetzung wieder. Die *Chewra Kadischa* und die *Chewra Bikur Cholim,* die Krankenbesuchsgesellschaft, waren naturgemäß eng miteinander verbunden.

Kein Mitglied der Jüdischen Gemeinde, auch wenn es arm und ohne Verwandte war, mußte befürchten, ohne Beistand krank zu liegen oder ohne die traditionellen Ehren begraben zu werden.

In den Adreßbüchern hatte ich gelesen, daß im Haus Auguststraße 14/16 noch 1928 eine *Chewra Kadischa* untergebracht war. Im Jüdischen Wegweiser heißt es: „*Chewra Kadischa,* gegründet 1913. Zweck der *Chewra Kadischa* ist es, den Entschlafenen die letzten Liebesdienste durch Herren und Damen erweisen zu lassen, die dieses heilige Liebesamt ehrenamtlich und in der durch die Tradition geheiligten Sitte ausüben. Bei Todesfall rufe man sofort die *Chewra Kadischa,* Herrn Dr. Link an. Telefon N 88 82. Auguststraße 14/15."

Hundertfünfzig Jahre zuvor befand sich die *Chewra Kadischa* in der Oranienburger Straße 7, südlich vom alten jüdischen Friedhof. Das Grundstück Oranienburger Straße 8 war unbebaut. Man konnte vom Schloß Monbijou, das sich gleich gegenüber befand, die jüdischen Grabsteine sehen. Dort fühlte man sich durch diesen Anblick gestört. Friedrich II. selbst soll verlangt haben, daß die Jüdische Gemeinde ihren Friedhof den Blicken entzog. Auch das baufällige Haus der *Chewra Kadischa* gefiel ihm nicht, es sollte abgerissen werden. Die Beerdigungsgesellschaft und die Krankenbesuchsgesellschaft der Gemeinde sammelten daraufhin Geld für ein neues Haus an dieser Stelle. Reiche Juden wie Veitel Ephraim, der Geldgeber und Finanzier Friedrichs II., dessen Palais vor einigen Jahren wieder aufgebaut wurde, Hirsch David und Itzig Ries spendeten große Summen. Auch aus der Hauptkasse der Gemeinde kam etwas dazu, und im Jahre 1756 konnte das Krankenhaus der Gemeinde, der Vorgänger des Hauses in der Auguststraße, gebaut werden. Das *Hekdesch* wurde aufgegeben, es entsprach auch nicht mehr den Bedürfnissen der trotz aller Reglementierungen gewachsenen Gemeinde.

Über das „Juden-Lazareth" schrieb Johann Georg Krünitz in seiner „Oeconomischen Encyklopädie oder allgemeines System der Staats-, Stadt, Haus- und Landwirtschaft in alphabetischer Ordnung", die 1791 erschien, es würden „Kranke aller Art darin aufgenommen, einheimische, ansässige Dienstbothen, Studierende, desgleichen Fremde, aus Polen, Preußen, aus dem Reiche etc.“

Viele arme Juden aber wurden vor den Toren der Stadt abgewiesen. Das Edikt von 1750 zwang die Gemeinde dazu.

Am Rosenthaler Tor hatte ein Betteljudenhaus die Aufgabe des *Hekdesch* übernommen, arme Juden auf der Wanderschaft ein Obdach zu geben. Gleichzeitig aber begutachteten Angestellte der Gemeinde jeden Ankömmling, schließlich hafteten sie alle gemeinsam für die fremden Glaubensgenossen.

Im Spätsommer 1777 kam Salomon Maimon, der bettelarme Sohn eines Rabbiners aus dem litauischen Dorf Sukowiburg, in Berlin an. Später gehörte er zu den Köpfen um Moses Mendelssohn. In seiner „Lebensgeschichte“ beschreibt er, was geschah:

„Da, wie bekannt, in dieser Residenzstadt kein Betteljude gelitten wird, so hat die hiesige jüdische Gemeinde zur Versorgung ihrer Armen ein Haus am Rosenthaler Thore bauen lassen, worin die Armen aufgenommen, von den jüdischen Ältesten über ihr Gesuch in Berlin befragt und nach Befinden entweder, wenn sie krank sind oder einen Dienst suchen, in die Stadt aufgenommen oder weiter verschickt werden. Auch ich wurde also in dieses Haus gebracht, das teils mit Kranken, teils aber mit liederlichem Gesindel angefüllt war. Lange Zeit sah ich mich vergebens nach einem Menschen um, mit dem ich mich über meine Angelegenheiten hätte besprechen können. (. . .) Endlich gegen Abend kamen die jüdischen Ältesten. Es wurde ein jeder der Anwesenden vorgerufen und über sein Gesuch befragt. Die Reihe kam auch an mich, und ich sagte ganz offenherzig, ich wünsche in Berlin zu bleiben, um daselbst Medizin zu studieren. Die Ältesten schlugen mein Gesuch geradezu ab, gaben mir einen Zehrpfennig und gingen fort.“

Drei Jahre später kam er erneut nach Berlin.

„Da ich diesmal mit der Post nach Berlin kam, hatte ich nicht nötig, vor dem Rosenthaler Tor zu bleiben und mich von den jüdischen Ältesten examinieren zu lassen, ich fuhr ohne alle Schwierigkeiten in die Stadt und konnte mich einquartieren, wo ich wollte. Mit dem Bleiben in der Stadt hatte es eine ganz andere Bewandtnis, die jüdischen Polizeibeamten liefen täglich in alle Gasthöfe und andere zur Aufnahme der Fremden bestimmte Herbergen, erkundigten sich nach der Qualität, Verrichtung und der vermeintlichen Dauer des Aufenthalts der Fremden ..."

Die Gemeinde mußte sich zum Werkzeug einer fremdenfeindlichen Politik machen und die armen Glaubensgenossen entgegen der alten Tradition abweisen.

Im Jahre 1990 kamen Woche für Woche sowjetische Juden in Ostberlin an, Familien mit Kindern, alte Männer, schwangere Frauen. Sie wollten nur als Mensch unter Menschen leben, eine Arbeit finden, eine Wohnung. In der Sowjetunion, so berichteten sie, wuchs der Haß auf die Juden, auch auf solche, die nur noch durch die Eintragung in ihrem Paß als Juden erkennbar sind. Ratlos standen die Berliner Behörden vor diesen Asylsuchenden. Und wieder war es die jüdische Gemeinde, der die Aufgabe zufiel, zu sortieren, zu bestätigen, daß es sich um Juden, also um Verfolgte, also um berechtigte Antragssteller handelt. Die Gemeinde als Werkzeug der Ausländerpolitik.

Trotz aller Versuche, die Einwanderung der armen Juden zu beschränken, kämpfte die Gemeinde mit der finanziellen Belastung durch die mittellosen Glaubensbrüder. Sie stand dabei im Zwiespalt zwischen ihren durch die Tradition geheiligten Pflichten und der nüchternen Realität. Das Krankenhaus in der Oranienburger Straße kostete 4000 Taler im Jahr.

Krünitz beschreibt es so: „Es ist vier Stockwerke hoch und zwanzig Fenster breit. In diesem Gebäude sind zwölf Stuben, fünf für weibliche und sieben für männliche Kranke bestimmt, ferner ein großer Reconvalescenten-Sahl, eine Vorraths-Stube, eine Bet Stube und eine Wohnung für den Lazarethvater... Es sind davon ein Arzt und ein Wund-Arzt angesetzt, die das Haus täglich besuchen... Die Pflege ist ungemein gut. Die Reconvalescirenden sowohl als die Kranken, denen es der Arzt erlaubt, bekommen täglich Brühen, Gemüse, Kalb- und Hühnerfleisch, Wein, Kaffee, etc. Auch in Ansehung der Reinlichkeit hat dieses Lazareth von sehr vielen der gewöhnlichen Kranken-Häuser große Vorzüge."

Zu dieser Zeit waren die Verhältnisse so, daß ein Viertel der Patienten im Hospital der Französischen Gemeinde von Berlin starb, in der Charité starben von hundert Kranken 14 bis 15. In der Oranienburger Straße starben nur zwei oder drei von hundert Patienten, obwohl viele mit schweren Krankheiten und in elendem Zustand von weither geschickt wurden.

Benjamin de Lemos war bis 1779 Arzt der Gemeinde. Dann übergab er das Amt an seinen Schwiegersohn Marcus Herz, der bis zu seinem Tode im Jahre 1803 täglich im Krankenhaus der Jüdischen Gemeinde aus- und einging. Er betreute dort etwa dreißig Kranke, und ebensoviele suchte er in ihren Wohnungen auf.

Im selben Jahr, 1779, erschienen die „Bemerkungen eines Reisenden durch die Königlich-Preußischen Staaten". Der Reisende schrieb auch über die Berliner Juden und erwähnte „verschiedene Gelehrte, denen man den Ruhm nicht absprechen kann, daß sie sich mit bemerkenswertem Eifer den Wissenschaften widmen", und er nannte auch Moses Mendelssohn und Marcus Herz, der „jetzt philosophische Kollegia" las.

Marcus Herz hielt nicht nur „philosophische Kollegia", sondern auch Vorlesungen über Physik und Medizin.

1747 war er als Sohn armer Eltern in Berlin geboren worden. Er wird noch das *Hekdesch* gekannt haben, die Synagoge in der Heidereuthergasse muß ihm vertraut gewesen sein. In jeden Winkel der damals nicht großen Stadt Berlin wird er gekommen sein, er hat die Enge und den Schmutz in den meisten jüdischen Häusern gesehen und den Reichtum anderer, in denen jedoch auch die Grenzen menschlicher Entfaltung durch demütigende Gesetze eng gezogen waren, aber er kannte auch die Sehnsucht, dieser Welt eine andere, reichere entgegenzusetzen, in der die Fesseln wenigstens im Geist aufgehoben sind. Als Fünfzehnjähriger hatte Marcus Herz eine Handelslehre in Königsberg begonnen. Dort lernte er den Philosophen Kant kennen, dessen Schüler er wurde und der ihn später bei seiner Professordisputation zum Opponenten wählte. 1770 kehrte er mittellos nach Berlin zurück. David Friedländer, der im Gegensatz zu Marcus Herz aus reichem Hause kam, ermöglichte Marcus Herz das Medizinstudium in Halle.

Zedakah ist eine Gerechtigkeit, die natürliches und soziales Unrecht ausgleicht.

Marcus Herz blieb sein Leben lang jüdischem Glauben und jüdischer Tradition verhaftet, aber er war doch ein Mann der Aufklärung, ein Sprecher für Toleranz und Menschlichkeit jenseits religiöser und sozialer Bindungen. Sein medizinischer Ruf war unbestritten. Er wurde 1785 zum Leibarzt des Fürsten von Waldeck ernannt, und zwei Jahre später beförderte Friedrich Wilhelm II. ihn, den Juden, zum Professor mit lebenslänglichem Gehalt. Dennoch verließ er seine Kranken in der Oranienburger Straße nicht, er blieb vor allem Arzt im „Juden-Lazareth“.

Mit Moses Mendelssohn war er eng befreundet. Dessen Botschaft an seine Zeitgenossen galt auch für Marcus Herz: „Schickt Euch in die Sitten und in die Verfassung des Landes, in welches ihr versetzt seid, aber haltet Euch standhaft bei der Religion Eurer Väter...“

Moses Mendelssohn starb 1786 in den Armen seines Freundes und Arztes Marcus Herz in der Spandauer Straße, „wie er gelebt hatte, sanft und weise". Dieser Tod geschah, wie Marcus Herz schrieb, „ohne Geräusch oder Aufhebens zu machen, mit einer Leichtigkeit, mit der er von seinem Tische, wo er uns so oft vergnügt essen sah und sich uns dafür hören ließ, nach seinem Sofa unter die Büste seines Lessings hinschlich".

Ein Jahr später, 1787, veröffentlichte Marcus Herz die Abhandlung „Über die frühe Beerdigung der Juden", mit der er eine Polemik auslöste, die als Beerdigungsstreit in die Geschichte einging und weit über innere Auseinandersetzungen in der Jüdischen Gemeinde hinausreichte.

Er wandte sich darin gegen die religiös begründete Sitte der Juden, ihre Toten innerhalb von vier Stunden zu begraben. Der sich an die Abhandlung anschließende Streit war im Grunde eine Auseinandersetzung über Fragen der Assimilation, um die Möglichkeit, die eigene Identität zu bewahren und doch in der anderen, feindseligen Umwelt zu überleben. Solche Diskussionen begleiteten die Berliner Jüdische Gemeinde durch die Jahre und Jahrzehnte. Sie fanden auch im Haus in der Auguststraße statt, bis in die dreißiger und vierziger Jahre unseres Jahrhunderts, bis der Traum von der Assimilation sich als tödliche Illusion erwies.

Marcus Herz setzte seine Ansichten damals nicht durch, zu stark war der Einfluß der Orthodoxen, der *Chewra Kadischa* und der *Chewra Bikur Cholim,* unter deren Leitung das Krankenhaus in der Oranienburger Straße stand.

Erst 1821, achtzehn Jahre nach Marcus Herz' Tod wurde das von ihm geforderte Leichenhaus auf dem Grundstück Oranienburger Straße 6/8 gebaut. Nicht mehr die frommen Frauen und Männer der Krankenbesuchsgesellschaft, sondern von der Gemeinde beauftragte Angestellte verwalteten jetzt das Krankenhaus, das sich Krankenverpflegungsanstalt nannte, nicht mehr Juden-Lazareth. Dennoch blieb es ein jüdisches Krankenhaus, der *Zedakah* verpflichtet. Jüdische Tradition und Seelsorge waren jetzt vom medizinischen Bereich getrennt.

Seit 1812 waren die Juden preußische Staatsbürger, formal gleichberechtigt. Die folgenden Jahrzehnte zeigten zwar, daß jeder wirtschaftliche Rückschlag zu judenfeindlichen Stimmungen führte. Das Emanzipationsedikt Friedrich Wilhelms hatte die Juden der Provinzen Brandenburg, Pommern, Ostpreußen und Schlesien zu „Einländern“ erklärt, doch durch verschiedene Erlasse wurde es immer wieder eingeschränkt, zunächst aber schien es, als sei das Ziel der Berliner Juden, als gleichberechtigte Bürger zu leben, erreicht.

Viele der von außerhalb kommenden Kranken waren jedoch keine preußischen Staatsbürger. Sie waren niemandem willkommen. Die Gemeinde erhielt keinerlei staatliche Unterstützung für ihr Krankenhaus und ihre zahlreichen anderen Fürsorgeeinrichtungen. Dennoch wurden auch die fremden Kranken aufgenommen, und die Gemeinde sorgte für sie. Allein 1829 wurden in der Oranienburger Straße 37 auswärtige Kranke versorgt, für die niemand zahlte.

Im März 1837 beschloß die Jüdische Gemeinde „nach reiflicher Überlegung“, nur noch solche Kranken aufzunehmen, deren Verpflegung durch Angehörige oder durch die Heimatgemeinde gesichert war. Natürlich wurden auch weiter Ausnahmen gemacht, aber dieser Beschluß zeigt, wie die Jüdische Gemeinde bemüht war, sich zu assimilieren. Das alte Gesetz der *Zedakah,* das durch die Jahrhunderte Überleben möglich gemacht hatte, begann zu wanken. Die Grundsätze jüdischen Zusammenhalts, jüdischer Gastfreundschaft, jüdischer Krankenpflege wurden allmählich, nie jedoch gänzlich aufgegeben. Man wollte sich integrieren.

1847 wurden mit einem Gesetz „die Verhältnisse der Juden" in Preußen neu geregelt. Der Begriff der „Judenschaft" verschwand, es wurden Synagogengemeinden gebildet, deren Aufgabe das religiöse Leben war, die jüdische Armen- und Krankenpflege, das Unterrichtswesen und der Unterhalt der Friedhöfe. Das nach diesen Vorschriften ausgearbeitete Statut der Gemeinde wurde jedoch erst 1861 bestätigt.

In all diesen Jahren gehörten christliche Taufen in jüdischen Familien beinahe zum Alltag. Von den sechs Kindern des Moses Mendelssohn traten vier zum Christentum über. Wie Ludwig Börne, der als Löb Baruch geboren war, wie Heinrich Heine, wie so viele andere.

Von Heinrich Heine gibt es ein wenig bekanntes Gedicht, das er anläßlich der Grundsteinlegung des Israelitischen Krankenhauses in Hamburg am 10. Juni 1841 schrieb.

Ein Hospital für arme kranke Juden,
Für Menschenkinder, welche dreifach elend,
Behaftet mit den bösen drei Gebresten,
Mit Armut, Körperschmerz und Judentume!

Das schlimmste von den dreien ist das letzte,
Das tausendjährige Familienübel,
Die aus dem Niltal mitgeschleppte Plage,
Der altägyptisch ungesunde Glauben.

Unheilbar tiefes Leid! Dagegen helfen
Nicht Dampfbad, Dusche, nicht die Apparate
Der Chirurgie, noch all die Arzeneien,
Die dieses Haus den siechen Gästen bietet.

Wird einst die Zeit, die ew'ge Göttin tilgen
Das dunkle Weh, das sich vererbt vom Vater
Herunter auf den Sohn, – wird einst der Enkel
Genesen und vernünftig sein und glücklich?

Ich weiß es nicht! Doch mittlerweile wollen
Wir preisen jenes Herz, das klug und liebreich
Zu lindern suchte, was der Lindrung fähig,
Zeitlichen Balsam träufelnd in die Wunden. (...)

Als Heine dieses Gedicht schrieb, ahnte er sehr wohl die Unmöglichkeit, eigene Vergangenheit und Herkunft abzustreifen, aber gleich ihm versuchten im 19. Jahrhundert viele Juden, dem „unheilbar tiefen Leid", jüdisch zu sein, dem „tausendjährigen Familienübel" zu entgehen. Sie wollten Bürger sein, Menschen, sonst nichts.

1848 waren es auch Juden, die auf die Barrikaden gingen. Als man die auf dem Berliner Gendarmenmarkt aufgebahrten Toten vom 18. und 19. März 1848 zählte, waren von den 230 Gefallenen 21 Juden.

Eine dieser Barrikaden lag übrigens an der Ecke Auguststraße/Artilleriestraße, nur ein paar Meter von jenem damals noch unbebauten Grundstück entfernt, das die Jüdische Gemeinde bald für den Bau eines neuen Krankenhauses erwerben sollte.

Denn das in der Oranienburger Straße wurde allmählich zu eng. Dem bescheidenen Gebäude fehlte es an Korridoren und Belüftung, es war technisch ungenügend ausgestattet, obwohl bereits 1822 ein neuer Operationssaal entstanden war und ein Badehaus, das auch die armen Juden der Gemeinde benutzen konnten. Das Krankenhaus rang ständig mit finanziellen Sorgen, dennoch wurden die Patienten hervorragend versorgt, für die damalige Zeit komplizierte Operationen durchgeführt und trotz der häufigen Cholera-Epidemien traten im Krankenhaus selbst niemals Epidemien auf. Die Hygiene im jüdischen Krankenhaus war trotz der schlechten Bedingungen bemerkenswert. Wochenbettfieber, Wundfieber, Hospitalbrand gehörten in anderen Krankenhäusern zum Alltag, nicht in der Oranienburger Straße. Aber das Haus war veraltet.

1857 beschloß der Vorstand der Gemeinde, „bestehend aus den Herren M. S. Baswitz, Commerzienrath Carl Heymann, M. Jacoby, Commerzienrath Philipp Liebermann, Meyer Magnus und Dr. Oestreich“, nachdem die Aufsichtsbehörde das Vorhaben genehmigt hatte, mit der Sammlung für ein neues Krankenhaus zu beginnen. Die Herren Meyer Magnus und Leonor Reichenheim wurden zu Schatzmeistern bestimmt.

Dieser Leonor Reichenheim übrigens war vier Jahre später Schatzmeister eines Komitees zur Errichtung des Lessing-Standbildes. Im Januar 1862 druckte die Berliner Presse einen Aufruf, dafür zu spenden. Ich habe ihn gelesen, als ich in den „Berlinischen Nachrichten von Staats- und gelehrten Sachen“ nach Notizen über das Jüdische Krankenhaus suchte. Leonor Reichenheim, dessen Wohnung sich in der Spandauer Straße 16 befand (das Haus, in dem Moses Mendelssohn gelebt hatte, die Spandauer Straße 68, stand noch) rief also zu Spenden für das Lessing-Denkmal auf. „... die Gebildeten Berlins bedürfen nicht der geringsten Anregung, wo es sich um die Verherrlichung dieses vorurteilsfreien großen Mannes handelt“, beschwor er seine Mitbürger.

Dennoch dauerte es noch bis zum 14. Oktober 1890, dann erst wurde die Marmorstatue in der Lennéstraße im Tiergarten eingeweiht.

Leonor Reichenheim, der sich offenbar so gut zum Schatzmeister eignete, war wohl ein Verwandter von Moritz und Sara Reichenheim, die 1872 mit einer Schenkung von 250 000 Talern die Eröffnung des ersten Waisenhauses der Jüdischen Gemeinde Berlins möglich machten.

Dieses Reichenheimsche Waisenhaus stand am Weinbergsweg 13, ein paar Minuten Fußweg von der Auguststraße entfernt. Das dreistöckige Haus wurde im zweiten Weltkrieg zerstört, an seiner Stelle hat man ein Altersheim gebaut, das die Namen von Sala und Martin Kochmann trägt, dem jungen Ehepaar, das mit anderen jungen Juden um Herbert Baum, die sich gegen die Nazis gewehrt hatten, in Plötzensee hingerichtet wurde.

Ein anderer Reichenheim, Adolf, stiftete den 1874 eingeweihten Erweiterungsbau des Jüdischen Altersheimes in der Großen Hamburger Straße.

Das Gefühl der Verantwortung füreinander, der Gedanke der *Zedakah* lebte in der Jüdischen Gemeinde noch immer.

Schon zwei Monate nach Beginn der Sammlung für das neue Krankenhaus waren 50 000 Taler zusammengekommen. „Da aus früheren milden Gaben und aus einem Legat der verstorbenen Frau Sara Levy etwa 30 000 Taler disponibel waren, auch aus dem demnächst zu bewirkenden Verkauf des alten Krankenhaus-Grundstückes auf eine Einnahme von 50 000 Talern gerechnet wurde, so war zur Ausführung des Unternehmens die Summe von 130 000 Talern verfügbar.“ Das teilte Esse in seiner Schrift über das Krankenhaus in der Auguststraße mit.

Aus einem Legat der verstorbenen Frau Sara Levy...

In der schon erwähnten „Lebensgeschichte“ des Salomon Maimon gedenkt er dieser Frau mit großer Dankbarkeit. Im Hause Levy hatte er, nachdem es ihm 1780 endlich gelungen war, in Berlin Fuß zu fassen, Unterstützung und Verständnis für seinen philosophischen Eifer gefunden.

Sara Levy war die Tochter des Bankiers Daniel Itzig, der zusammen mit Veitel Ephraim während des Siebenjährigen Krieges von Friedrich II. das Münzrecht verliehen bekommen, mit David Friedländer die Jüdische Freischule gegründet und 1791, als erster Jude in Preußen, für sich und seine Nachkommen das Naturalisierungspatent erhalten hatte.

Sara Levy lebte von 1761 bis 1854, ihr Mann Samuel Levy war schon 1806 gestorben. Ihr Haus war bekannt für seine Großzügigkeit, und Salomon Maimon war nicht der einzige, der dort zu Tische kam. Diese Sara Levy nun hatte aus ihrem Erbe 30 000 Taler für das neue Krankenhaus der Jüdischen Gemeinde bestimmt.

Etwas vom Geist dieser klugen Frau, von der es heißt, es sei ihr Verdienst gewesen, daß die Besetzung Berlins durch die Franzosen so erträglich verlief, weil der Franzosengeneral Bignon sich in ihrem Salon wohlgefühlt habe, etwas vom Geist der *Zedakah,* der das Leben der Sara Levy bestimmte, wurde auch in das Fundament des Hauses in der Auguststraße gelegt.

Salomon Maimon: „Alle großen Begebenheiten sind Folgen vieler kleinern, die teils miteinander einstimmig, teils aber entgegengesetzt gewirkt und sich einander wechselseitig eingeschränkt haben, so daß diese großen Begebenheiten als nichts anderes als deren Resultate betrachtet werden müssen."

Der Bau dauerte drei Jahre. Der Grundstein wurde am 22. Juni 1858 gelegt, auf einem Baugrund von vorzüglicher Beschaffenheit, wie Esse schreibt. Der Architekt des Hauses war Eduard Knoblauch. Knoblauch erlangte Nachruhm vor allem durch die Neue Synagoge in der Oranienburger Straße. Die aber war noch eine Baustelle, als das Krankenhaus in der Auguststraße übergeben wurde.

Die Grundstücke grenzten ja aneinander, ob die Bauarbeiter den jeweils anderen Bau beobachteten? Ob sie hin- und hergingen?

Um 1860 muß in Berlin eine gute Zeit für Bauarbeiter gewesen sein. Nicht weit vom Krankenhaus hatte man mit dem Bau der Börse begonnen, das Rote Rathaus, die Berliner Markthalle waren im Entstehen.

Das städtische Bürgertum zeigte seinen Anspruch und sein Geld. Der Architekt Knoblauch erlebte noch die Einweihung des neuen Krankenhauses. Die Leitung am Bau seines letzten Werkes, der Synagoge, hatte er schon 1859 an August Stüler übergeben müssen, der jedoch, als die Synagoge 1866 feierlich eingeweiht wurde, ebenfalls „zum ewigen Frieden gegangen“ war, wie in der Weihepredigt erinnert wurde.

Auch zur Einweihung des Krankenhauses gab es eine Predigt. Die „Berlinischen Nachrichten von Staats- und gelehrten Sachen“ brachten am Dienstag, dem 3. September 1861 unter der Rubrik VERMISCHTE NACHRICHTEN die Meldung:

„Heute Vormittag, 10 Uhr, findet die Einweihung des neuen Krankenhauses der jüdischen Gemeinde durch einen aus Chorgesang und Predigt bestehenden Gottesdienst in der Anstaltssynagoge - womit gleichzeitig die Einweihung der letzteren selbst verbunden wird - und nachher durch den Gemeindevorstand die Übergabe der Anstalt an die mit der Verwaltung derselben vertraute Commission statt. Die Übersiedlung der Kranken aus dem alten Krankenhause nach dem neuen ist bereits erfolgt.“

Ein Haus für „Armut, Körperschmerz und Judentum"

Der Garten des katholischen Sankt-Hedwig-Hospitals und der des Jüdischen Krankenhauses grenzten an das Grundstück der Synagoge. Als sie 1866 eingeweiht wurde, brachten die „Berlinischen Nachrichten von Staats- und gelehrten Sachen" nicht nur eine sachliche Notiz wie zur Eröffnung des Krankenhauses, man schrieb einen begeisterten Bericht über die Feier im „bekränzten und schön geschmückten Gotteshaus", über das Spalier, bestehend aus fünf Vorstehern und verschiedenen Repräsentanten der Gemeinde, die sich am Eingang aufgestellt hatten, um die Gäste zu empfangen. Unter denen waren Vertreter sämtlicher Staats- und Stadtbehörden, auch Otto von Bismarck war gekommen. Der hatte sich in seiner Jugend entschieden gegen die rechtliche Gleichstellung der Juden ausgesprochen, später bediente er sich jüdischer Bankhäuser und schien nichts gegen die jüdische Abkunft seiner Berater zu haben, wenn sie seine Politik unterstützten. Als Kanzler des Norddeutschen Bundes schließlich proklamierte Bismarck 1869 die vollständige staatsbürgerliche Gleichberechtigung der Juden, ein Gesetz, das dann ins Deutsche Kaiserreich übernommen wurde.

Es war also am 5. September 1866 durchaus nicht gleichgültig, ob die Neue Synagoge der Berliner Juden das Wohlwollen des protestantischen Preußen Otto von Bismarck fand.

Mit ihren mehr als 3 000 Plätzen war diese Synagoge die größte und prachtvollste Europas. Sie war eine sogenannte liberale Synagoge, wo der Gottesdienst unter

Orgelmusik stattfand. Viele der Tradition streng verhaftete Juden lehnten solche Neuerungen ab. 1869 kam es in Berlin zur Spaltung der Gemeinde. Eine Mehrheit der Berliner Juden hatte ihr Verhältnis zur Tradition nach und nach verändert, durch die politische Emanzipation allmählich auch ein liberaleres Verhältnis zur Religion bekommen, ohne sie freilich ganz aufzugeben. Viele Nachfahren der alteingesessenen, wohlhabenden Familien lockerten ihre Bindung an die jüdische Religion und lösten sich in den folgenden Jahrzehnten ganz aus ihr. Daneben aber gab es viele Familien, die immer noch auf strenger Einhaltung der Gesetze bestanden und 1869 die orthodoxe Gemeinde *Adass Jisroel* gründeten. Die erste Synagoge der *Adass Jisroel*-Gemeinde befand sich an der Spandauer Brücke 9d, in der Wohnung des Bankiers Julius Bamberger. Außerdem behielt die Alte Synagoge in der Heidereuthergasse ihren streng orthodoxen Ritus. Hier gab es weder Orgel noch Frauenchor.

Über die „Wunderbare Synagoge in der Oranienburger Straße" wurde viel geschrieben. Immer wieder taucht sie in den Lebenserinnerungen Berliner Juden als ein Ort auf, der sie beeindruckte. In seinen ursprünglich trotzig „MEIN Kampf" betitelten Lebenserinnerungen schrieb zum Beispiel Willy Ritter Liebermann von Wahlendorf, der 1863 in einer bekannten jüdischen Familie geboren worden war, zu der auch Max Liebermann und Walther Rathenau, der 1922 ermordete Außenminister der Weimarer Republik, gehörten, daß er als Kind stets die hohen Feiertage in der Oranienburger Straße verbracht hatte, „wo damals vorne wirklich Reihen voll vornehmer, ehrfurchtsheischender Juden aus der großen Berliner Gesellschaft saßen, vor denen man sich hätte verbeugen müssen, deren Kinder aber meistens sich taufen ließen und verschwanden..."

Vom Krankenhaus in der Auguststraße hätte man eigentlich quer durch die Gärten in die Neue Synagoge gehen können. Vielleicht war das auch einmal so geplant gewesen. Aber das Krankenhaus besaß seine eigene kleine Synagoge, hundert Jahre später war dieser Saal in der ersten Etage die Aula meiner Schule.

Viele Patienten des Jüdischen Krankenhauses waren aber gar nicht der Reformgemeinde zugehörig, sie zählten eher zu *Adass Jisroel,* wieder andere hatten gar keine Bindung an die jüdische Religion.

Nicht einmal alle Ärzte des Jüdischen Krankenhauses waren Juden. Aber um 1860 gab es in Berlin kaum jüdische Chirurgen, fast keine jüdischen Ordinarien. (Überhaupt arbeiteten in Berlin, das 1862 620 000 Einwohner hatte, nur 768 Ärzte und Zahnärzte, dagegen 2 700 Schankwirte.) Das Krankenhaus in der Auguststraße besaß von Anfang an einen solchen medizinischen Ruf, daß auch christliche Ärzte wie Professor Bernhard von Langenbeck, laut Meyers Konversationslexikon von 1903 „einer der besten Chirurgen der Neuzeit, genial und einfallsreich, ein meisterhafter Operateur, ein feiner Therapeut und Lehrer“, sich nicht scheuten, hier zu arbeiten. Bernhard von Langenbeck leitete die chirurgische Abteilung bis 1875, dann löste ihn James Israel ab, von dem noch zu reden sein wird. Von Langenbecks Vorgänger im Jüdischen Krankenhaus war der Geheime Sanitätsrat Dr. Heimann Wolff Behrend, ein der Tradition tief verbundener Jude.

Dieser schrieb 1867 einen Artikel in der eben gegründeten Wochenschrift für jüdische Angelegenheiten „Gegenwart“, der eine Debatte auslöste, die an den von Marcus Herz entfachten Beerdigungsstreit von 1787 erinnert. Auch diesmal ging es nur vordergründig um Fragen des Krankenhauses, es ging eigentlich um jüdisches Selbstverständnis, um die Balance zwischen Assimilation und der Bewahrung eigener Identität. Heimann Wolff Behrend bedauerte, daß das Krankenhaus in der Jüdischen Gemeinde nicht die gebührende Aufmerksamkeit fand als eine jüdische Institution, die die „Förderung der menschlichen Liebe und Solidarität und die Milderung des menschlichen Elends" zum Zwecke habe. Nicht einmal der Rabbiner sei sehr eifrig bei Krankenbesuchen. Zwar wurden die Speisegesetze in der Krankenhausküche eingehalten, zwar gab es die Synagoge nach altjüdischem Ritus, aber der Sanitätsrat Behrend wollte Sprüche aus dem Talmud in hebräischer und deutscher Sprache in den Krankenzimmern angebracht wissen, man sollte „in das Haus Auguststraße 14 pilgern, ebenso wie in ein mit künstlerischer Pracht zu Ehren Gottes und zur Herzenserbauung errichtetes Gotteshaus".

Zwölf Betten für auswärtige Kranke gab es nach Heimann Wolff Behrend in der Auguststraße (von insgesamt etwa hundert), aber die erschienen ihm nicht ausreichend, und er verlangte, die Gemeinde solle sich stärker der fremden Glaubensgenossen annehmen, die „wegen Mangels an Geldmitteln hülflos auf der Straße liegen". Gleichzeitig appellierte er aber auch an die auswärtigen jüdischen Gemeinden, „sie mögen die Last nicht allein auf unsere Schultern wälzen, sondern, so viel sie vermögen, nicht minder selbst hülfreiche Hand für die Fortführung des Werkes leisten, zu dessen Gründung die Berliner Gemeinde so erhebliche Opfer gebracht!"

Offenbar kamen, wie schon hundert Jahre zuvor, arme kranke Juden von überallher, um in Berlin bei den berühmten Ärzten Heilung zu finden, und wie schon in früheren Zeiten belastete die Hilfe für die Fremden die Kasse der Berliner Jüdischen Gemeinde.

Der alte Widerspruch zwischen dem Gesetz der *Zedakah* und der nüchternen Realität.

Auf Behrends Artikel antwortete prompt ein Mann namens Kastan, wohl auch ein Arzt. Er wandte sich nicht ohne Spott gegen den Vorschlag, Sprüche aus dem Talmud anzubringen und schrieb: „Krankenpflege ist ein Gebot der Menschlichkeit, und die Menschenliebe kennt keine Confessionsbevorzugungen."

Auch die verstärkte Aufnahme von Patienten aus anderen jüdischen Gemeinden, die Sanitätsrat Behrend offenbar der Aufnahme christlicher Patienten vorziehen wollte, wies Kastan zurück: „Auch in diesen humanen Dingen sollte man doch endlich einmal die Solidarität der Glaubensgemeinschaft aufgeben. Es wäre wirklich an der Zeit. Der arme polnische Jude flößt mir kein Mitleid als Jude ein, sondern als hülfsbedürftiger Mensch."

Daß das Krankenhaus zuweilen unterbelegt war, führte Kastan auf das Vorurteil vom *Hekdesch* als Armenkrankenhaus zurück. Zu Zeiten des *Hekdesch* wurde es nur von den allerärmsten und den unbehausten Juden in Anspruch genommen. Wer es sich leisten konnte, empfing den Arzt in der eigenen Wohnung. Kastan meinte, man sollte alles vermeiden, was im Jüdischen Krankenhaus an das *Hekdesch* erinnern könnte. Ihm antwortete der Arzt Dr. Albert Ahornheim und bezweifelte, daß der *Hekdesch*-Gedanke noch am Leben sei. Höchstens noch in den Gemütern ganz alter Juden würde die Vorstellung vom *Hekdesch* wurzeln. Aber auch er spricht sich für die Bewahrung des religiösen Charakters des Jüdischen Krankenhauses aus. „Möge sich Herr Kastan doch einmal ins Jüdische Krankenhaus begeben und besonders die chirurgischen Kranken beobachten, so würde er vielleicht eine andere Meinung von der Wirksamkeit der tröstenden Bibelsprüche bekommen, er könnte sehen, wie sich die Kranken durch Gebete gewissermaßen zur bevorstehenden Operation vorbereiten, wie sie ihre Gebetsbücher mit sich auf den Operationstisch nehmen . . ."

Im Jüdischen Krankenhaus in der Auguststraße setzten sich weder Behrends orthodoxe noch Kastans liberale Ansichten ganz durch, es blieb ein jüdisches Krankenhaus, den Gesetzen jüdischer Krankenpflege und dem Gebot der *Zedakah* verhaftet, aber es war auch ein Reformkrankenhaus, ein Ort der Toleranz.

Strenggläubige Juden fanden hier nicht nur medizinische Hilfe, sondern auch die Betstube, das koschere Essen, den Respekt vor ihrer Frömmigkeit, aber auch Juden mit liberalerer Einstellung und selbst christliche Patienten wurden nicht abgewiesen.

Diese Diskussion von 1867 spiegelte die Konflikte in der Jüdischen Gemeinde wieder, die zwei Jahre später zur bis heute anhaltenden Spaltung führten.

1879 wurde eine Poliklinik „für arme Stadtkranke" am Krankenhaus in der Auguststraße eingerichtet. Eine solche Poliklinik gab es hier noch fünfzig Jahre später.

Jetzt konnten leichterkrankte Patienten auch ambulant behandelt werden, das war umso wichtiger, als viele Kranke es sich gar nicht leisten konnten, ihrem Broterwerb fernzubleiben.

„Arme Stadtkranke" gab es genug im Berlin der sogenannten Gründerjahre, gerade auch in dieser Gegend. In Meldungen des „Neuen Social-Demokrat" über Elendstragödien, Selbstmorde und verzweifelte Mütter, die ihre Kinder töten wollten, kamen immer wieder die Auguststraße und die benachbarte Gipsstraße, die Linienstraße und die Ackerstraße vor.

Wer hier wohnte, hatte keine feine Adresse. Das war damals so, und es ist heute ähnlich.

Die 27 Getreidespeicher, die dem Gebiet jenseits der Stadtmauer schon 1672 den Namen Scheunenviertel eingetragen hatten, waren längst Wohnhäusern gewichen, die mit Friedhöfen und Gärten die Spandauer Vorstadt bildeten. In den Gründerjahren verwandelte das Gebiet sich in ein Wohnviertel der ärmsten Schichten. In den Vorhäusern wohnten zwar auch kleine Beamte oder Händler, manchmal sogar ein Advokat, die Hinterhäuser und Seitenflügel der eng stehenden Mietshäuser, die Kellerverschläge und Bodenkammern aber bildeten das zweifelhafte Zuhause von Menschen, die man in besseren Gegenden höchstens als Dienstboten duldete. Fabrikarbeiter und Prostituierte, Heimarbeiterinnen, sogenannte Zigeunerfamilien, zugereiste Ostjuden, die kaum deutsch sprachen, Alte, Schwache und sehr viele Kinder bevölkerten die Gegend.

Das Statistische Jahrbuch der Stadt Berlin zum Beispiel führte für das Jahr 1872 als besonders krasses Beispiel des Wohnungsmangels an, daß acht Familien in der Auguststraße eine 34 Fuß lange, 14 Fuß breite Tischlerwerkstatt bezogen haben und, ebenfalls in der Auguststraße, eine Familie mit drei Kindern über der Senkgrube wohnte. Viele Häuser, die man heute in der Auguststraße sieht, gab es damals schon. Vielleicht waren sie nicht so schäbig, da klafften noch nicht diese Risse im Mauerwerk, aber so eng und dumpf waren die Höfe und Hausflure auch damals.

Und doch gehörte das Jüdische Krankenhaus in der Auguststraße zu den modernsten in Europa.

Es war sparsam gebaut worden. Jeder Raum, auch die Keller und Böden, wurde wirtschaftlich genutzt. In jeder Etage gab es vier große Krankenzimmer mit sieben oder acht Betten, das waren die Räume, die ich als Klassenzimmer kennengelernt habe. Dazwischen lagen Wärterzimmer und Teeküchen mit Gaskochern und Ventilatoren. In Geheimrat Esses Beschreibung des Hauses nahmen die Wäscheschleudern und Kochmaschinen einen besonderen Platz ein. Mit Begeisterung beschrieb er diese technische Ausrüstung. Kleine Räume an den Giebelseiten waren „Personen höheren Standes" vorbehalten.

Am Krankenhaus wurden ständig Um- und Erweiterungsbauten vorgenommen. Nach 1872 wurde ein pneumatisches Kabinett eingerichtet, in dem durch Luftdruck- und Aerosoltherapien vor allem Bronchitis, Asthma und Bleichsucht behandelt wurden. Der leitende Arzt der Inneren Abteilung, Dr. Ludwig Traube, arbeitete hier mit dem berühmten Physiologen Nathan Zuntz zusammen. Ludwig Traube war kein Jude. Seit 1848 war er Privatdozent, ab 1853 dirigierender Arzt an der Charité, seit 1872 Universitätsprofessor. Nie hätte ein Jude zu dieser Zeit solche Karriere machen können. Traube galt als der Begründer der experimentellen Pathologie in Deutschland. Bis zu seinem Tode im Jahre 1876 arbeitete er im Nebenamt im Jüdischen Krankenhaus, wo er Bedingungen fand, die es nirgends sonst in Berlin gab.

Das pneumatische Kabinett hatte die Gemeinde 36 488 Mark gekostet. 1880 errichteten Gropius und Schmieden, die durch das Krankenhaus am Friedrichshain als beste Krankenhausarchitekten Berlins galten, im Garten einen Pavillon mit zwei Krankensälen und insgesamt 14 Betten. Dieser Bau kostete 47 797 Mark und 50 Pfennig. Die Gemeinde konnte aus ihrer Kasse aber nur 10 000 Mark dazugeben. In einem Westberliner Archiv fand jemand für mich die Kopie vom „Verzeichniss der Geschenke zur Errichtung des Evacuations-Pavillons". 36 875 Mark kamen als „Geschenk" zum Bau und zur Errichtung des Pavillons zusammen. Die Namen der Spender umfassen drei Seiten. Da finde ich den des Verlegers Rudolf Mosse, die Namen Meyerbeer, Bleichröder und Friedländer und Pringsheim ...

In dem 1988 in der Serie Piper herausgegebenen Buch „Erinnerungen eines deutschen Juden 1863–1936" von Willy Ritter Liebermann von Wahlendorf ist eine Stammtafel der Familie Liebermann abgebildet, die ein deutsches Judentum repräsentierte, das es heute nicht mehr gibt und das es nie mehr geben wird. Fast alle damals erwachsenen Verwandten des Willy Liebermann finde ich – gar nicht überraschend – in der Spendenliste . Seine Tante Fanny Reichenheim und ihr Mann Ferdinand erschienen auf der Spendenliste mit 600 Mark, seine Tante Julie Gerson-Liebermann gab 400 Mark, sein Onkel, der Fabrikant Louis Liebermann, Vater des Malers Max Liebermann, gab 500 Mark. Willy Liebermanns Tante Therese Rathenau, Frau des Kaufmanns Moritz Rathenau und Großmutter von Walther Rathenau, der damals noch ein Knabe war, gab 100 Mark. (Zum Vergleich: eine Wäschenäherin hatte einen Jahresverdienst von 486 Mark.)

Wie in alten Zeiten das *Hekdesch,* war das Krankenhaus Angelegenheit der Gemeinde. Die wohlhabenderen Juden gaben für die Bedürftigen.

Zedakah ist eine Gerechtigkeit, die natürliches und soziales Unrecht ausgleicht.

Ohne das Gesetz der *Zedakah* wären jüdische Gemeinden nicht fähig gewesen, über die Jahrhunderte gegen Verfolgung und Diskriminierung zu bestehen. Das Gebot der *Zedakah* wirkte weiter, als die Verhältnisse für die Juden sich scheinbar gebessert hatten.

Im Namensverzeichnis „derjenigen Wohlthäter, welche bestimmte jährliche Beiträge zu den Bedürfnissen der Krankenpflegeanstalt zahlen" von 1882 tauchen sie wieder auf, die Mitglieder der Familien Rothschild, Reichenheim, Benjamin, Friedländer, Bloch, Ephraim, Hildesheimer, Mendelssohn, Gumpertz, Herz, Itzig. Einige bleiben auch *Ungenannt.*

Zu denen, die regelmäßig für das Krankenhaus in der Auguststraße spendeten, gehörte nicht nur Bismarcks Berater, der Bankier Gerson von Bleichröder, auch Hermann Abraham, der später den Verein für Kindervolksküchen gründete und die Volkskinderhorte in Berlin einführte, auch Rudolf Mosse, der 1872 das „Berliner Tageblatt" begründet hatte, und Paul Singer, der Fabrikant und sozialdemokratische Reichstagsabgeordnete, der in Folge der Sozialistengesetze aus Berlin ausgewiesen wurde.

Und natürlich steht auf der Liste der „Wohlthäter" für das Krankenhaus auch James Simon, der damals erst dreißig Jahre alt war und jeden Tag in das von seinem Vater geerbte Baumwollgeschäft in der Klosterstraße ging. James Simon gehörte zu den reichsten Männern Preußens. Er selbst brauchte für seine Person keinen Luxus und ließ es sich nicht nehmen, wie ein kleiner Angestellter zu arbeiten, aber er liebte die Kunst, und die Berliner Museen erhielten von ihm Exponate im Werte von 40 Millionen Reichsmark. Es ist verbürgt, daß er seiner Majestät dem Kaiser Wilhelm II., mit dem er verkehrte, das Geld für eine teure Rosenanlage abschlug, aber er förderte die Kinderfürsorge, nicht nur die jüdische, und er finanzierte Bildungskurse für Erwachsene.

Man muß es eine Gnade nennen, daß James Simon 1932 als Einundachtzigjähriger starb und nicht etwa zehn Jahre später. So mußte er nicht mehr erleben, wie sein Name aus der Gemäldegalerie, der Skulpturensammlung, dem Ägyptischen Museum, dem Vorderasiatischen Museum und dem Volkskundemuseum entfernt wurde, die ohne seine Stiftungen weniger bedeutend wären. Er mußte nicht erleben, wie seine Tochter, die dort arbeitete, „aus rassischen Gründen“ aus dem Museum gewiesen wurde, das ihr Vater aufgebaut hatte, wie seine Familienangehörigen gejagt und mit dem Stern gekennzeichnet wurden.

Übrigens war es auch James Simon, der die ersten Volksbäder in Berlin bauen ließ. Erst achtunddreißig Jahre nach der Eröffnung des Krankenhauses in der Auguststraße gab sich der Berliner Verein für Volksbäder ein Programm, nach dem jeder Deutsche wöchentlich ein Vollbad nehmen sollte.

Im Jüdischen Krankenhaus war dies von Anfang an selbstverständlich. Das Haus war mit Badezimmern und modernen Wasserklosetts ausgestattet. Dampfbäder, warme und kalte Duschen gehörten traditionell zur jüdischen Krankenpflege. Um zu begreifen, wie fortschrittlich ein solches Krankenhaus in der Großstadt Berlin war, muß man wissen, daß die Berliner Wasserwerke erst 1856 erbaut worden waren. Es gab keine Kanalisation, die Abwässer schüttete man vielerorts noch einfach in die Straßenrinne. Erst 1873 wurde mit dem Bau einer allgemeinen Kanalisation begonnen.

Und um die Wasserklosetts auf jeder Etage, die auch das Entzücken des Geheimrats Esse fanden, richtig würdigen zu können, muß man zum Beispiel eine Erinnerung wie die von August Bebel lesen, der in diesen Jahren mit seiner Frau das Königliche Schauspielhaus besuchte: „Ich war entsetzt, als ich in einer Theaterpause in den Raum trat, der für kleine Bedürfnisse der Männer vorgesehen war. Mittendrin stand ein Riesenbottich, längs den Wänden standen einige Dutzend pots de chambre, von denen man den benutzten höchst eigenhändig in den großen Bottich zu entleeren hatte."

Die elenden hygienischen Verhältnisse, besonders in den Armenquartieren, der Mangel an Licht und Vitaminen, lassen sich auch aus den Krankheitsbildern der Patienten ablesen, die in die Auguststraße kamen. 1886 suchten 3 493 Patienten „aller Confessionen" die Poliklinik auf. Jeder Zehnte von ihnen hatte Tuberkulose.

Auch die – vergleichsweise wenigen – Todesfälle unter den Patienten des Krankenhauses waren meist der Lungenschwindsucht zuzurechnen. Der Jahresbericht von 1881 listet genau auf, welche Patienten kamen, mit welchen Krankheiten, wie sie behandelt wurden, in welchem Zustand sie entlassen wurden. Von 882 Kranken waren 162 Kinder, 252 Frauen und 468 Männer. Daß so viel mehr Männer als Frauen ins Krankenhaus gingen, wird daran gelegen haben, daß viele Frauen noch als Kranke für ihre Familien sorgen mußten. 332 Patienten zahlten ihren Krankenhausaufenthalt selbst. Die durchschnittliche Verweildauer betrug sechsunddreißig Tage. Der größere Teil der Patienten, nämlich 440, mußte die Behandlung aus der Gemeindekasse bezahlen lassen, 110 Patienten kamen von außerhalb, für sie zahlte die Fremdenkasse der Jüdischen Gemeinde. Es gab auch eine „Reconvalescentenkasse", aus der Bedürftige mit einer Art Krankengeld versorgt wurden, wenn sie nach Hause gingen.

Schon im *Hekdesch* und im Judenlazarett hatte man den ärmsten der Patienten einen Zehrpfennig gegeben, wenn sie entlassen wurden. Die Aufzeichnungen im Jahresbericht des Krankenhauses lassen ahnen, welches Elend die Patienten oft erwartete, wenn sie das Krankenhaus verließen.

Eine Frau, deren Krankheit als Prolapsus uteri es vaginae angegeben wird, verließ „wegen Tod ihres Mannes das Hospital vor der Operation".

Eine Frau mit chronischem Gelenkrheumatismus verließ „frühzeitig die Anstalt". Warum wohl?

Eine andere mit einer akuten Endo- und Pericarditis mußte man „wegen Schwangerschaft im 9. Monat" fortschicken. Das Krankenhaus hatte nur bis 1870 eine geburtshilfliche Abteilung. Wegen der befürchteten Ansteckungsgefahr durch das Kindbettfieber, dessen Ursache damals noch unbekannt war, wurde sie geschlossen. Wo wird die herzkranke Frau ihr Kind bekommen haben?

Wenn man die in sachlichem Ton gehaltenen alten Krankenhausberichte liest, hört man einen anderen Ton mitschwingen, den der Trauer. Wie in dem Gedicht Heines, in dem er die „bösen drei Gebresten" nannte: *Armut, Körperschmerz und Judentum*. „Das schlimmste von den dreien ist das letzte", hatte Heine geschrieben. Aber er pries auch den, der „ein Mann der Tat" ist und „zu lindern suchte, was der Lindrung fähig".

Die Ärzte des Krankenhauses.

Sie gehörten zu den besten ihres Fachs. Das Durchschnittsgehalt eines Arztes im Jüdischen Krankenhaus betrug im Jahr 1881 1200 Mark, während ein dort angestellter Maschinist 1310 Mark bekam. Noch immer galt das talmudische Gebot, wonach ein Arzt seine Pflicht tun muß, ohne nach dem Lohn zu fragen. Es war üblich, daß die leitenden Ärzte aus der Auguststraße noch eine Privatpraxis unterhielten. Berühmt war die des James Israel, der um die Jahrhundertwende als der beste Arzt Berlins galt.

Er war Nierenspezialist, seine theoretischen Arbeiten sind heute noch grundlegend. Auch war er einer der größten Chirurgen seiner Zeit, nicht nur auf dem Gebiet der Nierenchirurgie, sondern auch in der plastischen Chirurgie, wo er als Nasenplastiker neue Verfahren entwickelte.

Dieser Mann kam 1872 als Vierundzwanzigjähriger in das Haus in der Auguststraße, als Assistent des berühmten Bernhard von Langenbeck. Drei Jahre später wurde er dessen Stellvertreter. Von 1881 bis 1914, bis das Krankenhaus aus der Auguststraße in den Wedding umzog, war James Israel Chefarzt des Jüdischen Krankenhauses. Er blieb es auch im Wedding noch bis 1917, wo er als guter Patriot und Offizier von 1870 die Idee eines Lazarettzuges entwickelte, der „Victoria Luise" hieß und in dem man die Verwundeten schon während des Transports operieren konnte. James Israel erhielt trotz seiner Verdienste als Arzt, trotz seiner medizinischen Bedeutung und trotz seiner deutschnationalen Gesinnung nie einen Lehrstuhl an der Berliner Universität. Dazu hätte er sich taufen lassen müssen, aber solche Kompromisse entsprachen nicht dem Charakter des stolzen, befehlsgewohnten Arztes. Von seinen Kollegen und Patienten wurde er wohl eher gefürchtet als geliebt. Auf einem frühen Foto, das ihn als Assistenzarzt in der Auguststraße zeigt, sieht er noch aus wie ein schüchterner Jüngling, der Gedichte schreibt. Seine Lippen wirken weich, der Blick seiner Augen verträumt. Spätere Fotos zeigen einen strengen Mann mit scharfem Blick, dessen prächtiger, alttestamentarisch anmutender Bart die Lippen verdeckt.

Ob im taillierten weißen Kittel oder im schwarzen Überrock mit gebürstetem Zylinder – James Israel wirkte unnahbar und korrekt. Sein Schüler und Nachfolger Paul Rosenstein schilderte, wie er „mit einer ans Zeremonielle grenzenden Bedächtigkeit" beim Verlassen des Krankenhauses seine Glacéhandschuhe einen nach dem anderen überstreifte und dann, flankiert von den Assistenten, „durch den langen Garten bis hinaus auf die Straße“ ging. Dort wartete der Kutscher Buchholz auf seinen Gebieter.

Durch den langen Garten bis hinaus auf die Straße...

Der Garten hinterm Haus in der Auguststraße ist nicht lang. Der Weg von der Eingangstür bis auf die Auguststraße ist auch nicht lang. Aber auf alten Übersichtsplänen sieht man, daß das Synagogengrundstück und das des Krankenhauses durch eine Art Korridor miteinander verbunden waren, man konnte durch den Garten des Krankenhauses wie durch einen langen Gang bis auf die Oranienburger Straße gehen. Die Mauer, die heute das Haus in der Auguststraße vom Synagogengrundstück trennt, ist vielfach geflickt und aus verschiedenen Steinen gebaut. Auch blauglasierte, wie sie jahrzehntelang in der Ruine der Neuen Synagoge lagen, fanden beim Bau der Schulmauer Verwendung. Also ist diese Mauer erst nach 1945 errichtet worden. Vielleicht war die alte einfach kaputt. Oder es gab gar keine.

In der Oranienburger Straße neben der prächtigen Neuen Synagoge wird der Kutscher Buchholz wohl lieber auf den berühmten James Israel gewartet haben als in der schäbigen Auguststraße.

Durch diesen Gang kam man auch zum Siechenheim, das die Gemeinde seit 1876 unterhielt und das „in engster wirtschaftlicher und territorialer Verbindung“ zum Haus in der Auguststraße gestanden hat, wie aus alten Gemeindeunterlagen hervorgeht. Nach manchen Berichten handelte es sich zunächst um eine Baracke, die hinterm Krankenhausgarten gestanden hat. Um die Jahrhundertwende soll das Siechenhaus in die Oranienburger Straße umgezogen sein. 1890 hatte die Jüdische Gemeinde das Grundstück Oranienburger Straße 31, links neben der Synagoge, gekauft. Später stifteten Bertha und Moritz Mannheimer an dieser Stelle ein Haus, das das Siechenheim der Gemeinde wurde. Es steht heute noch.

Um 1931 zog das Siechenheim dann ebenfalls in den Wedding, zum Jüdischen Krankenhaus. Das Haus Oranienburger Straße 31 nahm das berühmte Berliner Jüdische Museum auf, das am 24. Januar 1933 hier eröffnet wurde und bis zum Novemberpogrom 1938 bestand. Um 1940 muß es in der Auguststraße wieder ein Siechenheim gegeben haben, jedenfalls fand ich auf Dokumenten aus dieser Zeit den Stempel „Siechenheim Auguststraße 14/16".

Aber soweit sind wir noch nicht, hier geht es um James Israel, der in seiner autokratischen Weise das Krankenhaus leitete, eine unbestrittene Autorität war und vom Glanze seines Namens einen Teil auf das schlichte Haus in der Auguststraße übertrug. Er ging also täglich „durch den langen Garten hinaus auf die Straße", die die Oranienburger Straße war, und fuhr mit der Kutsche zu seiner Wohnung am Lützowufer 5a. Die Wohnung hatte dreizehn Zimmer. Paul Rosenstein berichtet, daß James Israel morgens um sechs Uhr, spätestens halb sieben aufstand. Nach dem Frühstück fuhr er gleich ins Krankenhaus, um zu operieren. Wenn keine Operationen nötig waren, blieb er zu Hause und arbeitete wissenschaftlich. Ungefähr mittags ließ er sich dann in die Auguststraße bringen. „Erst um 16.30 h, manchmal um 17 oder 17.30 h war er von dort zurück zum Mittagessen, das somit eher ein Nachmittagsessen darstellte. Es wies drei Gänge auf: Suppe, Fleisch- oder Fischgericht und Nachspeise. Dazu trank man Moselwein, mit Mineralwasser gemischt. Den Salat machte der Professor selber an. Der Diener servierte mit weißen Handschuhen, er trug eine Art Frack mit blanken Knöpfen. James und Meta aßen beide wenig. Hatte James einmal größeren Appetit, so wollte ihm die etwas reichlichere Portion meist nicht bekommen. Meta war ängstlich darauf bedacht, daß er sich auch die besten Stücke nehme, und oft entspann sich folgender Dialog: „James, nimm aus der Mitte!‘ ‚Aber liebes Kind, ich muß als Chirurg ja wissen, welches das Mittelstück ist‘.“

Es ist bezeichnend für die zwischen ironischer Distanz und Verehrung pendelnde Beziehung des Assistenten zu seinem Professor, daß er noch nach Jahrzehnten zu berichten weiß, wie der große James Israel zu speisen pflegte.

Er schilderte auch, wie es in der Privatpraxis des berühmten Arztes zuging. Die Sprechstunde fing gegen 17.30 Uhr an. Oft reichte das Wartezimmer nicht aus, und die Patienten, eine gemischte Gesellschaft, in der sich Adlige und steinreiche Leute ebenso befanden wie Ostjuden im Kaftan, drängten sich bis in die Eingangshalle. Manche waren in ärmlichen Kleidern zu James Israel gewandert. Der empfing die Patienten in seinem holzgetäfelten Herrenzimmer, die Untersuchungen nahm er auf derselben Chaiselongue vor, auf der er 1926 starb. Manche Patienten bestellte er in die Auguststraße zu einer gründlicheren Untersuchung. Die Patienten gaben dem Arzt nach alter Sitte, was sie konnten. Manchmal ein Goldstück, manchmal nichts.

Während der Nazizeit rühmte Professor Ferdinand Sauerbruch in einer seiner Vorlesungen den Arzt James Israel. Die Zuhörer zischten und pfiffen bei der Nennung des jüdischen Namens. Sauerbruch kommentierte: „Meine Herren, wenn Sie alle vergessen sein werden, wird der Name James Israel noch leuchten.“

Der Name leuchtet auf halbvergilbten Karteikarten in den Katalogen der Deutschen Staatsbibliothek. Er leuchtet in manchen medizinischen Lehrbüchern und in Publikationen über Medizingeschichte.

Die Büste James Israels rettete ein Arzt durch Zufall aus dem Bauschutt, als das Jüdische Krankenhaus im Wedding - von der Vergangenheit war nur der Name geblieben - renoviert wurde. Die gläsernen Stiftertafeln mit der goldenen Schrift, die die Namen der

„Wohlthäter“ bewahrten, rettete niemand aus dem Schutt.

Aber vielleicht kann man es ein Leuchten nennen, daß James Israels Name und der seiner Frau Meta noch immer auf ihren unzerstörten Grabsteinen zu lesen sind. Dort in der Ehrenreihe des Friedhofs in der Schönhauser Allee haben sie nicht nur die Zerstörungen in der Nazizeit, sondern auch immer wieder die durch Berliner Jugendliche überstanden, die, unwissend und unbedarft, Grabsteine auf dem Jüdischen Friedhof zertrümmerten. Weil es Krach machte, weil es verboten war, weil sie nicht wußten, wohin mit dem dumpfen Trieb, umzustürzen, einzuschlagen, sich zu rächen für erfahrene Lieblosigkeit, weil sie die Leere in sich mit etwas Gewaltigem ausfüllen wollten - mit Gewalt.

Fünf solchen Jugendlichen, vernachlässigten Halbwüchsigen, wurde im Juni 1988 in Berlin der Prozeß gemacht, wenige Monate vor den offiziellen Feierlichkeiten zum 50. Jahrestag der Pogromnacht, die der Welt zeigen sollten: Bei uns herrscht eine antifaschistische Ordnung. Da durfte es diese Jugendlichen nicht geben, und man steckte sie ins Gefängnis, auch wenn in den Januar- und Februarnächten, als sie sich auf dem Friedhof austobten, kein Hahn nach ihnen gekräht hatte, kein Volkspolizist aus dem Dienstgebäude gleich nebenan gekommen war und alle Fenster stumm und verschlossen blieben.

Die Polizisten, die nicht gekommen waren, ahnten so wenig wie die randalierenden Jugendlichen, daß ihr Haus nicht immer eine Polizeidienststelle, sondern ein Altersheim, ein jüdisches Altersheim, gestiftet von Bertha und Moritz Mannheimer, gewesen war. Bertha und Moritz Mannheimer waren auch die Stifter des Siechenheims in der Oranienburger Straße gewesen. Kein Hinweis erinnert daran, und noch immer gibt es keine Tafel an dem Dienstgebäude der Polizei, die nicht mehr Volkspolizei heißt.

Und die ehemaligen Volkspolizisten haben Angst um ihre Arbeitsplätze und verstehen die Welt nicht mehr. Politische Straftäter, das haben sie erlebt, können plötzlich ihre Vorgesetzten sein oder Minister, und dann sind sie wieder verschwunden, aber wer weiß, was morgen wird, wer da den Ton angibt. Einmal sah ich, wie sich am U-Bahn-Eingang, nur wenige Schritte vom Tor des Jüdischen Friedhofs entfernt, glatzköpfige Männer mit Nagelstiefeln und Schlagringen auf Jugendliche mit Palästinensertüchern stürzten, und die Polizisten kamen erst eine Viertelstunde später aus ihrem Dienstgebäude, als die Glatzköpfe schon weg waren und einer der anderen blutend auf dem Pflaster lag.

Das war im Frühjahr 1991.

Im Februar 1988 floß noch kein Blut, da wurden nur 150 Grabsteine umgestürzt von jungen, in den sechziger Jahren geborenen Berlinern, die kaum wußten, was ein Jude ist, natürlich nie vom Jüdischen Krankenhaus gehört hatten oder vom Gesetz der *Zedakah* oder von James Israel.

Schwarz und schlicht steht James Israels Grabstein neben dem seiner 1930 gestorbenen Frau Meta, geborene Goldstein.

Man sieht, was man weiß.

Wenn man James Israels Grab sucht, findet man es. Wenn man seinen Namen kennt, kann man ihn lesen, nicht weit von den ebenfalls wie durch ein Wunder erhaltenen Gräbern Moritz und Bertha Mannheimers.

Vielleicht ist dies das Leuchten, das Ferdinand Sauerbruch dem Namen James Israel vorausgesagt hat.

Besuch im Vaterland

Ungefähr 1986 erzählte mir jemand, daß in der Westberliner Pension seiner Tante manchmal ein Herr aus London absteige, der vor dem Krieg in der Auguststraße gewohnt hätte. Er komme regelmäßig nach Berlin, um die jüdischen Feiertage am Ort seiner Jugend zu verbringen und um die Gräber seiner Angehörigen in Berlin-Weißensee zu besuchen. Ich schrieb einen Brief an die Adresse der Pension. Hans Lipmann rief mich an, und seitdem haben wir uns ein- oder zweimal im Jahr getroffen. Er war, als ich ihn das erstemal sah, Mitte sechzig, und doch wirkte er auf mich wie ein alter Mann. Obwohl er nicht groß ist, geht er etwas gebückt, in seinen grünen Augen liegt ein tiefer Ausdruck von Trauer, die auch nicht vergeht, wenn er lacht oder sich freut.

Ja, er hatte in der Auguststraße gewohnt, in einem der vornehmeren Häuser dicht an der Oranienburger Straße. Im Gartenhaus. Sein Vater besaß an der Jannowitzbrücke einen kleinen Laden für Herrenwäsche, aber nicht das Geschäft war das wichtigste in der Familie Lipmann, sondern die Musik. Die Mutter war vor ihrer Heirat Sängerin gewesen, und auch die ältere Schwester bekam Gesangsunterricht. Hans hatte seit seinem vierten Lebensjahr Geige gespielt, und sein Wunsch war, Musik zu studieren. Der Vater war Vorsänger in der Synagoge.

Hans Lipmann konnte mir kaum etwas über die Auguststraße 14/16 erzählen. Einigemale hatte er im Hause der AHAWAH gefrühstückt. Dort wurde eine Zeitlang für die Schüler der Jüdischen Mittelschule in der Großen Hamburger Straße Kakao verabreicht. Hans Lipmann war Schüler dieser Schule gewesen.

Warum der Kakao in der Auguststraße eingenommen werden mußte und nicht wie vorher und später wieder in der Großen Hamburger Straße selbst, weiß er nicht.

Aber er wollte mir helfen und erinnerte sich, daß einer seiner Mitschüler Zögling der AHAWAH war. Der sollte heute in Israel leben.

Ein anderer Mitschüler, der nach dem Krieg in Kalifornien Zuflucht gefunden hatte, hat ihm das bei einem zufälligen Treffen in London erzählt.

Hans Lipmann war von unserer ersten Begegnung an besessen von dem Gedanken, diesen Mitschüler zu finden.

Es wunderte mich, wie sehr ihn mein Anliegen beschäftigte, aber es war mir recht, denn damals kannte ich noch keinen einzigen Namen eines Menschen, der als Kind in der AHAWAH gewesen war. Zwar wußte ich, daß AHAWAH-Kinder in den dreißiger Jahren mit ihren Erziehern nach Palästina ausgewandert waren und dort eine neue AHAWAH gegründet hatten, aber Israel war für mich unerreichbar wie auf einem anderen Stern.

Hans Lipmann schrieb an seinen kalifornischen Mitschüler, nach Wochen teilte dessen Frau ihm mit, ihr Mann sei gestorben. Da wandte Hans Lipmann sich mit dem Namen seines Mitschülers an die Suchstelle der Jewish Agency in Jerusalem, er schrieb an alle Menschen, die er in Israel kannte, in die ganze Welt schickte er Briefe, um jenen blassen Jungen namens Georg Mayer zu finden, von dem er nur wußte, daß er aus dem Kinderheim AHAWAH gekommen war.

Über seine - vergebliche - Suche hielt er mich auf dem laufenden, regelmäßig bekam ich aus London Briefe, die mit der schönen, deutlich lesbaren Schrift Hans Lipmanns eng beschrieben waren. Manchmal rief er mich nachts an - seine Stimme war klar und überdeutlich, als spräche er im Nebenzimmer – und erzählte von seinen Recherchen. Längst hatte ich andere Spuren gefunden, sagte es ihm auch, aber er wollte diesen Mitschüler finden, diesen einen wenigstens.

Hans Lipmann hatte keine Verwandten oder Freunde mehr in Berlin. Sein Vater war nach der Pogromnacht 1938 aus der Wohnung heraus verhaftet und nach Sachsenhausen gebracht worden. Von dort kam er nicht wieder. Einige Wochen später konnte der noch nicht siebzehnjährige Hans sich einem jüdischen Kindertransport nach England anschließen.

Im letzten Moment hatte Großbritannien seine Einwanderungspolitik liberalisiert, und 1938 und 1939 konnten ungefähr 40 000 Flüchtlinge aus Deutschland und Österreich dort einreisen, darunter 8 000 Kinder ohne Eltern.

Hans war ja kein Kind mehr. Er tröstete seine Mutter und versuchte, nicht an eine Endgültigkeit des Abschieds zu denken. Er hoffte, ihr und der Schwester eine Einreise nach London besorgen zu können, wenn er erst dort sei. Das erzählte mir Hans Lipmann bei einem seiner Besuche.

Dort drüben auf dem Bahnsteig, sagte er und wies aus dem Fenster des Cafés auf den Bahnhof Friedrichstraße, habe er seine Mutter und die Schwester Anfang 1939 zum letztenmal gesehen. Er mußte sich wie die kleinen Kinder aus seinem Transport ein Pappschild um den Hals hängen, auf dem sein Name und irgendwelche Nummern standen. Der Zug mit den jüdischen Kindern fuhr vom Bahnhof Friedrichstraße über Amsterdam und Hoek van Holland nach Dover. Es war seine erste große Reise. Abgesehen von zwei Urlaubsreisen nach Bad Kissingen und einem Ausflug in die Feengrotten nach Saalfeld war Hans Lipmann noch nicht weit herumgekommen. Die Familie war nicht wohlhabend, und die Gesangsstunden der Schwester, der Geigenunterricht für Hans und die Konzertanrechte für die ganze Familie waren teuer.

Er hat es nicht geschafft, seine Mutter und die Schwester nachzuholen. Natürlich hat er auch nicht Musik studiert. Die Geige ging schon auf der Reise verloren, und viele Jahre lang besaß Hans Lipmann kein eigenes Instrument. Nach Kriegsbeginn wurden er und andere Jungen auf einem Gefängnisschiff nach Kanada gebracht. Weil er aus Deutschland kam, war er, der Jude, feindlicher Ausländer. Später konnte er in die britische Armee eintreten, in der er bis 1948 blieb. Dann schlug er sich in verschiedenen Jobs durch, heute ist er so etwas wie Steuerberater. Seine Besuche in Berlin waren meist mit irgendwelchen dienstlichen Terminen verbunden. Aber über sein heutiges Leben erzählte er nicht viel.

Seine Frau war fast gleichzeitig mit ihm nach England gekommen, als Neunjährige. Sie hatte in überfüllten Heimen gelebt, dann lange in einem Hospital und später bei einer Familie, die sie christlich erziehen wollte. Seine Frau sei krank, sagte Hans Lipmann. Sie leide an Depressionen, die mit jedem Jahr schlimmer würden. Kinder hätten sie nicht.

Seine Mutter und seine Schwester wohnten dann nicht mehr lange in der großen Wohnung in der Auguststraße, sie zogen in ein Judenhaus in die Linienstraße. 1942 sind sie nach Riga deportiert worden, er hat ihre Namen auf einer Liste gefunden, lange nach dem Krieg. Die Eltern seiner Frau fanden sich auf keiner Liste, gar nichts von ihnen fand sich, so sehr sie auch suchten.

Lieber als von den Toten sprach er von den Konzerten des Jüdischen Kulturbundes, die er in Berlin besucht hatte, vor allem die wunderbaren Händel-Aufführungen. Felix Mendelssohn-Bartholdys „Sommernachtstraum“, dirigiert von Kurt Singer, wird ihm unvergeßlich bleiben.

Aus dem Lautsprecher über unseren Köpfen kam Schlagermusik, die ich gar nicht beachtete. Ihn störte sie, und er sprach davon, ein anderes Café zu suchen.

Plötzlich brach die Musik ab, eine Reporterin interviewte eine Frau. Ich hörte nicht zu. Hans Lipmann stutzte und lauschte. „Eine von uns“, sagte er. „Eine Jüdin . . .“ Ich verstand Gesprächsfetzen, es handelte sich um ein Interview mit einer israelischen Schriftstellerin. Ihr Deutsch war akzentfrei. Die Musik dudelte schon wieder, als er sagte: „Die Stimme. Das war die nervöse, ruhelose Stimme einer umhergetriebenen Frau. Nur Juden sprechen so . . . Ich höre das.“

Im Herbst 1990 kam Hans Lipmann wieder nach Berlin, der hohen Feiertage wegen, wie er sagte.

Er hatte mich ein paar Tage vorher aus London angerufen, wieder klang seine Stimme so klar, als wären wir beide im selben Raum. Diesmal wollte er seine ehemalige Schule aufsuchen, um dort zu fotografieren, und bat mich, ihn zu begleiten. Wir verabredeten uns für den 1. Oktober vormittags in der Großen Hamburger Straße. Für mich war es der vorletzte Tag der DDR, für Hans Lipmann zwei Tage nach Jom Kippur, dem Versöhnungstag, und drei Tage vor Sukkot, dem Laubhüttenfest.

Am Morgen dieses Tages kam ich auf die Idee, in der Berufsschule anzurufen, die nach dem Krieg im Haus der Jüdischen Mittelschule in der Großen Hamburger Straße untergebracht wurde. Mir fiel ein, daß noch vor einem Jahr Ausländer keine Schule und keinen Kindergarten der Deutschen Demokratischen Republik betreten durften, ohne eine ausdrückliche Genehmigung der örtlichen Volksbildungsbehörde vorweisen zu können. Ich wußte, daß zu dem roten Schulhaus neben unserem in der Auguststraße 13, der ehemaligen Jüdischen Mädchenschule von Johanna Kaphan, die heute Bertolt-Brecht-Schule heißt, oft schon Frauen von weither gekommen waren, die in diesem Haus als kleine Mädchen gelernt hatten und dann vertrieben wurden. Wenn sie sich Jahrzehnte später überwunden hatten, nach Berlin gereist waren, in die Auguststraße gingen, vor ihrem alten Schulhaus standen, wurden sie nicht eingelassen. Nicht ohne Genehmigung. Salomea G. hatte mir von der Wut ihrer Schwester Rena erzählt, die aus Australien zu ihrer ehemaligen Schule gekommen war und in der Auguststraße weggeschickt wurde. Weggeschickt. Wie damals.

Ich rief also am Morgen des 1. Oktober 1990 in der Großen Hamburger Straße an, verlangte die Direktorin der Berufsschule und erklärte ihr, daß ich gern mit einem Herrn aus London ihr Schulhaus betreten würde, der vor über fünfzig Jahren Schüler an der Jüdischen Mittelschule gewesen sei. Er wollte seinen Klassenraum und das Musikzimmer fotografieren. Dagegen sei doch sicher nichts einzuwenden.

Die Frau zögerte. Nein, einzuwenden sei prinzipiell nichts. Aber Sie könne das nicht entscheiden. Da müßte ich den Schulrat fragen.

„Warum können Sie das nicht entscheiden?“ fragte ich. „Ist nicht die Zeit der Bevormundungen vorbei?“

„Ja, das dachten wir auch. Aber wir dürfen nicht einmal Werbung in unserer Schule zulassen. Wir wurden schon gemaßregelt. Offenbar darf ich doch nicht allein entscheiden. Und in so einem Fall ... Ich möchte nicht die Verantwortung tragen.“

Ich erinnerte mich, daß meine Tochter, die gerade zur Schule gekommen war, Bleistifte, Ausmalhefte und ein leuchtendes Mützchen nach Hause gebracht hat. Dinge, die sämtlich mit mir unbekannten Firmenzeichen versehen waren.

„Gegen Werbung in der Schule bin ich auch“, sagte ich. „Aber hier geht es doch um etwas ganz anderes. Der Mann war Schüler in Ihrem Haus, er mußte Deutschland verlassen und will den Ort seiner Schulzeit wiedersehen. Ist das nicht verständlich? Ich denke, darüber können Sie selbst entscheiden.“

Aber sie gab mir nur die Telefonnummer des Verantwortlichen für Berufsschulen im Magistrat, Abteilung Volksbildung. Der betreffende Herr meldete sich. Ich erklärte mein Anliegen, er rief fröhlich aus: „Aber natürlich. Dagegen haben wir gar nichts. Soll er sich nur alles anschauen. Warum nicht? Vielleicht trifft er noch einen Bekannten unter den Lehrern."

Ich glaubte, mich verhört zu haben.

„Wie bitte?" stammelte ich. „Herr Lipmann ist Jude. Das war eine jüdische Schule."

„Gewiß. Aber es könnte doch sein, daß ein Lehrer..."

„An der Berufsschule ‚Richard Fuchs' lehrt?" Ich bezweifelte das.

„Aber wir haben doch nichts gegen die jüdische Kirche..."

Ich begriff endlich, daß ich es mit einem Dummkopf zu tun hatte und rechnete dem für Berufsschulen Verantwortlichen vor, daß ein Lehrer der Jüdischen Mittelschule, sollte er das Glück gehabt haben, ein Überlebender zu sein, sollte er nach Berlin zurückgekehrt und ausgerechnet an der Kommunalen Berufsschule für Industriekaufleute Lehrer geworden sein, heute mindestens achtzig Jahre alt sein müßte.

Die Jahreszahlen hätte er nicht so im Kopf gehabt, räumte er ein. Aber gegen den Besuch eines ehemaligen Schülers aus London sei gar nichts einzuwenden. Er wolle nur mal, ich solle das nicht falsch verstehen, die Frau H. informieren. Dies sei die Beraterin von der Westberliner Behörde, die Verantwortlichkeiten seien im Moment etwas ungeklärt. Die Beraterin solle sich nicht übergangen fühlen. Aber er sei sicher, das würde genehmigt.

Ich bat den vorausschauend gehorsamen Berufsschulbeamten, in der Großen Hamburger Straße anzurufen, und ging zur Straßenbahn.

Mit der 49 fahre ich durch die Schönhauser Allee, vorbei am alten U-Bahn-Bogen, dem Magistratsschirm, dessen Säulen von oben bis unten mit Plakaten und Losungen beklebt sind. BILDET BANDEN,

TÖTET NAZIS! steht dort und ROTE RAUS! und WO IST EUER LÄCHELN GEBLIEBEN?

Am S-Bahnhof hocken Vietnamesen vor Holzkisten, auf denen sie Zigaretten und billigen Kram feilbieten. Die meisten der ins Land geholten ausländischen Arbeitskräfte sind arbeitslos, habe ich in der Zeitung gelesen. Zwischen den Vietnamesen stehen zwei Uniformierte, sie sehen von hier aus groß und bedrohlich aus, offenbar prüfen sie die Papiere der Vietnamesen. Sofort bildet sich eine Menschentraube. Ich kann von meiner Bahn aus nicht hören, was gerufen wird, ich will es auch nicht verstehen und blicke zur anderen Seite. Dort an der Imbißbude prangt ein Hakenkreuz, von dessen Enden Farbe in einem dünnen Rinnsal heruntergeflossen ist wie eine Blutspur. Niemand kümmert sich darum.

Ich erinnere mich, wie in meiner Grundschule ein Junge namens Harry ein solches Hakenkreuz an die Wand des Umkleideraums vor der Turnhalle gemalt hatte. Ein anderer Schüler hatte ihn beobachtet und die Tat gemeldet.

Harry, zehn oder elf Jahre alt, wurde aus dem Unterricht geholt und ins Direktorzimmer gebracht. Erst zum Ende der letzten Stunde kam er in unseren Klassenraum zurück, um mit verheultem Gesicht seine Schultasche zu holen. Hinter ihm stand sein Vater. In der Klasse war es still. Wir starrten auf Harry, der etwas Unglaubliches, Schlimmes getan hatte und auf den verlegenen Vater. Harry durfte an unserer Schule bleiben. Zur Bewährung. Über das Hakenkreuz wurde nicht mehr gesprochen, es war so ein widerwärtiges Thema, dazu gab es nichts zu sagen. Aber jeder wußte, was Harry getan hatte, und wenn er, was oft vorkam, in eine Schlägerei oder ähnliches verwickelt war, brauchte der Lehrer bloß daran zu erinnern, daß ein gewisses Vorkommnis noch nicht vergessen sei, und Harry wurde still.

Ein HAKENKREUZ war das Undenkbare, Unaussprechliche schlechthin.

Und nun, ein Vierteljahrhundert später, das große Hakenkreuz in der Schönhauser Allee. Ich sehe mich um, will wissen, wie die Mitfahrenden in der Straßenbahn darauf reagieren, sie sind mit anderem beschäftigt. Auf der grünen Rückenlehne vor mir lese ich in lila Buchstaben: DEUTSCHLAND DEN DEUTSCHEN. Man hat versucht, die Schrift abzuscheuern, das Grün des Kunstleders ist blasser geworden, dieser Satz aber leuchtet: DEUTSCHLAND DEN DEUTSCHEN.

Am Rosenthaler Platz steige ich aus, gehe meinen alten Schulweg, vorbei am ehemaligen Krankenheim der Gemeinde Adass Jisroel, das heute der Deutschen Reichsbahn gehört.

Deutschland den Deutschen.

An der Ackerstraße biege ich links ein und überquere den Koppenplatz. In der Schule am Koppenplatz klingelt es. Auch in diese Schule sind Zöglinge der AHAWAH gegangen. Otto Weiß in Netanya und David Marcus in Westberlin haben mir von ihrer sechzig Jahre alten Angst vor dem antisemitischen Klassenlehrer erzählt. Bei jedem Schritt fallen mir Geschichten ein und Schicksale, die mit diesem Platz, mit seinen Häusern zu tun haben, mit der Auguststraße, die ich überquere, um in die Große Hamburger Straße zu kommen. Noch immer kann ich mich nicht an die drei oder vier Jahre alten Neubauten an dieser Ecke gewöhnen. Sie sprechen nicht, sie sind stumm. Das alte Haus an der Ecke Auguststraße/Große Hamburger Straße verrottet immer mehr. Wenn man das Treppenhaus betritt, erschrickt man über den gnadenlosen Verfall einstiger Schönheit.

Zuletzt war ich im vergangenen Winter dort, erinnere ich mich im Vorbeigehen. In einer großen, heruntergekommenen Wohnung, in der nur ein Zimmer spärlich möbliert war, traf ich damals Torsten H., einen jungen Mann, der nach Berlin gekommen war, um Schriftsteller zu werden. Er suchte nach den Lebensspuren einer Frau, die Gedichte machte, *härter als Leben / weich wie Wasser, das den Stein überlebt,* und selbst nicht mehr leben konnte. Über sie hat er ein schönes Hörspiel geschrieben. Torsten H.'s Wohnung, deren eigentlicher Mieter in den Westen gegangen war, war ungeheizt. Als ich ihn besuchte, war er schon ein paar Wochen lang Mitglied einer unabhängigen Untersuchungskommission, die Korruption und Amtsmißbrauch aufzudecken hatte, eine eilig im heißen Herbst 1989 zusammengewürfelte Bürgervertretung. Mit flammendem Blick hatte er mir von den Archiven und Panzerschränken erzählt, die ihm nun offenstanden, von unglaublichen Beispielen des Amtsmißbrauchs. Ich fror und wollte gern ein Glas Tee trinken, aber das Gas in der Wohnung war abgestellt und ich ging bald, zumal Torsten H., Mitte zwanzig, von der Vergangenheit der Auguststraße nichts wissen konnte. Seine Untersuchungskommission gibt es heute nicht mehr, er selbst, das las ich in Zeitungen, gibt keine Ruhe und informiert die Öffentlichkeit über Zustände und Schicksale, die er in Gefängnissen vorfand, als er eine kurze Zeit lang dort ein- und ausging, weil die verschreckten Gefängnisdirektoren des Landes es nicht wagten, sich ihm und seinesgleichen entgegenzustellen.

Wenn ich Zeit hätte, würde ich in das Haus gehen und sehen, ob Torsten H. dort noch wohnt, ob sein Gasherd wieder funktioniert und ob er mit mir ein Glas Tee trinkt. Aber ich bin ja mit Hans Lipmann verabredet, und da steht er schon auf dem Bürgersteig, klein und ein bißchen fremd in dieser Straße in seinem graugrünen Herbstmantel aus englischem Tuch.

Er kommt mir entgegen, und ich sehe, wie aufgeregt er ist. Schon lange vor der verabredeten Zeit war er hier und hat die Straße fotografiert, den kahlen Friedhof mit Mendelssohns Grab, dem einzigen, das da noch ist, die Figurengruppe des Bildhauers Will Lammert an der Stelle, wo früher das Altersheim stand, das Sammellager, das auch für seine Mutter und die Schwester zur letzten Adresse in Deutschland wurde. Auch die Gedenktafel für Moses Mendelssohn am Schulhaus hat er fotografiert. Sie ist erst sieben Jahre alt, vorher erinnerte nur das Relief KNABENSCHULE DER JUEDISCHEN GEMEINDE über dem Tor an die Vergangenheit des Hauses. Alles, was man sehen kann, hat Hans Lipmann fotografiert, aber in das Haus ist er nicht gegangen, er hat auf mich gewartet.

Worauf habe ich mich nur eingelassen, denke ich, und wir setzen uns für ein paar Minuten auf die Stühle vor dem gegenüberliegenden Café. Hans Lipmann hat Ischias, vor Schmerzen konnte er in der Nacht nicht schlafen, erzählte er mir. Wie jedesmal, wenn wir uns sehen, überreicht er mir eine Schachtel Pralinen, in einem Londoner Geschäft schön verpackt und mit Schleifchen versehen. Und wie jedesmal erzählt er mir von seinem vergeblichen Bemühen, Georg Mayer oder Majer oder Maier zu finden, den Mitschüler aus der AHAWAH. Ich beruhige ihn, inzwischen war ich in der israelischen AHAWAH in Kiryat Bialik bei Haifa, ich habe Adressen von AHAWAH-Zöglingen, die in Jerusalem, in Paris, in Westberlin leben, und mit einigen habe ich gesprochen, andere schreiben mir. Es ist nicht mehr so wichtig für mich, gerade Georg Mayer zu finden. Aber für Hans Lipmann ist es wichtig.

Ich hatte ihm schon am Telefon erzählt, daß am 22. Oktober ein Treffen ehemaliger Schüler der Jüdischen Mittelschule stattfinden wird. Einer, der heute in Amerika lebt, hat es organisiert, unterstützt vom Westberliner Senat. Hans Lipmann ist nicht eingeladen worden. Aber ich weiß, daß auch Ursula F. aus Berlin-Pankow und Inge D. aus Tel Aviv nicht eingeladen wurden, obwohl sie in der Großen Hamburger Straße zur Schule gingen. Solche Einladungen kämen doch ganz zufällig zustande, tröste ich den kleinen Herrn Lipmann. Der eine kennt diesen, der andere jenen. Und von seinen Klassenkameraden, das hat er mir doch erzählt, haben nur wenige überlebt, und von den wenigen sind manche schon tot. Außerdem könne er doch einfach hingehen, wenn ihm das Treffen wichtig sei.

Aber ich weiß, daß er nicht hingehen wird. Nicht nur, weil er nicht zweimal im selben Monat von London nach Berlin reisen kann. Hans Lipmann wird sich nirgendwohin einladen, wenn er nicht auf der Gästeliste steht.

Und ob er wirklich so ein Treffen will? Was er wiederfinden möchte, gibt es nicht mehr. Auch diese Straße und die Häuser wird es bald nicht mehr geben, fürchtet er, jetzt, wo sich in Deutschland so viel verändert. Darum hat er den Fotoapparat mitgebracht.

Er war schon oft hier nach dem Krieg. Er hat zugesehen, wie die bröckelnden Fassaden der Häuser repariert und angestrichen wurden, wie sie Risse bekamen und das Alte wieder zum Vorschein kam. Seine Kindheitswege ist er dutzendemale abgegangen, aber fotografiert hat er nie. 1947, noch als englischer Soldat, ist er einmal zu seinem alten Haus in der Auguststraße gegangen. Der Seitenflügel war beschädigt, aber manche der Namen am Stillen Portier kannte er noch. An der Tür seiner alten Wohnung sah er noch die Umrisse des ovalen Namensschilds, das seine Schwester vor jedem Freitag mit Sidol blankgeputzt hatte. An dieser Wohnungstür hat er nicht geklingelt, aber bei einer Nachbarin, mit deren Kindern er manchmal gespielt hatte. Sie erkannte ihn nicht in der fremden Uniform, aber dann ließ sie ihn ins Wohnzimmer und erzählte, was sie wußte. Daß seine Mutter und die Schwester Charlotte bei Siemens arbeiten mußten und daß sie bald weggezogen sind, um die Ecke bloß, in die Linienstraße, in eine Gemeinschaftswohnung, nur für Juden. Die Nachbarin hätte sie noch manchmal auf der Straße getroffen, aber dort gewesen sei sie nicht, das hätte sie auch gar nicht gedurft.

Und dann sind sie wohl weggekommen, nach Osten wie die anderen Juden, die armen Menschen. Während sie ihr Mitleid beteuerte, erzählte mir Hans Lipmann, konnte er seinen Blick nicht von einem kleinen Notenschrank abwenden, der, mit Messingstäben und Gründerzeitschnitzerei verziert, immer im Zimmer seiner Schwester gestanden hatte. Diese Nachbarn hatten kein Klavier, sie besaßen überhaupt kein Instrument. Auf dem Schrank stand ein Gummibaum. Vielleicht täuschte er sich. Vielleicht war es ein anderer und nicht der Notenschrank seiner Schwester. Hans Lipmann brachte es nicht fertig, danach zu fragen, er ging eilig und kam nie wieder.

„Einen Moment noch", bittet er mich, als ich mit ihm in das alte Schulhaus gehen will. Erst nach ein paar Minuten des Schweigens fühlt er sich genügend ausgeruht, und wir treten durchs Tor.

Links informiert eine Schautafel über Richard Fuchs, den fortschrittlichen Pädagogen und Antifaschisten, dessen Namen man dieser Berufsschule gegeben hat.

Inge Deutschkron aus Tel Aviv, auch sie war Schülerin in der Großen Hamburger Straße, hat mir von ihren Begegnungen mit Richard Fuchs erzählt. Das war nach dem Krieg in der Zentralverwaltung für Volksbildung. Inge und ihre Mutter hatten überlebt, weil nichtjüdische Berliner ihnen geholfen hatten, sich zu verstekken. Nach allem, was hinter ihr lag, war sie froh, endlich offen unter den Menschen leben und arbeiten zu können. Auch Richard Fuchs, der alte Sozialdemokrat, war nach den Jahren des einsamen Schweigens zu Ansehen und politischen Aufgaben gekommen.

Anders als Inge Deutschkron, die auch Sozialdemokratin war, schickte er sich sehr schnell in die unwürdige Vereinnahmung der Sozialdemokraten durch die Kommunisten, die als Vereinigung deklariert wurde. Die junge Inge Deutschkron, sensibel für jede Diskriminierung und entrüstet über die neuerliche Ausgrenzung, fragte den viel Älteren nach den Gründen für sein Stillhalten. Er hat sie traurig angeschaut und leise erklärt: „Zwölf Jahre lang geächtet sein und sich dann wieder ins Abseits stellen lassen – das hält kein Mensch aus."

Der in der Berufsschule „Prof. Dr. Richard Fuchs" aushängende Lebenslauf erwähnt nicht einmal, daß er Sozialdemokrat gewesen war.

Während ich vor dieser Tafel stehe, ist Hans Lipmann weitergegangen, über den ersten Hof, durch einen Torweg auf den Schulhof.

Mit kleinen Ausrufen des Wiedererkennens schaut er sich um. Dort hatte die Turnhalle gestanden, die ist abgerissen, das war damals der zweite Eingang, und hinter diesen Fenstern lag das Musikzimmer. Und hier, sagt er und weist auf ein Stück Mauer zum Nachbarhaus, hier haben wir mit Buckern gespielt.

Die Sonne scheint, dieser erste Oktober ist ein sehr schöner Herbsttag. Der Geruch von Laub und Erde erinnert an Vergehen, aber auch an den Kreislauf des Lebens. Hans Lipmann zeigt mir, wie weit der alte jüdische Friedhof früher in das Schulgrundstück reichte.

Damals standen die Grabsteine noch dicht.

Zwölftausend Menschen haben auf diesem kleinen Stück Erde ihr Grab gefunden, seit 1672 ein Mann namens Model Riess das Grundstück gekauft und der Gemeinde geschenkt hatte.

Das Altersheim und spätere Sammellager, das den Friedhof zur Großen Hamburger Straße hin begrenzte, wurde erst 1842 gebaut. Vorher haben die Alten sehr beengt im Haus auf dem Grundstück Oranienburger Straße 6/8 gelebt, das den Friedhof südlich von der Straße abschloß. Sie lebten unter einem Dach mit den Patienten des „Juden-Lazareths", dem Vorläufer des Krankenhauses in der Auguststraße.

Der Friedhof war wie ein Garten für die alten Menschen, die hier, abgeschirmt vor den Blicken Vorübergehender, unter den damals schon hohen Bäumen spazierengehen, die wie für die Ewigkeit gemeißelten

Inschriften auf den alten Grabsteinen lesen und sich geborgen fühlen konnten unter ihren Vorfahren und geborgen unter der Obhut der Lebenden.

Denn die Jüdische Gemeinde sorgte für ihr Altersheim.

Bis in das Jahr 1941.

Große Hamburger Straße 26 – das steht hinter tausenden Namen auf Deportationslisten als letzte Adresse.

Das Schulhaus daneben trägt bis heute die Nummer 27. Es wurde 1906 vom Gemeindebaumeister Höniger gebaut, aber auf diesem Platz stand schon 1863 eine Schule für etwa 500 Kinder – die Nachfolgerin der berühmten Jüdischen Freischule, die ein Symbol der Aufklärung war. David Friedländer und Isaac Daniel Itzig, der Sohn des Bankiers Friedrich des Großen, hatten sie 1778 gestiftet. Moses Mendelssohn galt als der geistige Vater dieser Schule, die in der Kloster- und später in der Rosenstraße gelegen war, bis sie in der Großen Hamburger Straße ihr Haus bekam. Da wurden jüdische Kinder nicht nur in traditioneller Weise unterrichtet, sondern nach fortschrittlichen pädagogischen Gesichtspunkten, man lehrte sie nicht nur biblisch-talmudische Fächer, sondern auch die deutsche Schriftsprache und die deutsche Kultur. Man lehrte sie Toleranz und Humanität.

Daniel Itzig wurde wie Moses Mendelssohn auf dem alten Friedhof begraben, David Friedländer starb erst 1834, er fand sein Grab an der Schönhauser Allee, wo der Gute Ort 1827 eingeweiht worden war. Seitdem gab es keine Bestattungen mehr auf dem Friedhof in der Großen Hamburger Straße. Dennoch blieb dies ein geheiligter Ort, dessen Erde niemand antastete.

Bis zum Jahre 1942.

Da war Hans Lipmann schon längst nicht mehr in Deutschland. Er hat nicht gesehen, wie sein Schulhaus und das danebenliegende Altersheim zum Gefängnis wurden, er hat die tiefen Splittergräben nicht gesehen, die quer über den Friedhof zum Schutz der Bewacher gezogen wurden. Er war nicht dabei als die jüdischen Grabsteine achtlos beiseite geworfen wurden oder als Stützen für den Splittergraben dienten. Vielleicht hat seine Mutter es gesehen, vielleicht seine Schwester, vielleicht haben sie in den Tagen und Nächten, die sie vor ihrer Deportation in der Großen Hamburger Straße 26 verbringen mußten, an den vergitterten Fenstern gestanden und auf den Friedhof geschaut, der nachts von Scheinwerfern angestrahlt wurde, damit keiner fliehen konnte.

Als Hans Lipmann nach dem Krieg zum ersten Mal wieder nach Berlin kam und keine anderen Spuren von seinen Verwandten fand als dieses Notenschränkchen in der fremden Wohnung, ist er auch in die Große Hamburger Straße gegangen. Nein, das Schulhaus konnte er damals nicht betreten. Aber er hat das Altersheim, das Sammellager, gesehen. Das Haus war beschädigt, aber es stand noch.

Ich habe jahrelang vergebens versucht, herauszubekommen, wer es abreißen ließ. Und warum. Wen störte dieses Haus?

Und wer hat die jüdischen Grabsteine abtransportieren lassen, die Hans Lipmann noch gesehen hatte, als er damals auf den Friedhof ging?

Es gibt ein Foto von Abraham Pisarek, das im September 1948 auf dem Jüdischen Friedhof in der Großen Hamburger Straße aufgenommen wurde. Es zeigt Hans-Erich Fabian, den Vorsitzenden der Jüdischen Gemeinde, vor einem Haufen beschädigter Grabsteine.

Als ich in den sechziger Jahren in der Auguststraße zur Schule ging, sah ich auch noch einzelne jüdische Grabsteine auf dem Friedhof.

Wo sind sie geblieben? Hat die Gleichgültigkeit sie weggeschafft oder die Angst vor der Erinnerung?

Hans Lipmann ist an die Mauer herangetreten, die den Friedhof vom Schulhof trennt. Damals gab es eine

Tür in der niedrigen Mauer, man konnte in der Pause auf den Friedhof gehen, die Schüler lernten nahe bei ihren Vorfahren. Auf Moses Mendelssohns Grab lagen immer kleine Steine.

Versunken steht der kleine Herr Lipmann da, er scheint nicht zu bemerken, daß platzende Kastanien ihm vor die Füße fallen, daß ich, ein paar Schritte von ihm entfernt, warte. Wieder habe ich das unbehagliche Gefühl, Zeuge eines intimen Vorgangs zu sein, der mich nichts angeht. Ich blicke auf die Fenster der umliegenden Häuser. Die heute da wohnen, wissen nichts mehr von der Schulzeit des Herrn Lipmann. Sie sind später hierhergekommen, der Friedhof ist für sie eine Art Park, in den sie ihre Hunde führen. Als ich vor Jahren mit meinen Befragungen anfing, war ich auch in Wohnungen und Werkstätten, die zu diesen Fenstern gehören. Manchmal fand ich dort noch eine mißtrauische Frau oder einen Greis, die schon vor dem Krieg hier wohnten, aber sie hatten nichts gesehen. Nur von den Scheinwerfern erzählten sie. Das grelle Licht erhellte nachts auch ihre Stuben, und das störte.

Sie hatten die Appelle nicht gesehen, die die Hachscharahgruppen zwischen den jüdischen Gräbern abhielten, nicht bemerkt, daß Menschen immer wieder aus den Fenstern sprangen. Und sie haben die Schreie nicht gehört.

Doch, die Schreie wurden gehört. Von einem kleinen Mädchen, das damals in der Kleinen Auguststraße wohnte und als Kind in die Lesestube gegenüber dem Altersheim in der Großen Hamburger Straße ging. Sie sah und hörte, wie aus den Fenstern gerufen wurde, sie hörte Schreie, und kein Erwachsener wollte ihr sagen, was da geschah. Es war ihnen peinlich. Das Mädchen verzichtete auf die Nachmittage in der Spiel- und Lesestube. Vierzig Jahre später wohnte sie in der Linienstraße, hieß Frau Landgraf, arbeitete im Frisiersalon am Koppenplatz und erzählte mir, was sie als kleines

Mädchen gehört hat und was außer diesem Kind niemand wahrnehmen wollte.

Hans Lipmann und ich gehen zurück ins Schulhaus, steigen die Treppe hinauf und sehen uns auf dem langen, mit braungemusterter Glasfasertapete beklebten Flur um. „Da“, sagt Hans Lipmann, und weist auf die Wand, „stand in großen Buchstaben ein Spruch: *Diese Schule sei eine Werkstatt der Humanität.*“

Ich erinnere mich, noch im letzten Herbst an dieser Stelle einen anderen Spruch gelesen zu haben: *Der Marxismus ist allmächtig, weil er wahr ist.*

Auf dem Gang stehen Mädchen mit glitzernden Ohrringen und kurzen Röcken, die uns erstaunt mustern. Der alte Mann kommt ihnen seltsam vor. Er ist vor einer Pendeltür stehengeblieben und murmelt: „Meine Güte, es ist dieselbe Tür, meine Güte . . .“

Was haben die Mädchen wohl gedacht, als man ihnen die Dummheit über den allmächtigen, weil wahren Marxismus vorsetzte, was haben sie gedacht, als man den Spruch von der Wand riß? Ich frage nicht. Wir gehen weiter durchs Schulhaus. Herr Lipmann bleibt vor Ecken und Winkeln stehen, in denen ich nichts sehe, und flüstert etwas vor sich hin, wie Gebete, wie Beschwörungen einer Vergangenheit, in der zu leben er nie aufgehört hat.

Auf dem Fußboden an der Treppe liegt ein Haufen Bücher. Kleines Politisches Wörterbuch, Grundfragen der sozialistischen Pädagogik, Marxistisch-Leninistisches Wörterbuch . . . Zwei Mädchen kommen mit einem Korb voller Bücher und fragen mich, ob die gleich in den Heizungskeller oder erst einmal auf den Stapel sollen. Ich habe hier nichts zu sagen, bedeute ich ihnen und nehme mir ein philosophisches Wörterbuch. Wie oft mag man in diesem Haus schon Bücher verbrannt haben, deren Zeit als abgelaufen galt.

Mein Begleiter achtet nicht auf die Bücher, er fotografiert die leere Wand an einer Stelle, an der ein Bild von Michelangelo gehangen hat, und er fotografiert immer wieder die schwingende Pendeltür. Schließlich gehen wir zum Sekretariat der Berufsschule, wo uns die Direktorin, eine noch junge Frau im Samtkostüm, erwartet. Sie ist angerufen worden und weiß Bescheid, unser Besuch ist genehmigt. Mit einem großen Schlüsselbund in der Hand bietet sie uns ihre Begleitung an.

Seit dreizehn Jahren arbeite sie hier, erzählt sie auf dem Weg ins Musikzimmer. Nicht zum erstenmal käme ein ehemaliger Schüler, sie habe noch keinen des Hauses verwiesen, vorhin am Telefon habe sie das nicht so sagen können. Auch wenn man früher einen jüdischen Gast im Schulhaus antraf, habe man ihn gewähren lassen und nicht, wie es bei Fremden Vorschrift gewesen wäre, zur Abteilung Volksbildung geschickt. Nur müsse sie sich doch absichern, sie könne mir doch nicht telefonisch die Genehmigung erteilen.

Im ehemaligen Musikzimmer steht auf jedem Platz eine abgedeckte Schreibmaschine. Hans Lipmann geht mit verschleiertem Blick zwischen den Tischen umher. Der Musiklehrer hieß Levi, er war klein, die Schüler nannten ihn Stift. Wo ist er geblieben? An der Wand hing ein Porträt von Brahms. In diesem Raum, sagt Hans Lipmann feierlich, hätte er unwiederbringliche Eindrücke empfangen, hier verlebte er Stunden, die zu den schönsten seines Lebens gehören.

Die Direktorin lächelt höflich.

Ich kann es mir nicht verkneifen, sie nach dem Spruch auf dem Gang zu fragen. *Der Marxismus ist allmächtig, weil er wahr ist.* Hat sie selbst an dieses Dogma, das nichts mit Karl Marx zu tun hat, geglaubt? Sie sei erst seit kurzem Direktorin, antwortet sie, vorher hätten die Lehrer nichts machen können gegen solche Sprüche.

Herr Lipmann will sein ehemaliges Klassenzimmer sehen, und weil gerade Pause ist, gehen wir auch hinein. An dieser Berufsschule lernen offenbar fast nur Mädchen. Sie sitzen kichernd und schwatzend zwischen den Bänken, frisiert und geschminkt wie die Rockstars auf bunten Postern, die die Wände schmükken. Hans Lipmann geht schnell durch den Raum und fotografiert den Blick durch das Fenster. Ob die Direktorin ihm noch die Aula aufschließen kann, bittet er.

Unterwegs weist er auf eine Tür: da war der Physikraum. Noch 1938, als der Jude Einstein keinen Platz mehr in der deutschen Wissenschaft hatte, lernten die Schüler der Jüdischen Mittelschule die Grundzüge seiner Relativitätstheorie kennen. Der Physiklehrer hieß Dr. Lonnerstädter, 1936 war er nach Amerika zu seinem Bruder gefahren. Er hätte bleiben können. Welcher Jude kam 1936 schon freiwillig zurück nach Deutschland? Dieser Dr. Lonnerstädter war so ein Lehrer aus Leidenschaft, er wollte nicht ohne seine Schüler sein. So kam er nach Auschwitz und blieb dort, vergast oder verhungert oder erschlagen oder einfach an alldem gestorben.

Die Direktorin schließt die Aula auf, und Hans Lipmann sieht sich um, wieder beginnt er vor sich hin zu sprechen: „Ich kann es nicht glauben, ich denk, ich werd verrückt."

Mit einem leisen Aufschrei stürzt er zu dem Flügel an der Stirnseite des kleinen Saals. Es ist ein Steinway. Womöglich derselbe, der schon immer in dieser Aula stand. Die Direktorin bezweifelt es, sie hat gehört, daß die Berufsschule nur noch leere Räume von den Russen übernommen hat, die das Haus kurze Zeit als Lazarett nutzten. Was aus den Möbeln wurde, ob die Gestapo sie schon wegschaffen ließ oder ob es die Russen waren, weiß niemand. Aber der Flügel ist schwer zu transportieren, und er ist so alt wie das Haus.

Für Hans Lipmann ist es derselbe Flügel, an dem er schon als Junge manchmal saß. Er setzt sich daran, schlägt ein paar Tasten an, die Töne sind falsch, reißen ab.

Einen Moment lang bleibt er noch vor dem alten Instrument sitzen, lauscht mit seitlich geneigtem Kopf, als könnte eine verlorene Melodie zurückkommen, dann schließt er behutsam den Deckel. In diesem Raum fanden Theatervorstellungen und kleine Konzerte statt, manchmal auch Gottesdienste. Wieder fotografiert er den Blick aus dem Fenster. Ich schiebe währenddessen mit dem Fuß ein abgerissenes Transparent auseinander, das offensichtlich noch vor kurzem an der Wand dieser Aula hing und jetzt neben dem Papierkorb liegt, der vollgestopft ist mit leeren Stanioltüten, auf denen „Capri-Sonne" steht.

Sorgfältig sind blaue Velourbuchstaben ausgeschnitten worden und zu einer Losung zusammengeklebt: *FDJ-Aufgebot DDR 40.* Der vierzigste Jahrestag der DDR ist zwölf Monate her, vermutlich hat ein Jahr lang keine Zusammenkunft in dieser Aula stattgefunden. Die Direktorin sieht, wie ich das Transparent mustere und klappert verlegen mit ihren Schlüsseln. Wir gehen. Herr Lipmann fotografiert die Treppe des Hauses, in dem er sich, das sagt er, bis zum Schluß geborgen fühlte. „Die Schule war wie eine Insel, als ringsherum die Flut stieg." Das sei alles sehr interessant, meint die immerzu lächelnde Direktorin. Leider hätte man früher gar kein Material bekommen, um sich mit der Vergangenheit zu beschäftigen. Erst die Mitarbeiterin des Westberliner Senats, die das Klassentreffen am 22. Oktober vorbereitet, hätte ihr ein Buch geschenkt: *Wegweiser durch das jüdische Berlin.* Interessant, was so alles den Juden gehört hätte. Vielleicht käme jetzt die Jüdische Gemeinde und verlange das Haus zurück. Keiner wisse, wie es weitergeht. Jetzt, wo alles anders werde. Was würde dann aus der Berufsschule?

Wir wünschen ihr alles Gute und treten auf die Straße. Hans Lipmann hat wieder Schmerzen, aber er möchte nicht in seine Pension zurückfahren, sondern in dem Café gegenüber mit mir zu Mittag essen. Die Begegnung mit seiner Schule hat ihn erschöpft und aufgeregt. Aber er sei froh, daß er hier war, sagt er.

Wir könnten ja auch einmal ins Scheunenviertel gehen, schlage ich vor. Die ehemalige Dragonerstraße, die Grenadierstraße ...

„Aber nein“, Hans Lipmann wehrt beinahe entrüstet ab. Dort habe er nichts zu suchen. Dort hätten die Kaftanjuden gelebt, die aus dem Osten. Nie sei er dort hingegangen. Er beugt sich zu mir herüber, seine grünen, immer traurigen Augen kommen ganz dicht an mein Gesicht: „Wir sind Deutsche. Deutsche Juden. Das ist etwas anderes als diese Ostjuden. Uns wird es nie wieder geben. Juden gibt es überall, und Deutsche gibt es auch. Aber ich bin ein deutscher Jude, und solche wie mich gibt es nirgendwo mehr.“

Ich schweige. Was soll ich sagen. Zwei Zimmerleute in schwarzen Kordanzügen sitzen am Nebentisch, bestellen Bier und Beafsteak Tartar. Einer trägt einen Sticker an seiner Kluft: *Guten Morgen, Deutschland!* Durch die Fenster sieht man den Eingang der Schule. Plötzlich knallt es draußen wie Schüsse. Zwei Berufsschülerinnen, die eben aus dem Tor kamen, springen kreischend zur Seite. Die Zimmerleute lachen. Ins Café kommt noch einer von ihnen, hinter ihm zischt und knallt es. Feuerwerkskörper.

In vierunddreißig Stunden vereinigt sich das Vaterland.

Das Haus Nummer 17

Die Auguststraße Nummer 17 ist heute ein Wohnhaus wie jedes andere. Wie die Nummer 18 nebenan, in der nichts mehr an Else Wierschkes Lebensmittelladen erinnert, nichts an die Konditorei Braun, die hier gewesen sein muß. Längst sind die Schaufenster zugemauert und verputzt worden. Dieser graue Rauhputz bedeckt die Fassaden so vieler alter Häuser in Berlin. Nach dem Krieg wurden die Gründerzeitschnörkel und Jugendstilornamente abgeschlagen, all die Risse und Flecken und Einschußlöcher wurden verputzt, als gälte es, etwas zu verstecken, als müßte man die Häuser zum Schweigen bringen. Auch das Haus Auguststraße 17 schweigt, wenn man nichts weiß.

Bis 1914 war hier der Verein für Jüdische Krankenpflege zu finden. Schon 1893 wurden die ersten drei jüdischen Krankenschwestern in der Auguststraße ausgebildet. Ein Jahr später gründeten Mitglieder der Jüdischen Gemeinde diesen Verein, der schon zu Anfang etwa 1000 Mitglieder hatte, die jährlich etwa 14000 Mark an Beträgen bezahlten. Davon wurde die Ausbildung der jüdischen Krankenschwestern ermöglicht. Diese jungen Mädchen lebten streng ihrem Beruf. Sie blieben zumeist unverheiratet, trugen eine besondere Tracht, und von ihnen wurden neben der Krankenpflege vor allem Geduld und Gottvertrauen verlangt. Bis 1914 wurden durch den Verein für jüdische Krankenpflege etwa dreihundert Frauen ausgebildet, die Ausbildung dauerte ein Jahr, und in dieser Zeit wohnten die Schülerinnen in der Auguststraße 17. In diesen Jahren verstärkte sich an den öffentlichen

Krankenhäusern die Abneigung gegen jüdische Mitarbeiter. Jüdische Assistenzärzte erhielten nur schwer einen Ausbildungsplatz, und auch die jüdischen Schwestern bekamen Vorbehalte zu spüren. Also gingen sie dorthin, wo man sie haben wollte. Das war nicht nur im Jüdischen Krankenhaus, auch in Altersheimen und Kinderheimen, in privaten Haushalten und in der jüdischen Armenpflege wurden Krankenschwestern gebraucht, die vertraut waren mit den Regeln jüdischen Lebens, mit koscherer Küche ebenso wie mit dem Gesetz der *Zedakah.*

1914 zog das Jüdische Krankenhaus in den Wedding um. Seit dem Jahre 1862 war die Zahl der Kranken von 337 auf 1378 im Jahr angewachsen. Das Krankenhaus in der Auguststraße entsprach einfach nicht mehr den Bedürfnissen der wachsenden Gemeinde. Wieder gaben private Stifter und Spender das Geld. 1910 konnte mit den Bauarbeiten im Wedding begonnen werden, und im Juni 1914 wurde das neue Krankenhaus eröffnet.

Mit dem Krankenhaus zog auch das Schwesternheim in die Exerzierstraße um, geleitet von der Oberin Rose Blau, die in der Auguststraße 17 ihre Wohnung gehabt hatte.

Fünf Wochen danach begann der Weltkrieg, und sechs Schwestern des Jüdischen Krankenhauses wurden sofort Feldschwestern. Aber auch die übrigen pflegten Verwundete, denn das Krankenhaus stellte dreißig Betten zur Verfügung und galt vom August 1914 bis zum Februar 1919 als Vereinslazarett der Heeresverwaltung.

Die patriotische Begeisterung unter den deutschen Juden war groß, endlich konnten sie sich als Staatsbürger zeigen, die ihrem Vaterland ebenso treu dienten wie jeder andere Deutsche. Auch in den Synagogen betete man für den Sieg der deutschen Waffen. Schon am 1. August, dem Tag der Mobilmachung, riefen der Central-Verein deutscher Staatsbürger jüdischen Glaubens und der Verband deutscher Juden ihre Glaubensgenossen auf: „... Eilt freiwillig zu den Fahnen! Ihr alle – Männer und Frauen – stellt Euch durch persönliche Hilfeleistungen jeder Art und durch Hergabe von Geld und Gut in den Dienst des Vaterlandes!“

Auch James Israel zog die feldgraue Uniform an, wenigstens einmal, im Frühjahr 1915, um die erste Fahrt des Lazarettzuges zu leiten, der nach seiner Idee eingerichtet worden war.

Aber viele der „zu den Fahnen“ geeilten Juden machten die Erfahrung, daß das Wort des Kaisers „Ich kenne keine Parteien mehr, ich kenne nur noch Deutsche“ nicht für sie gelten sollte. Ende 1916 kam es zu einer „Judenzählung“, die das preußische Kriegsministerium veranlaßte, ohne aber die Ergebnisse zu veröffentlichen, die bewiesen hätten, daß die antisemitische Propaganda von der jüdischen Drückebergerei nicht auf Tatsachen beruhte. Aber Judenfeindlichkeit bedarf keiner Tatsachen. Die Hoffnung der deutschen Juden, durch ihre Teilnahme am Krieg von den Mitbürgern als gleichberechtigt angenommen zu werden, erfüllte sich nicht. Ungefähr 100 000 deutsche Juden waren Kriegsteilnehmer, nur 2 000 von ihnen wurden Offiziere. 12 000 deutsche Juden fielen im ersten Weltkrieg.

Die Namen von achtzehn gefallenen Beamten der jüdischen Gemeinde sind auf einer Ehrentafel verzeichnet, die bis heute an der Wand des kleinen Lesesaals in der Oranienburger Straße zu sehen ist.

Nur der symbolische siebenarmige Leuchter und der Mogen David unterscheiden diese Heldentafel von anderen für die Gefallenen des ersten Weltkrieges.

In diesem Raum saß ich etwa 1979 zum ersten Mal. Die Bibliothekarin hatte mir einen Stapel vergilbter Gemeindeblätter von 1933 bis 1938 gegeben, die die Jahrzehnte überdauert hatten, im Gegensatz zu den Menschen, die da annonciert hatten, die da schrieben, über die geschrieben wurde. Ich suchte nach dem Haus in der Auguststraße, nach dem Kinderheim AHAWAH, und ich fand es erwähnt. Und auch über das Haus Nummer 17, das ehemalige Schwesternwohnheim, fand ich einiges. Einmal, das war 1933, wurde mitgeteilt, daß die Arbeits- und Berufsfürsorge der Jüdischen Gemeinde von der Auguststraße 17 in die Rosenstraße 2 umgezogen sei.

Ein andermal bat das Wohlfahrtsamt der Jüdischen Gemeinde um einen Rollstuhl, der in der Auguststraße 17 abgegeben werden sollte. 1935 wurden Karten für die große Maimonides-Feier der Jüdischen Gemeinde in der Auguststraße 17 verteilt.

1936 wurde in diesem Haus eine Bibliothek des Wohlfahrtsamtes eingerichtet.

Und seit dem April 1936 wurden in der Auguststraße 17 Kurse in Englisch, Französisch, Spanisch, Hebräisch abgehalten.

Die 1936 diese Sprachen lernten, dachten nicht an Touristenreisen, sie suchten nach einem Weg, aus dem Gefängnis zu entkommen, dessen Wände sich immer enger um sie schlossen.

Im November 1937 richtete das Wohlfahrtsamt eine Wärmestube für Alleinstehende ein. Sie sollten sich in der Auguststraße 17 melden. Die letzten der unvollständigen Gemeindeblätter waren von 1938. Der Ton war nun ein anderer als 1933. Damals klang noch Hoffnung an, der Wille, diese Wirklichkeit wie eine Prüfung anzunehmen, aber 1938 war die Panik nicht mehr zu verbergen. Unübersehbar war A. Schäfers große Anzeige:

> MÖBELTRANSPORTE – UMZÜGE – SPEZIELL AUSLAND/ÜBERSEE

oder diese:

> TOTAL-AUSVERKAUF – wegen Auswanderung SEHR BILLIG, SEHR GUT – SCHUH-KARO – MÜLLERSTRASSE 157

Die nicht auswandern konnten, die bleiben mußten, waren vor allem die Armen, die Kinderreichen, die Alten. Sie fanden Zuflucht auch in der Auguststraße 14/16 und nebenan in dem Haus Nummer 17.

Ein paar Monate danach suchte ich Frau Else Wierschke auf, die ehemalige Besitzerin des verschwundenen Lebensmittelladens in der Auguststraße 18. An Else Wierschke hatten mich fast alle Nachbarinnen aus der Straße verwiesen. Sie wohnte in der Auguststraße 17, in demselben Haus, das einmal als Schwesternwohnheim gedient hatte, wo später ein Büro der *Poale Zion* gewesen war und die *Chewra Kadischa* und die Kleiderkammer des Jüdischen Wohlfahrtsamtes und die Wärmestube . . .

Von der Oberin Rose Blau und ihrem Schwesternwohnheim wußte Frau Else Wierschke natürlich nichts, diese Zeit reichte weiter zurück als die Erinnerung auch der ältesten Nachbarn. Von den anderen Büros hatte sie gehört, schließlich war ihr kleiner Laden gleich nebenan gewesen, und auch die jüdischen Bewohner waren ihre Kunden. Frau Wierschke sprach das Wort *Kunden* auf eine besondere Weise aus, als unterscheide sich ein Kunde von einem gewöhnlichen Menschen. Gewohnt hat sie mit Mann und Tochter in der Auguststraße 79, das Haus wurde im Krieg zerstört. Erst im Januar 1949 zogen Wierschkes in das Haus Nummer 17, das damals ein sogenanntes Kotikow-Haus war, also von den Russen beschlagnahmt. Die gaben es aber wieder heraus, und Wierschkes bekamen eine Wohnung darin.

Ich traf Else Wierschke nicht dort, sondern in der Wohnung ihrer Tochter in der Scharnhorststraße. Die auch schon über Sechzigjährige nahm die Mutter immer den Winter über zu sich.

Die Nachbarinnen aus der Auguststraße hatten mir die Adresse gegeben und der ehemaligen Kolonialwarenhändlerin schon von mir berichtet. Sie war bereit, mir zu erzählen, was sie wußte. In der aufgeräumten Wohnung saß die trotz ihres Alters agile Greisin mir gegenüber und blickte mir mit kindlichen Augen ins Gesicht. Politisches könne sie aber nicht erzählen, sagte sie gleich. Für Politik habe sie sich nie interessiert, sie sei Geschäftsfrau gewesen und sonst nichts. Niemandem habe sie etwas getan, immer nur gearbeitet.

1929, als Dreiunddreißigjährige, war sie aus Mecklenburg nach Berlin gekommen. Ihr Mann und sie hatten einen kleinen Laden in der Linienstraße, aber der ging nicht so gut. Dann starb an einem Karfreitag, auf das Jahr besann sie sich nicht, der jüdische Händler Pelz aus der Auguststraße, und seine Witwe verkaufte den Laden an die Wierschkes. Die waren auch nicht reich, alles Ersparte wurde in den Laden gesteckt, und arbeiten mußten sie von früh bis spät.

In der Auguststraße 14/16 war Else Wierschke nie, lange Zeit auch nicht in der Nummer 17. Als sie dort einzog, betrat sie das Haus zum erstenmal.

Ihre Wohnung sei wahrscheinlich so eine Art Wohnheim gewesen, erzählte mir Else Wierschke. Alle Räume gingen vom Korridor ab und seien von gleicher Größe. In jedem Zimmer sei unter dem Fenster ein Spind eingebaut und nicht nur, wie in Berliner Wohnungen üblich, in der Küche.

Ich konnte ihr nicht sagen, ob das noch die Spuren des jüdischen Schwesternwohnheims seien oder ob Frau Wierschkes Wohnung einmal das Zufluchtsheim für Frauen und Mädchen war oder ihre Räume vielleicht schon beiden Heimen gedient hatten. Das Zufluchtsheim, so stand es in den Gemeindeblättern, war im Mai 1936 umbenannt worden in Mädchen- und Frauenheim der Jüdischen Gemeinde. Man fand, daß der alte Name „unfreundlich" klang. Bis 1943 taucht dieses Heim noch in den Adreßbüchern auf. Es unterstand dem Wohlfahrtsamt der Jüdischen Gemeinde und diente wohnungslosen Frauen und Mädchen als Obdach, oft armen Dienstboten, die in Berlin keine Verwandten hatten und zwischen zwei Stellen ohne Bleibe waren. Das Gemeindeblatt vom Mai 1936 schrieb, daß da elf Frauen wohnten, die jüngste vierzehn, die älteste 83 Jahre alt. Sie bekamen fünf Mahlzeiten am Tag. Die Leiterin hieß Frau Auerbach.

H. Auerbach, Gemeindeangestellter, stand unter der Auguststraße 17 seit Beginn der dreißiger Jahre im Adreßbuch. War dies der Mann der Frau Auerbach, die das Mädchen- und Frauenheim leitete?

Die Räume, das hatte ich auch im Gemeindeblatt gelesen, waren hell und freundlich, dieses Heim sollte „armen und bedrängten Menschen die Möglichkeit geben, in ein neues, besseres Leben aufzubrechen".

Was für ein neues, besseres Leben stand diesen Frauen 1936 bevor? Von ihnen wird es wohl keiner gelungen sein, auszureisen...

Als ich 1988 endlich im Westberliner Archiv des Oberfinanzpräsidenten nach Spuren der jüdischen Menschen in der Auguststraße suchen konnte, fand ich Karteikarten von Frauen und Mädchen, die, in der Sprache der Gestapo, „abgewandert" waren.

Regine Schrimmer, 57 Jahre alt, wurde mit dem 9. Transport der 9. Welle am 19. Januar 1942 nach Riga geschickt. Mit ihr eintausendundsechs Menschen. Die letzte Adresse von Regine Schrimmer war das Mädchen- und Frauenwohnheim in der Auguststraße 17.

Malwine Braun und Jenny Lazarus, geborene Loewenthal, beide 68 Jahre alt, wurden aus dem Mädchen- und Frauenheim am 3. August 1942 „nach Osten" transportiert.

Lea Reischer, 68 Jahre alt, ging im Juli 1942 auf den 11. Alterstransport, „nach Osten", mit ihr 201 Menschen. Und Rachalla Goldfinger, Else Kallmann, Regina Cohn, Judith Salinger...

Ihre letzte Adresse war: Mädchen- und Frauenwohnheim der Jüdischen Gemeinde, Berlin N 4, Auguststraße 17.

Ich nenne ihre Namen, damit sie hier stehen. Wenigstens hier, denn keine dieser Frauen wird einen Grabstein haben. Sie, die keine Angehörigen hatten, wären spurlos von der Welt gegangen, wären da nicht diese Karteikarten im Archiv des Oberfinanzpräsidenten, diese Vermögensakten, in denen steht: *Die Jüdin war Heiminsassin. Es ist kein Vermögen festgestellt worden.*

Else Wierschke erinnerte sich an keine dieser Frauen. Vielleicht waren sie ihre Kundinnen gewesen, wahrscheinlicher ist, daß sie kein Geld hatten, sich etwas von dem wenigen zu kaufen, was für sie erlaubt war. Sie werden in ihren „hellen, freundlichen" Räumen gesessen haben, vielleicht haben sie aus dem Fenster auf die Auguststraße geschaut, vielleicht auf den kleinen Hof, auf dem damals ein Pavillon noch aus den Zeiten des Krankenhauses stand und wo man einen Pflaumenbaum sehen konnte. Vielleicht haben sie nur gewartet.

Vielleicht haben sie sich gegenseitig erzählt, was sie in ihrem früheren Leben gesehen haben, viel Gutes wird es nicht gewesen sein. Fast alle dieser Frauen waren in kleinen Orten Galiziens, Polens und der Bukowina geboren, sie werden vor Pogromen geflüchtet sein oder nach dem ersten Weltkrieg für Deutschland optiert haben – bis nach Amerika hat das Geld nicht gereicht –, sie werden in Berlin mal in einem Haushalt gearbeitet haben, mal in einem Laden, reich werden sie nie gewesen sein. Und nun saßen sie hier in der Auguststraße 17. Ihre Kinder, wenn sie Kinder hatten, waren schon fort, ausgewiesen oder ausgereist, in einem Lager oder erschlagen. Die Gemeinde sorgte für diese Frauen, so gut sie es vermochte, bis diese Listen kamen, die sie mit ungelenker Handschrift ausfüllten. Vielleicht half ihnen Frau Auerbach, die Leiterin.

Auch an Frau Auerbach erinnerte sich Else Wierschke nicht. Aber im Archiv des Oberfinanzpräsidenten fand ich einen Briefwechsel vom Dezember 1941 zwischen der Preußischen Staatsbank und dem Rechtsanwalt J. Klingler aus Berlin-Charlottenburg.

Der Rechtsanwalt war vom Amtsgericht zum Pfleger für Hans Israel Auerbach, geboren 1850 in Berlin, Gemeindebeamter, früher wohnhaft Auguststraße 17, bestellt worden. „Der Jude Auerbach" war schon 1938 „ausgewandert" nach London, und es ging um die Verwertung seines Barguthabens bei der Preußischen Staatsbank in Höhe von 75 Reichsmark, welches nach der Verordnung vom 25. November 1941 an den Oberfinanzpräsidenten abzuführen war. Der Rechtsanwalt Klingler bemühte sich um den Vorgang, vergaß nicht, anzumahnen, daß „die Kosten des Verfahrens", sprich sein Honorar, „in Abzug zu bringen sind" und grüßte mit „Heil Hitler".

Wenigstens war „der Jude Auerbach" in London.

Esther Auerbach, geborene Schneebaum, 45 Jahre alt, hatte dieses Glück nicht. Auch sie wohnte in der Auguststraße 17. War sie eine Verwandte des Gemeindebeamten Auerbach? War sie die Frau Auerbach, die das Heim leitete? Am 12. Januar 1943 kam sie mit dem 26. Osttransport nach Auschwitz. Unter den 1209 Menschen, die außer ihr auf der Transportliste standen, befand sich auch ihr Mann Jakob Auerbach, von Beruf Mützenmacher, der zuletzt bei E. Rose in der Boxhagener Straße 13 gearbeitet hat. War er der Sohn von Hans Auerbach? Mit den beiden ging ihre sechsjährige Tochter Helga nach Auschwitz. Aus der Auguststraße 17.

Aber an Frau Abrahamson erinnerte Else Wierschke sich. Die arbeitete auch in der Auguststraße 17, sie leitete eine Art Studentenheim. Es gab verschiedene

Heime in diesem Haus. Von dem Studentenheim erzählte mir Jahre nach meinem Gespräch mit Else Wierschke Rosa Adler in Nauen bei Berlin.

Rosa Adler, geborene Fürst, kam 1925 aus Königsberg nach Berlin, um am Hortnerinnenseminar in Charlottenburg zu studieren. Die Jüdische Gemeinde vermittelte ihr ein Bett im Studentenheim in der Auguststraße 17. Das war aber nicht in Frau Wierschkes späterer Wohnung, das war unten im Parterre. Sechs Zimmer mit je zwei Betten gab es dort. Geleitet wurde dieses kleine Heim für Studentinnen von Frau Abrahamson. Rosa Adler erzählte mir, wie fürsorglich diese mütterliche Frau war, und sie erinnerte sich ihrer Mitbewohnerin, die aus Polen kam und Ida Licht hieß. Die Mädchen schlossen sich einem jüdischen Wanderbund an, sie diskutierten über Sozialismus und Kommunismus, gingen ins Jüdische Volksheim in der Dragonerstraße, träumten von einer gerechteren Welt und lasen Alexandra Kollontais *Wege der Liebe.* Frau Abrahamson verlangte, daß sie um zehn Uhr abends zu Hause wären, und wenn sie zum Essen nicht erschienen, sollte es nicht aufgehoben werden. Trotzdem ließ sie ihre Studentinnen schimpfend ein, wenn sie nachts klingelten, und sie wärmte ihnen mitten in der Nacht das Essen. Rosa Adler war später nie mehr in der Auguststraße, aber sie hat erfahren, daß Frau Abrahamson noch um 1940 in der Auguststraße 17 lebte.

Else Wierschke erzählte mir von Frau Abrahamson. Mit der kleinen, rundlichen, damals schon älteren Frau hat sie sich manchmal über den Ladentisch hinweg unterhalten. Frau Abrahamson hatte zwei Kinder, die aber lange schon nicht mehr bei der Mutter lebten. Wo die Frau geblieben ist, konnte mir Else Wierschke nicht sagen. Sie kannte so viele Menschen, die Zeiten waren so schwer, nicht nur für die Juden, auch für sie selbst. Ihr Mann wurde gleich 39 eingezogen. Sie entsinnt sich nicht, bis in welches Jahr Frau Abrahamson bei ihr einkaufte. Irgendwann kam sie dann nicht mehr. Irgendwann kamen überhaupt keine jüdischen Kunden mehr.

Ohnehin durften die nur eine Stunde am Tag einkaufen. Zwischen vier und fünf, wenn alles ausverkauft war. Dauernd kamen neue Verordnungen, was die Juden alles nicht haben durften, erinnerte sich Else Wierschke. Ich fragte sie nach den Kindern der AHAWAH, und sie wußte auch, daß es dieses Heim gab. An den merkwürdigen Namen erinnerte sie sich, der stand über dem Eingang, den man von der Straße aus sehen konnte. Und einmal sind die Kinder durch die Auguststraße gezogen, in bunten Kostümen, zum jüdischen Kindergarten Gipsstraße hin, die haben wohl zusammen Fasching gefeiert oder irgend so ein jüdisches Fest. Sonst waren die Kinder still, stiller als Kinder sonst, sie gingen meist in Gruppen. Einmal hätte so ein Rotschopf, vielleicht zehn Jahre alt, bei ihr einen Lutscher vom Ladentisch geklaut. Sie habe ihn festgehalten und ihr Mann ihn rüber ins Heim gebracht. Der habe geheult, aber das ginge ja nicht, man dürfe ja nicht stehlen.

Die AHAWAH-Kinder waren dann fort. Alte Leute sollten dann dort hinten gewohnt haben, sogar in den Kellerräumen. Aber die haben nicht bei Else Wierschke gekauft, von denen weiß sie nichts. Ob die AHAWAH-Kinder noch weggekommen sind aus Deutschland, wer weiß. Nur im Vorderhaus waren dann noch Kinder. Aber auch die sind nach und nach verschwunden. „Ach, da steht wieder so ein Auto vor der Tür", hatte Frau Wierschke zu ihrer Tochter gesagt, aber sonst hat man nicht darüber gesprochen. „Man konnte doch sowieso nichts machen."

Man hat nicht darüber gesprochen. Man konnte doch sowieso nichts machen.

Frau Wierschke erzählte mir von ihren Sorgen in diesen Jahren. Nach Ladenschluß mußte sie stundenlang Lebensmittelkarten mit Mehlkleister aufkleben, und morgens stand sie um vier Uhr auf, um Milch von Weinberg, dem Großhändler, zu holen. Als der Mann eingezogen worden war, holte sie die Tochter zur Hilfe. Die arbeitete in einem Schuhgeschäft, das war natürlich vornehmer als der kleine Laden in der Auguststraße, aber eine fremde Hilfskraft hätte sie nicht bezahlen können.

Ich fragte, ob die jüdischen Nachbarn irgendwie anders gewesen wären, ob Frau Wierschke einverstanden gewesen sei mit den Verordnungen gegen die Juden. Sie sah mich erstaunt an. „Aber das waren doch Kunden wie alle."

Es tat ihr leid, daß Frau Abrahamson oder Frau Loschinski aus der Nummer 17, mit der sie sich auch gern unterhielt, nichts mehr auf ihre Karten kaufen konnten. Keine Vitamine, kein Nähgarn, nichts.

„Die hatten doch keinem etwas getan. Bloß weil sie Juden waren. Aber das waren doch nicht solche frommen Juden wie in der Dragonerstraße oder die in der Artilleriestraße, die nach Knoblauch rochen, das waren anständige Leute wie wir." „Und die aus der Dragonerstraße waren nicht anständig?" fragte ich.

Sie spürte einen Angriff in meiner Frage. „Nein, so meine ich das nicht. Ich habe nichts gegen Juden. Ich habe sogar..." Sie wollte mir offensichtlich etwas erzählen, brach aber ab.

„Ach nein, das sage ich nicht, ich komme in Teufels Küche, das war ja verboten."

„Was war verboten?" Else Wierschke zögerte. Endlich, nachdem ich ihr versichert hatte, sie würde keine Schwierigkeiten bekommen, erzählte sie mir, was sie getan hatte. Sie hatte einem frommen Juden, so einem mit Bart, einen kleinen Sack Zwiebeln gegeben, als der allein im Laden war und sie beschwor, ihr zu helfen. „Der hat geweint, richtig geweint, als Mann", sagte sie. „Das war nicht einmal ein Kunde von mir. In der Auguststraße hatten wir solche nicht. Höchstens mehr nach hinten, zur Gipsstraße zu."

Ich war verblüfft. Nach ihrer Ankündigung hatte ich etwas anderes erwartet, etwas Gefährliches, Bedeutsames. Vielleicht war es gefährlich, vielleicht war es bedeutsam. Dennoch verstand ich nicht, warum Frau Wierschke annahm, sie könnte vier Jahrzehnte danach Schwierigkeiten bekommen, weil sie einem Juden Zwiebeln gegeben hatte.

„Das war doch verboten", versuchte sie mir zu erklären.

„Aber heute doch nicht. Heute kann es Sie doch nur ehren, wenn Sie einem verfolgten Juden geholfen haben", meinte ich.

Sie lächelte unbestimmt. „Wer weiß. Gesetz ist Gesetz."

Damals jedenfalls hatten ihr Mann und ihre Tochter Angst um sie. Im Luftschutzkeller - übrigens im Vorderhaus meines späteren Schulhauses - hätten die Leute schon gesagt: Bei Wierschkes kann man ja gar nicht mehr den Laden betreten, alles Juden.

„Also gab es Nachbarn, die gegen die Juden waren?" forschte ich weiter. Frau Wierschke wollte darauf nicht antworten. Um Politik habe sie sich nicht gekümmert, sagte sie wieder. Sie wisse auch nicht, wer Nazi war. Manche der jüdischen Nachbarn seien ja verduftet.

„Unten links in der Nummer 17 war ein Büro. Die Leute gingen nach Amerika. Sie haben sich eine große Kiste zugelegt und sind zur rechten Zeit weg." Die hätten Else Wierschke noch eine Heizplatte verkauft. Teuer verkauft. „Schreiben Sie das nicht!" sagte sie erschrocken, als sie sah, daß ich etwas notierte. Ich dachte an das Ehepaar Stange aus der Nummer 70, das sein Klavier so teuer von Loschinskis gekauft hatte. Frau Loschinski wollte nicht ausreisen. Sie sagte immer zu Else Wierschke: „Ich will nicht weg. Mein Mann war im Krieg, und ich kann mir nicht vorstellen, daß man uns in Deutschland ein Leid antut." Sie ist dann mit ihrer Tochter zusammen abgeholt worden.

Sie sollen gemeinsam in den Tod gegangen sein. Dort im Osten. Herr Loschinski hat es erzählt, der soll irgendwie überlebt haben. Nach dem Krieg war er in der Auguststraße bei der Frau Goldmann. Aber das war alles so lange her. Else Wierschke konnte sich nicht an Einzelheiten erinnern.

In der Auguststraße 18 gab es nicht nur ihren Laden, sondern noch ein zweites Geschäft, für Radiozubehör und so etwas Technisches, soweit sich Frau Wierschke erinnert. Mit der jüdischen Besitzerin hielt sie gute Nachbarschaft. Deren Freund war Zahnarzt, die hatten Geld und sind nach Uruguay ausgewandert. In die Ladenräume kam dann die Konditorei Braun. Genau in der Wohnung über der Konditorei wohnte ein polnischer Jude, der hieß fast wie Loschinskis, Leczinsky oder so, der hatte Zwillingstöchter. Die polnischen Juden wurden zuerst abgeholt.

„Am 18. Oktober 1938", sagte ich.

„Kann sein. Mein Mann war noch da, er war früh nach der Milch gegangen und erzählte mir, was los war, wie sie den Mann abgeholt haben. Die Frau hat sich an ihn geklammert und ist freiwillig mitgegangen. Die Mädchen blieben allein in der Wohnung. Später haben Verwandte sie geholt."

Ich fragte, ob Else Wierschke damals wußte, was mit den jüdischen Menschen geschah, nachdem man sie abgeholt hatte.

Sie zögerte. „Nein", sagte sie dann. „Das konnte sich keiner vorstellen."

„Was?"

„Na, DAS."

Aber plötzlich, und das hatte ich bei den anderen Nachbarinnen aus der Auguststraße ebenso erlebt, wurde sie ärgerlich. Meine Fragen müssen ihr wie Vorwürfe erschienen sein, denn sie erklärte, daß sie nicht Schuld an all diesen Dingen gewesen sei, sie hatte getan, was sie konnte, bei ihr haben Frau Loschinski und Frau Link auch vor sechzehn Uhr einkaufen können, wenn es keiner sah, und das mit den Zwiebeln hätte sie Kopf und Kragen kosten können.

Die kleinen Leute seien nicht gefragt worden, ob man die Juden so behandeln soll, die kleinen Leute hätten auch nach dem Krieg nichts zu sagen gehabt, und ob sie die Mauer gut fände, hätte Else Wierschke auch niemand gefragt. Aber plötzlich, als hätte sie zuviel gesagt, schwieg sie erschrocken und warf mir einen ängstlichen Blick zu.

Ich fragte nach Fotos. Aber Frau Wierschke war jetzt müde, schließlich war sie über achtzig, und außerdem hatte sie ihre Fotoalben in der Auguststraße. Ich sollte sie dort im Frühjahr besuchen. Als ich im Frühjahr bei Frau Wierschke in der Auguststraße 17 klingelte, ließ sie mich nicht ein. Ich sollte ein andermal wiederkommen.

Beim nächstenmal öffnete sie nicht.

Die griechische Insel

Die Geschichten der alten Frauen führten mich lange Zeit nicht tiefer in die Geheimnisse des Hauses, und doch besuchte ich manche Nachbarinnen immer wieder, bis ich im Gespräch Brocken auffing, die sich mit der Zeit wie Mosaiksteine zu einem Bild fügten.

Da war Frau Gebler, an die achtzig Jahre alt, eine gebrechliche Greisin mit verwittertem Gesicht, flinken Augen und flinkem Berliner Mundwerk. Sie wohnte ein paar Häuser neben meinem alten Schulhaus, schon seit einem halben Jahrhundert. Von den drei Zimmern ihrer Wohnung hatte sie zwei vermietet und nur das große sogenannte Berliner Zimmer behalten, dessen Fenster nach Süden zeigte und das trotzdem auch an hellen Tagen dämmrig blieb. Man hätte eine Lampe einschalten müssen, aber Frau Gebler sah ohnehin schlecht und brauchte kein künstliches Licht. So konnte ich kaum ihr Gesicht erkennen, wenn ich mit ihr sprach. Sie hatte mich zwar eingelassen, ich durfte, es war im März des Jahres 1978, an ihrem Tisch sitzen und ihr helfen, eine Apfelsine zu schälen, sie schob mir dann den größeren Teil der saftigen Scheiben zu. „Essen Sie ruhig, Kindchen, mein Untermieter ist Gemüsefahrer, der bringt mir ganze Stiegen davon." Von den *Juden* wußte sie nichts, hatte sie nichts gesehen, nichts gehört. Nichts über das alte Schulhaus, nichts über die Synagoge, deren Ruine man von ihrem Berliner Fenster aus sehen konnte. Das war ich schon gewöhnt, und ich fragte sie nach ihrem eigenen Leben. Köchin war sie gewesen, hatte in Haushalten gearbeitet und später als Kaltmamsell in feinen Restaurants. Nach dem Krieg, als es nichts mehr zu kochen gab und auch keine feinen Restaurants mehr, ging sie in die Kantine der BVG, der Berliner Verkehrsgesellschaft. Dort kannte man sie, weil ihr Mann U-Bahn-Fahrer gewesen war. Aber der starb schon 1950. Und ihr einziger Junge war 1943 in Litauen gefallen, an seinem zwanzigsten Geburtstag. Aus dem Hinterhalt erschossen.

„In welchen Restaurants waren sie denn Kaltmamsell?“ fragte ich und erfuhr überrascht, daß sie bei den Gebrüdern Dobriner am Hackeschen Markt gearbeitet hatte.

„Dobriner – das war doch ein jüdisches Geschäft.“

„Darum habe ich mich nicht gekümmert“, erwiderte die alte Frau und lächelte schlau. „Für mich sind alle Menschen gleich.“

„Was ist denn geworden aus den Gebrüdern Dobriner und ihrem Café?“ fragte ich.

„Weeß ick nich“, behauptete Frau Gebler.

Ich ging. Mir schien, daß ihr selbst das Wort *Jude* unangenehm gewesen war. Aber das hatte ich schon bei anderen Bewohnern der Auguststraße erlebt. *Jude* klang damals, in den siebziger und noch bis in die achtziger Jahre wie eine Obszönität, die meine Gesprächspartner von sich wiesen. *Damit* hatten sie nichts zu tun. Aber auch in offiziellen Reden vermied man dieses Wort und gebrauchte, wenn es gar nicht zu umgehen war, Wendungen wie „Menschen jüdischer Herkunft“, „jüdischer Religion“, „aus jüdischer Familie kommend“.

Zum Ende der siebziger Jahre erzählte mir eine Bekannte, die als Kind mit ihren Eltern nach Lateinamerika emigriert war, daß in dem Berliner Büro, in dem sie schon jahrelang als Übersetzerin arbeitete, nie jemand nach dem Grund ihres jahrelangen Auslandsaufenthaltes, von dem alle wußten, gefragt hatte. Einmal erfuhr sie, daß ein neuer Kollege die Sekretärin gefragt hatte, ob sie Jüdin sei. Die Sekretärin hinterbrachte ihr dies, als sei die Frage des neuen Kollegen eine Unverschämtheit, auf die sie, das betonte sie, auch nicht eingegangen sei.

„Weshalb nicht?“ fragte meine Bekannte. „Weißt du nicht, daß ich Jüdin bin?“ Die Sekretärin stammelte etwas.

Meine Bekannte fragte den neuen Kollegen, warum er seine Frage nicht an sie selbst gerichtet hätte. Nach einer Schrecksekunde erklärte er freundlich, wirklich keine Vorurteile zu haben, so sei die Frage nicht gemeint gewesen, im Gegenteil, er hege große Sympathie für die Juden, aber so eine intime Frage könne man doch nicht jemandem ins Gesicht stellen, er habe angenommen, ihr sei das peinlich.

Für mich sind alle Menschen gleich, hatte Frau Gebler gesagt. Hinter dieser Formel ließ sich gut Abwehr verbergen. Abwehr gegen die Juden oder Abwehr gegen eigene Erinnerungen? Oder einfach Unlust, mit mir, der Fremden, darüber zu sprechen?

Ein paar Wochen nach unserer ersten Begegnung besuchte ich Frau Gebler noch einmal, um sie nach den längst geschlossenen, vermauerten Geschäften in der Auguststraße zu fragen. Diesmal lernte ich auch ihren Untermieter kennen, einen jungen Mann mit frechem Blick und tätowierten Armen, der, während wir uns unterhielten, ohne anzuklopfen die Tür aufstieß und tatsächlich eine Stiege Tomaten an uns vorbei in die Küche trug, die hinter Frau Geblers Zimmer lag. Er rauchte eine Zigarette am Tisch, bevor er wieder weiter mußte, denn unten wartete sein Kumpel im Lieferwagen, sie mußten noch Tomaten in ein paar Geschäfte bringen, wo die begehrten Früchte, das wußte er, sowieso nicht auf die Ladentische kommen würden.

Mich musterte er skeptisch und schlug mir ironisch vor, lieber ihn zu interviewen als seine alte Wirtin, die er Oma nannte, er hätte mehr erlebt, als ich mir träumen lassen könnte, aber darüber würde ich ja sowieso nichts schreiben.

Dieses Untermieters wegen, der, wie mir Frau Gebler bedeutete, ganz zu Unrecht im Knast gewesen sei, kam ich wieder zu ihr, denn ich war neugierig auf seine Geschichte.

Als ich ihn einmal mit vergipstem Arm in dem Lebensmittelladen an der Ecke Tucholskystraße sah, klingelte ich eine halbe Stunde später bei Frau Gebler, und tatsächlich war er da, krankgeschrieben, und saß mit seiner Wirtin vorm Fernseher. Sie schalteten ab, als ich kam, und wir tranken Kaffee an dem Tisch mit der Wachstuchdecke, aßen Bananen und Weintrauben, und Stück für Stück, in farbigen Fetzen, erfuhr ich von seinem Leben.

Er war Mitte zwanzig, ein gutaussehender Mann mit bräunlicher Gesichtshaut. Unter einem Auge trug er einen tätowierten Punkt, auch seine Arme waren tätowiert, und auf seinem rechten Handrücken sah ich eine ungeschickt wie eine Kinderzeichnung wirkende Insel mit einer Palme.

„Griechenland", sagte er stolz, als er meinen Blick bemerkte.

„Eine griechische Insel . . ." Tatsächlich hatte er sich diese Zeichnung als Kind tätowieren lassen, von einem anderen Zögling im Kinderheim in Hamburg. Denn Kostas Reschke war erst als Fünfzehnjähriger mit seiner Mutter und sechs Geschwistern vom Westen Deutschlands in den Osten gekommen. Kostas Vater war Grieche. Er hatte der Familie nichts weiter hinterlassen als die Vornamen der Kinder. Der nächste Mann der Mutter war ein Deutscher, ein Trinker, der sie schlug, weshalb die Kinder auch von der Fürsorge ins Heim gebracht wurden. Damit sie dort herauskämen und um ihren gewalttätigen Lebensgefährten loszuwerden, beschloß die Mutter, mit ihren minderjährigen Kindern in die DDR zu gehen. Erst lebten sie monatelang in einem Aufnahmelager, dann wies man ihnen eine Wohnung in einem Mecklenburger Dorf zu. Kostas sollte eine Lehre als Hilfsschlosser beginnen, aber er arbeitete lieber bei einem Kohlenhändler, um Geld zu verdienen. Er wollte so bald wie möglich wieder zurück in den Westen, aber die Grenzen seiner soeben erworbenen Heimat sollten für ihn wie für jeden anderen gelten. Er hatte noch Glück, daß er bei seinem Versuch, über die Elbe zu schwimmen, nicht erschossen wurde, sondern man ihn nur festnahm und in einen Jugendwerkhof verbrachte. Dort gefiel es ihm ganz gut, er konnte Sport treiben und wurde Hilfserzieher. „Weil ich mir nichts gefallen lasse", sagte er. „Ich bin für Ordnung." Frau Gebler schob ihm die Zuckerdose zu und lächelte zufrieden, während ihr Untermieter erzählte. Sie hatte den jungen Mann ganz offensichtlich in ihr Herz geschlossen, der brachte ihr nicht nur Obst und Gemüse von seinen Fahrten mit, sondern setzte die „Omi" auch manchmal in seinen Lieferwagen und fuhr mit ihr bei gutem Wetter an den Mühlenbecker See, mitten am Tag.

Im Jugendwerkhof wurde er für eine Laufbahn als Berufssoldat in der Volksarmee geworben, und das schien ihm keine schlechte Karriere. Das Soldatenleben gefiel ihm, er war das Leben in der Gruppe gewöhnt und konnte sich durchsetzen. Wie es sein Wunsch war, kam er zur Marine. Aber er war es nicht gewöhnt, zu gehorchen.

„Seinen Korvettenkapitän hat er verprügelt", platzte Frau Gebler kichernd heraus.

„Eins auf die Schnauze habe ich ihm gegeben, daß er nicht mehr aufstand", bestätigte Kostas stolz. Dafür bekam er fünf Jahre, von denen er aber nur drei richtig absaß. Die letzten beiden Jahre verbrachte er in Berlin in einer Baukolonne, die in der Leipziger Straße eingesetzt war.

„Die ganzen Häuser haben wir hochgezogen für die Bonzen", erzählte er mir. „Tolle Wohnungen. Fünf, sechs Zimmer. Zwei Bäder. Nie werden *wir* so eine Wohnung kriegen, nie." Frau Gebler nickte.

Ich kannte diese Hochhäuser, kannte Wohnungen in der Leipziger Straße, die mir nicht gefielen und die von gewöhnlichen Leuten bewohnt waren. Er sah mein Gesicht und musterte mich mißtrauisch.

„Ich weiß ja nicht, was Sie für einen Posten haben. Vielleicht kriegen Sie mal so eine Bude in der Leipziger Straße. Wir bestimmt nicht, was, Omi? Ich durfte die bloß bauen."

Zwar versicherte ich, daß ich mit meiner Tochter in einer winzigen Dachwohnung wohnen würde und keinen Posten hätte, aber seine Skepsis blieb. Er wollte wissen, warum ich seine Wirtin und die Nachbarinnen über die Vergangenheit ausquetschen wollte.

Wieder erzählte ich vom Haus in der Auguststraße 14/16, das ein Krankenhaus und ein Kinderheim gewesen war, von den jüdischen Nachbarn, an die sich seltsamerweise keiner erinnern konnte. „Die Juden sind selbst schuld an ihrem Unglück", sagte Frau Gebler da.

„Das kannst du nicht sagen, Omi", wandte ihr Untermieter nachdenklich ein. „Daß der Hitler die Kinder umgebracht hat, war nicht in Ordnung. Was haben die ihm getan?"

„Die Juden waren sich ja selber Feind", erklärte die alte Frau. „Ich habe doch bei Dobriner gearbeitet, ich habe sie doch kennengelernt, die vornehmen Herren. Und die Frauen mit den Hüten, alles Juden, alles Reiche. Denkst du, die wollten was zu tun haben mit den armen Schnorrern aus der Mulackstraße. Nicht mal in der Küche wollte der Dobriner solche Juden. Und als die armen Ostjuden aus der Steinstraße, aus der Mulackstraße und hier aus der Auguststraße alle abgeschoben wurden nach Polen, denkst du, da haben die deutschen Juden sich gegrämt? Froh waren die, weil sie dachten, jetzt haben sie Ruhe. Die haben ihren Kaffee bei Dobriner getrunken und sich nicht geschert um die anderen. Dabei sind die Dobriners selbst aus der Polakei gekommen."

Frau Gebler, die bisher behauptet hatte, sich keine Gedanken um Juden gemacht zu haben, wußte offenbar doch mehr, als sie anfangs zugeben wollte. Die Offenheit ihres Untermieters hatte auch sie redseliger gemacht.

„Aber umgebracht hat sie der Hitler", beharrte Kostas.

„Hitler, Hitler, der hat sich hier in der Auguststraße nicht sehen lassen. Abgeholt worden sind die nicht von Hitler. Und verraten haben sie die eigenen Leute." Die Frau beugte sich zu mir und sagte mit schlauem Lächeln: „Ich weiß, die sind von hier aus ausgeschwärmt, die Spitzel, die die versteckten Juden suchen sollten. Die haben hier ihr Quartier gehabt, gleich nebenan, in dem Haus, das deine Schule war."

„Welche Spitzel?" fragte ich nun doch.

„Jüdische Spitzel, Greifer, das haben Sie nicht gewußt, was?" Frau Gebler beugte sich zufrieden zurück, mehr wollte sie nicht sagen.

Spitzel habe es auch im Jugendwerkhof gegeben und erst recht im Knast, erzählte der Untermieter. Spitzel seien das Widerlichste. Einmal wäre er mit einem Beifahrer unterwegs gewesen, einem Studenten, der das bloß in den Ferien machte. Der wollte doch die Gemüsefahrer anzeigen, weil sie sich privat Obst nahmen. Der hatte doch keine Ahnung, der Junge. „Die schlimmsten Diebe sitzen in der Verwaltung. Die reißen sich ganz andere Sachen unter den Nagel, nicht bloß ein paar Bananen, die bauen sich Bungalows auf Betriebskosten, und ihre Weiber lassen sich die Bäder kacheln mit den Fliesen, die für unsern Waschraum geliefert wurden. Da wäre doch jeder blöd, der nicht selbst was auf die Seite bringt. Und überhaupt ist nichts dabei, wenn ich einer alten Rentnerin Obst mitbringe, das sie sonst nicht zu sehen kriegt."

Frau Gebler nickte gerührt.

Der Student, erzählte der Untermieter weiter, habe sich aufgeschrieben, was jeder Fahrer mitnahm. Dem hätten sie die Fresse poliert, bevor der seine Anzeige loswerden konnte, der spitzele nun nicht mehr.

Hilflos wandte ich ein, daß man Kriminalität doch nicht mit Kriminalität bekämpfen könne. Ich sagte etwas von Eingaben, von Gerichten.

Frau Gebler kicherte, und Kostas Reschke schnaubte verächtlich.

„Die Bonzen halten alle zusammen." Er klopfte mit dem eingegipsten Arm auf den Tisch und erzählte, wie er auf der U-Bahn-Treppe in Pankow gestürzt sei und dann mit dem Arm, der wie wahnsinnig wehtat, in die Poliklinik dort gekommen sei, wo die Schnepfe in der Anmeldung stundenlang mit ihrem Freund telefonierte und ihn, weil er dazwischengeredet hatte, absichtlich noch warten ließ, als sie endlich fertig war. Vor Schmerzen und Wut konnte er kaum noch stehen und schlug mit dem gesunden Arm die Scheibe ein, damit sich endlich einer um ihn kümmerte. Da sind sie gerannt gekommen in ihren weißen Kitteln, aber die Scheibe war ihnen wichtiger als der Arm, und sowieso sollte er damit zur Unfallstelle, die war ganz woanders, und ein Krankenauto hatten sie nicht. Als er dann endlich auf der Unfallstation ankam, wußten die schon Bescheid und ließen ihn drei Stunden warten. Und dann sollte er noch woandershin zum Röntgen. Der Arm sei hin.

„Die halten doch alle zusammen", war seine Lebensphilosophie, und ich begriff, daß es für Frau Gebler und ihren Untermieter ein Oben und ein Unten gab, und daß sie selbst sich ganz unten fühlten.

Frau Geblers Zimmer war nicht nur dunkel, es roch auch muffig, vor dem Fenster war seit Jahren die Regenrinne kaputt, der Schwamm saß in der Außenmauer.

„In der Wohnungsverwaltung sitzen se und trinken Kaffee, und wir müssen vor der Türe warten, und wenn ick dran bin, kommen sie mir alten Frau frech", klagte Frau Gebler.

Ich hätte das Gespräch gern wieder auf mein Schulhaus und die jüdischen Nachbarn gebracht. Durch das Fenster sah ich die Rückseite der Synagoge, aus deren schwarzen Öffnungen kleine Bäume wuchsen.

„Waren Sie mal da drin?" fragte ich und wies auf die Ruine.

Sie hatte mir ja schon bei meinem ersten Besuch gesagt, daß sie nichts mit der Synagoge zu tun hatte, nie dort gewesen war. Jetzt aber blickte sie mich verschmitzt an und erklärte: „Und ob ick da drin gewesen bin. Gleich am 1. Mai 1945."

Stolz, weil sie meine Verblüffung sah, schilderte sie mir und Kostas ihren Besuch in der Neuen Synagoge. Die Straßen waren an jenem 1. Mai voller Rauch, weil es überall brannte und weil noch gekämpft wurde. Aus ihrem Fenster hatten Frau Gebler und ihr Mann gesehen, daß die Bewacher der längst als Warenlager der Heeresverwaltung dienenden Synagoge abgezogen waren. Das Ehepaar vermutete Schätze in dem halb ausgebrannten, aber bis zum Schluß streng bewachten Gebäude und beschloß, daß die Frau dort nachschauen sollte. Herr Gebler war wegen der Kämpfe schon tagelang nicht zur Arbeit gegangen, er wollte in der Wohnung bleiben, bis alles vorbei sein würde. Vor den „Kettenhunden", die nach entlaufenen Volkssturmmännern und Deserteuren suchten, fürchtete er sich ebenso wie vor den Russen. Einer Frau würden sie nichts tun, meinten die Geblers. Der Mann beobachtete aus dem Fenster, wie seine Frau mit dem Rucksack über die niedrigen Mauern und Absperrungen stieg, wie sie dann durch ein Fenster hineinkletterte und nach einer Weile den prall gefüllten Rucksack wieder herauswarf.

Keinen Menschen hatte sie dort getroffen, erzählte mir Frau Gebler dreiunddreißig Jahre später. Alles hätte ausgesehen wie in Eile verlassen. Überall hätten

Uniformen herumgelegen, hastig ausgezogene Kleiderhaufen. Mit einer Taschenlampe ging sie durch die Räume, viele Fenster waren zugemauert, andere Räume hatten gar keine Fenster. Aus riesigen Regalen packte sie Konservenbüchsen ein, Hühnerfleisch, gutes Schmalzfleisch. Da waren auch Tüten mit Geld, ganze Kisten voll, so viel Geld auf einen Haufen hatte sie noch nie gesehen. Sie ließ es liegen, weil sie glaubte, das Geld hätte seinen Wert schon verloren. Dabei galt es noch eine Zeitlang, auf dem Schwarzen Markt hätte man damit kaufen können, aber wer konnte schon wissen, was richtig war. Zu fressen braucht man immer, Geld macht nicht satt. Den Gebäudeteil, in dem sie herumgeklettert wäre, gäbe es noch immer, erzählte sie, da stehe KONSUM dran. An einer Treppe hatten vornehme Sessel und Ölbilder gestanden, wie zum Abtransport bereitgestellt.

Und dann kam sie in eine Art Keller, da war der Fußboden glitschig von Kot, von Menschenkot. Es stank, alles war noch frisch, und in die Wände waren Namen eingekratzt, jüdische Namen, sie sah zu, daß sie wieder nach oben kam. Es stimmte also, was sie schon gehört hatte, daß da unten Juden gefangengehalten wurden.

Ich wußte nicht, ob ich Frau Gebler glauben sollte.

Im Mai 1945 Spuren gefangener Juden in der Neuen Synagoge?

Aus anderen Quellen erfuhr ich später über die jüdischen Spitzel. Und daß Menschen, wahrscheinlich jüdische Menschen, in der Neuen Synagoge und ihren Nebengebäuden bis zum Schluß gefangengehalten wurden, bestätigten auch andere Zeugen.

Hans Hirschberg zum Beispiel lebte bis zu seinem sechzehnten Lebensjahr in der Oranienburger Straße 89. Hans kam nach dem Pogrom von 1938 mit einem Transport der Jugend-Alijah nach Palästina. *Alijah* ist das hebräische Wort für Aufstieg und bedeutet die Auswanderung nach Erez Israel. 1947 kehrte sein Vater, der Schneidermeister Siegmund Hirschberg, aus Schanghai in das zerstörte Berlin zurück, und 1949 traf der inzwischen siebenundzwanzigjährige Hans Hirschberg ein. Oft ging er in seine alte Straße, nichts war da mehr wie früher. Einmal, bald nach seiner Ankunft, kletterte er in die zerstörte Neue Synagoge, suchte in den Trümmern nach einem Zeichen, das ihn anging. In den Kellern fand er in die Wände gekratzte Namen und Inschriften, die bezeugten, daß hier bis zum Schluß verzweifelte Menschen eingesperrt waren.

Nach Abschluß seines Studiums hat Hans Hirschberg Deutschland wieder verlassen, aber er kommt oft zurück, und bei einem dieser Besuche lernte ich ihn kennen. Ohne daß ich ihm von Frau Geblers Erinnerungen erzählt hatte, berichtete er mir von den Spuren gefangener Juden, die er noch 1949 in der Oranienburger Straße gesehen hatte.

Und die Hausmeisterin meiner ehemaligen Schule, Frau Brose, die bis zu ihrem Tod in der Auguststraße lebte, erzählte mir am 20. November 1986 vom Hausmeister der benachbarten Bertolt-Brecht-Schule, die, was Frau Brose aber nicht wußte und was sie auch nicht interessierte, früher die Jüdische Mädchenschule gewesen war. Der Hausmeister in der Nachkriegszeit hieß Silbermann, er wohnte in der Auguststraße 85, war Jude und hatte durch seine nichtjüdische Ehefrau die Nazizeit überlebt. Frau Brose kam 1954 in die Auguststraße 14/16. An ihrem ersten Arbeitstag führte Herr Silbermann die Kollegin der Nachbarschule auf den Hof. Frau Brose erzählte:

„Dort hinten war früher ein Durchgang zur Synagoge. Und da standen solche halbverfaulten Schweinebuchten aus Holz und Stacheldraht. Käfige. Menschenkäfige, sagte der Silbermann. Da waren jüdische Menschen gefangengehalten, im Hof der Synagoge.

Silbermann kannte einen, der dort gestorben ist. Die Käfige wurden dann beseitigt, später waren sie nicht mehr da."

Damals, als mir Frau Gebler von ihrem Einstieg in das Gotteshaus, das für sie ein Warenlager war, erzählte, konnte ich nur zuhören und wußte nichts zu fragen.

Sie schilderte stolz, wie ihr Mann und sie monatelang von den Konserven gelebt hatten. Denn obwohl ihr Mann sich gleich „nach der Kapitulation" wieder bei der U-Bahn meldete, gab es doch wenig zu essen in den Nachkriegsjahren. „Hier im Osten jedenfalls nicht. Denen im Westen ging es ja besser."

Kostas, der ebenso interessiert wie ich zugehört hatte, was Frau Gebler von ihrer Hamstertour in die Synagoge berichtet hatte, fragte, warum sie nicht in den Westen gegangen sind.

Seine Wirtin winkte ab. Ihr Kiez sei hier, Auguststraße. Große Hamburger, Hackescher Markt, Oranienburger. Da kannte man sich aus, da wußte man, was von jedem zu halten war. Sie wollte nicht wegziehen und ihr Mann auch nicht. „Außerdem war dann doch der Reuter in Westberlin Bürgermeister, den kannten wir, von dem kam nichts Gutes."

„Sie kannten den Ernst Reuter?" fragte ich erstaunt. Sie nickte, freute sich über meine Verwunderung.

„Ernst Reuter, der erst Sozialdemokrat war, dann Kommunist, dann ausgeschlossen wurde und wieder zu den Sozialdemokraten ging, der Oberbürgermeister Berlins war und dann Bürgermeister von Westberlin?"

„Weeß ick nich, ob der Kommunist war oder Sozialdemokrat. Für Politik interessiere ick mich nich", behauptete Frau Gebler.

„Aber Bürgermeister war er, das isses ja eben. Der war uns bestens bekannt aus der Zeit um 1930, da war er Stadtrat für Verkehr oder sowas. Mein Mann war doch die ganze Zeit bei der BVG. Da kriegte er hundertvierzehn Reichsmark im Monat. Wir hatten ja nur ein Kind, aber das war zum Leben zu wenig, zum Sterben zuviel. Deswegen war ja dann auch der große BVG-Streik." Und Frau Gebler, die sich nicht für Politik interessierte, berichtete vom Streik der BVG-Arbeiter, davon, wie der Reuter bei den BVGern erschienen wäre und ihnen erklärte, sie würden immer noch zuviel verdienen, denn die Pausen zwischen den Fahrten könne man eigentlich nicht als Arbeitszeit rechnen.

„Nee, das war nicht unser Mann, das war ein Bonze."

„Ich glaube, der hat unter den Nazis im KZ gesessen", sagte ich.

Sie zuckte mit den Achseln. „Dazu gehörte nicht viel. Wie die mit dem Lastwagen vor deiner Schule gestanden haben und die alten Leute da raufgeschmissen wurden, mit Sack und Pack, und die konnten gar nicht laufen, so hinfällig waren die, da bin ich stehengeblieben und habe den SS-Mann gefragt: Was ist denn los? Ziehen die jetzt alle hier aus? Und der schnauzte mich an: Sie wollen wohl gleich mit? Los, steigen Sie auf. Nee, habe ick gesagt, ick habe keene Zeit, da mitzufahren. Und habe gemacht, daß ick weiterkam."

Wie die mit dem Lastwagen vor der Schule gestanden haben...

Frau Gebler, die doch angeblich gar nichts wußte, hatte gesehen, wie Menschen aus meinem späteren Schulhaus abgeholt wurden.

„Wann war das?" fragte ich.

„Ich habe das doch nicht im Kalender angestrichen." Sie ärgerte sich über meine Frage. „Immerzu war das, bis sie alle weg waren. Irgendwann, lange vor Kriegsende, war dann Schluß. Dann gab es keine Juden mehr."

„Und warum alte Leute? Ich habe gehört, im Haus Auguststraße 14/16 war ein Kinderheim."

„War ja auch“, sagte sie. „Die AHAWAH. Früher. Aber die Kinder waren schon weg, als die Alten kamen. Die von hinten jedenfalls, die aus dem Heim. Vorne waren noch Kinder, kleine, die von ihren Müttern morgens gebracht wurden und abends abgeholt. Und eines Tages standen da die Mütter mit den leeren Kinderwagen, die Kinder waren weggeholt worden, zusammen mit den Pflegeschwestern. Die Mütter haben stundenlang geheult und wollten nicht gehen. Warte, ich weiß, wann das war. Im Februar. Im Februar 1943. Da kam der letzte Brief von meinem Jungen.“

„Fabrikaktion“, sagte ich.

„Wie?“ fragte Frau Gebler. „Was für eine Aktion?“ Und plötzlich wurde sie wütend. „Warum fragst du mich denn aus? Was habe ich damit zu tun? Ich wollte nur sagen, es gehörte ja nicht viel dazu, ins Konzertlager zu kommen, das wußte jeder. Mich hätten sie ja auch beinahe mitgenommen.“

In den folgenden Jahren besuchte ich Frau Gebler noch zwei- oder dreimal. Neues war von ihr nicht mehr zu erfahren. Ihre Erinnerungen gingen immer weiter zurück, in ihre Kindheitstage im Oderbruch und in die Zeit, als ihr Junge klein gewesen war. Sie zeigte mir seine Kinderfotos, aber von den Kindern aus der AHAWAH wollte sie nichts mehr hören. Ihr Untermieter war eines Tages nicht mehr da. Aus ihren Andeutungen erfuhr ich, daß sein Ausreiseantrag endlich genehmigt worden war. Er lebte wieder in Hamburg.

Unter dem Datum 4. März 1985 steht in meinen Notizen über die Auguststraße:

> Die Str. wird rekonstruiert. Baumaterial, alte Klobecken, ausgediente Türen. Frau Gebler fort. Kein Türschild mehr.
> Keine Auskunft von den Nachbarn. (Junge Leute, erst kürzlich eingezogen).

Im Frühsommer 1990 ging ich in die Marienkirche zu einer Fotoausstellung mit Texten von Simone Weil. Erst kurze Zeit davor hatte ich Simone Weil für mich entdeckt, die als Jüdin geboren wurde, als Katholikin lebte, ohne sich je taufen zu lassen, die, wie jemand sagte, „aus dem feuergefährlichen Stoff der großen Heiligen" gemacht war. Eine der bedeutendsten Denkerinnen des zwanzigsten Jahrhunderts war sie, aber auch einfach eine Frau, eine denkende, fühlende Frau, Lehrerin, Fabrikarbeiterin. Sie starb 1943, erst 34 Jahre alt. Die Ausstellung mit ihren Texten hieß „Die Gefährlichste Krankheit". Das ist nicht Krebs, nicht Aids, es ist die Entwurzelung. Simone Weil sagt:

„Die Entwurzelung ist bei weitem die gefährlichste Krankheit der menschlichen Gesellschaft.

Wer entwurzelt ist, entwurzelt.

Wer verwurzelt ist, entwurzelt nicht.

Die Verwurzelung ist vielleicht das wichtigste und meistverkannte Bedürfnis der menschlichen Seele."

Es war ein heller, warmer Tag. Ich hatte Wochen voller angestrengter Schreibtischarbeit hinter mir und war schon auf dem Weg zur Marienkirche erstaunt über die veränderte Stadt. Die Öffnung der Mauer war erst ein paar Monate her, seit einer Woche gab es die D-Mark, an allen Ecken boten Händler bunte, westliche Waren feil, Kaufhallen und Läden wurden fieberhaft umgebaut zu Supermärkten und Bankfilialen, es roch anders als noch vor ein paar Wochen, nach anderem Benzin, nach anderem Parfüm, anderen Früchten, nach Döner Kebap und Weichspüler. Ich blieb stehen und ließ mir bei einem türkischen Händler das Netz voller Nektarinen füllen, noch nie hatte ich solche Früchte gegessen. In den Gesichtern der Menschen lag ein unbekannter Ausdruck, Hoffnung und Angst vermischten sich auf verwirrende Weise, alle bewegten sich, als wären sie gehetzt. Ganz andere Autos als noch vor Monaten waren auf der Straße zu sehen, die Frauen trugen eine andere Art von Kleidern, die gewohnten

Zeichen begannen sich zu verwischen, über allem lag ein mir fremder Ton.

Zu erstenmal sah ich Bettler. Zwar hatte ich schon oft beobachtet, wie arme Rentnerinnen oder alte Trinker verschämt in Mülltonnen nach Pfandflaschen suchten, zwar hatte mich schon einmal eine fremde Greisin mit leiser Stimme um zwei Mark gebeten, für die sie Brot und Milch kaufen wollte, weil sie sich mit ihrer Rente um drei Tage vertan hatte, aber noch nie hatte ich in Berlin gesehen, daß Menschen am Straßenrand bettelten, offen und mit ausgestreckter Hand. Die meisten waren offenbar Roma, braunhäutige Zigeuner aus Rumänien, aus Jugoslawien, auch aus dem Süden Deutschlands, die durch die offenen Grenzen in die reiche Stadt Berlin gekommen waren.

Man solle ihnen nichts geben, hatte ich im Radio gehört. Sie hätten Geld, seien manchmal reich, das Betteln gehöre einfach zu ihrer Kultur. Und die Frauen müßten das Geld den Männern abgeben, die es versaufen und verspielen würden, und die Kinder ständen unter Drogen, damit sie ruhig blieben.

Vor der Kirchentür lag eine dunkle Frau in bunten Röcken, die ein solches schlafendes Kind im Arm hielt, zwei noch kleine Kinder drängten sich an ihre Knie. Alle hielten mir ihre Hände entgegen und sagten leiernd etwas in ihrer mir fremden Sprache. Schnell stieg ich über sie hinweg in die Ausstellung.

Ein etwa dreizehnjähriges Mädchen, der Kleidung und dem Gesicht nach zu denen da draußen gehörend, ging in dem kühlen Kirchenraum wie ich von Bild zu Bild, betrachtete stumm die Fotografien, lesen konnte sie sicher nicht, was ich las.

„Die menschliche Seele bedarf des persönlichen und des kollektiven Eigentums ... Die Seele fühlt sich vereinzelt, verloren, wenn sie sich nicht von Dingen umgeben sieht, die für sie gleichsam eine Verlängerung der Körperglieder sind ..."

Von der Seite betrachtete ich das ernste Gesicht des Mädchens, das sehr lange vor den Tafeln stand, als könne sie so hinter den Sinn der Buchstaben kommen.

„Verantwortlichkeit, das Gefühl, daß man nützlich, ja daß man unentbehrlich sei, sind Lebensbedürfnisse der menschlichen Seele ... Jede Gemeinschaft, gleichviel, welcher Art, die ihren Mitgliedern diese Befriedigung nicht gewährt, ist verdorben und muß umgewandelt werden."

Von draußen hörte ich den Singsang der fremden Frau, immer die gleichen Worte, die von den Stimmchen der Kinder aufgenommen wurden. Das Mädchen neben mir betrachtete die Bilder der Entwurzelung so nachdenklich, daß mich ein Schreck durchfuhr. Sie betrachtete ihr eigenes Elend. Was betrachtete ich, was las ich da?

„...niemand wird einen Menschen für unschuldig halten, der, selber Nahrung im Überfluß besitzend, auf seiner Schwelle einen fast zu Tode verhungerten findet und vorbeigeht, ohne ihm etwas zu geben ... Wer, um die Probleme zu vereinfachen, gewisse Verpflichtungen leugnet, hat in seinem Herzen einen Bund mit dem Verbrechen geschlossen ..."

Von der Tür kam Unruhe, der Singsang der Frau brach ab, statt dessen hörte ich einen älteren Mann auf sächsisch schimpfen. Er wollte in die Marienkirche, das Totentanzfresko aus dem 15. Jahrhundert besichtigen, und fühlte sich durch die Frau und ihre Kinder belästigt. Nicht einmal die Kirche sei sicher vor diesen Parasiten, zeterte er, und seine Stimme überschlug sich vor Wut, bis eine Kirchenmitarbeiterin verständnisvoll und beruhigend auf ihn einredete. Ich hörte die fremde Frau nicht antworten. Das Mädchen hob den Kopf und lauschte. Dann zog sie ihr Kopftuch fester um das klare Gesicht und ging langsam, sehr gerade aus dem Raum.

Das berühmte Fresko kannte ich gut, der Tod führt dort den Kaiser und den Narren, den Papst und den Kirchendiener gleichermaßen zum Reigen. Kann die

Gleichheit vor dem Tod nicht auch die Gleichheit im Leben bedeuten? Ich ging hinaus, um den Mann zu sehen, der auf dem Wege zum Totentanzfresko nicht den Anblick einer Bettlerin ertrug, er war nicht zu sehen. Die Frau war zwei Meter weiter gerückt, das Kind in ihrem Arm war aufgewacht und sah mich mit wachen, blanken Augen an. Schon streckte die Frau, streckten die Kinder ihre Hände nach mir aus, sie flehten in ihrer Sprache um etwas, ich nahm das Netz mit den Nektarinen und schüttete sie der Frau in den Schoß. Noch im Flug erhaschte sie eine Frucht und steckte sie sich in den Mund, schnell griff sie nach den anderen, auch die Kinder grabschten und bissen in die Nektarinen, da war auch das größere Mädchen mit einem Sprung bei den anderen, aber mitten in der Bewegung verharrte sie, als sie den Blick der Mutter sah, der ihr verwehrte, nach den Früchten zu greifen. Sie blickte mich an, stumm.

Ich hatte keine Nektarinen mehr, ich wies auf den Schoß der Mutter, die, sehr langsam, der großen Tochter eine Nektarine reichte. Mit gemessenen Bewegungen nahm das Mädchen sie, aber als sie hineinbiß, sah ich, daß sie Hunger hatte, richtigen Hunger, wie ich ihn nicht kannte. Ich begriff, daß diese Menschen lange nichts gegessen hatten, und ich schämte mich meiner satten Kleinlichkeit. Und trotzdem gab ich ihnen kein Geld, ich wußte doch, daß der Hunger wiederkommen würde, immer wieder, und ich zögerte und dachte, ich sollte ihnen doch Geld geben, dann fand ich, das sei eine verlogene, sentimentale Geste, und in dieser Verwirrung, die die Begegnung mit elementarer Gier nach Nahrung, die Begegnung mit meiner eigenen Unzulänglichkeit in mir ausgelöst hatte, ging ich die paar Schritte bis zum Fernsehturm und setzte mich dort auf eine Bank, dicht vor einem Imbißwagen. Da standen Männer mit müden, verbrauchten Gesichtern, sie sprachen laut und mit schweren Stimmen im Berliner Jargon.

Ein paar Meter weiter bewachten zwei Männer einen Haufen Bündel und Pakete, müde und unrasiert auch sie, einer rief einem Dritten etwas zu, der in einer Reihe nach Bier anstand, sie waren Polen. Plötzlich gab es Streit in der Reihe, ein Mann stieß den Polen in den Rücken, behauptete, er hätte sich vorgedrängt. Der Pole wich nicht von seinem Platz, die Männer beschimpften ihn. Da kam ein anderer Mann, der mit seinem Bierglas abseits gestanden hatte, ein Großer, Kräftiger mit dunklem Schnurrbart, er ließ das Bierglas nicht aus der Hand, als er den Polen mit der Kante der anderen Hand kurz und scharf ins Gesicht schlug. Der Pole taumelte und stolperte, fing sich wieder und ging wortlos zu seinen Kameraden zurück. Ich sah genau sein Gesicht, das Gesicht eines geschlagenen Menschen, der Angst hat, sich zu wehren. Die Scham in mir brannte.

Die deutschen Männer lachten, der Schläger stand unter ihnen wie ein Sieger, mit betrunkener Stimme beschimpfte er die Polen, die in Deutschland nichts zu suchen hätten.

Zu den Polen waren jetzt zwei Frauen gekommen, die ihre Männer aufgeregt zu beschwichtigen versuchten.

Ich sah den Schläger an, und eine Erinnerung stieg in mir auf. An dem Punkt unter dem Auge glaubte ich ihn zu erkennen.

„Du bist doch selber ein Pole“, sagte einer der Männer am Bierstand frozzelnd zu dem Schläger, der daraufhin brüllte: „Ich ein Pole? Sag das noch mal, du Arsch, dann schlage ich dir die Fresse blau. Ich bin Deutscher. Ich laß mir meine Heimat nicht wegnehmen von denen da. Die drängen sich überall vor, die wollen doch bloß abstauben, die sind scharf auf unser Geld, aber für die haben wir die Revolution nicht gemacht, für die nicht.“

„Wo hast du denn die Revolution gemacht, du Deutscher? Im Knast?“

Die Männer lachten.

Der Schläger antwortete undeutlich und leise. Ich verstand ihn nicht. Ich trat näher an ihn heran, sah, wie seine Hand sich um das leere Bierglas krampfte, das er langsam auf einen Blechtisch stellte.

Er ging. Aber mir war, als hätte ich die Tätowierung gesehen, die Insel, krakelig wie eine Kinderzeichnung, die Insel mit der Palme. Die griechische Insel.

Vom Volksheim zur AHAWAH

Das Haus Auguststraße 14/16 blieb leer, nachdem das Jüdische Krankenhaus ausgezogen war. Inzwischen war es ein über fünfzig Jahre altes Gebäude, durch das Tausende Menschen gegangen waren. Es war zwar fortwährend renoviert und repariert worden, aber seit 1906 stand fest, daß die Jüdische Gemeinde ein neues Krankenhaus bauen würde, und das alte verfiel. Das Vorderhaus blieb belegt, denn die Poliklinik zog nicht um. Seit 1909 gab es zwar in der Elsässer Straße 85, nicht weit von der Auguststraße, ein jüdisches Krankenheim mit 36 Betten, das die orthodoxe Gemeinde *Adass Jisroel* unterhielt, aber die Poliklinik „für arme Stadtkranke" wurde in der Auguststraße mehr denn je gebraucht. Immer mehr jüdische Einwanderer lebten in den Straßen der Umgebung.

Auch das Nebenhaus, die Nummer 17, blieb nicht leer, nachdem die Assistenzärzte, die dort gewohnt hatten, die Oberin Blau und die Schwesternschülerinnen in den Wedding gezogen waren. In der Nummer 17 hatten der Jüdische Arbeiterbund, die Jüdische Wanderfürsorge, die *Poale Zion* und der Verband der Ostjuden mehrere Büroräume. Dann war da noch die *Chewra Kadischa* unter der Leitung des Rabbiners Dr. Link.

Die *Chewra Kadischa,* unter den assimilierten jüdischen Familien Berlins schon beinahe in Vergessenheit geraten, wurde wieder mehr als früher in Anspruch genommen, nicht nur unter den Mitgliedern der Adass-Jisroel-Gemeinde, die eine eigene Beerdigungsgesellschaft unterhielt.

Die Auguststraße lag nicht weit vom Scheunenviertel, und dort kamen Tag für Tag ostjüdische Flüchtlinge an. Sie gingen in die Dragoner- oder die Grenadierstraße, in eine der Straßen oder Gassen nahe dem Alexanderplatz, weil sie dort schon Verwandte oder Bekannte hatten, oder weil dort die Wohnungen billiger waren als anderswo. Der Bäckergeselle und spätere Schauspieler Alexander Granach, dem es ebenso erging, beschrieb die Gegend so:

„Kleine, enge, finstere Gäßchen mit Obst- und Gemüseständen an den Ecken. Frauen mit bemalten Gesichtern, mit großen Schlüsseln in den Händen strichen herum, wie in der Zosina-Wolja-Gasse in Stanislau oder der Spitalna in Lemberg. Viele Läden, Restaurants, Eier-, Butter-, Milchgeschäfte, Bäckereien mit der Aufschrift ‚koscher'. Juden gingen umher, gekleidet wie in Galizien, Rumänien und Rußland."

Die Auguststraße gehörte nicht direkt zu dem Scheunenviertel genannten Gebiet, das um 1672 aus dem „Scheunenfeld" jenseits der Stadtmauer entstanden war, etwa da, wo heute die Volksbühne steht. Aus dem „Scheunenfeld" wurde im 18. und 19. Jahrhundert eine bürgerliche Vorstadt. Das Scheunenviertel wurde erst zum Ende des 19. Jahrhunderts ein Wohnquartier für die Ärmsten. Die Straßen westlich der Rosenthaler Straße, auch die Auguststraße, gehörten zur Spandauer Vorstadt, aber nicht eigentlich zum Scheunenviertel. Sie waren immer etwas breiter, etwas heller, etwas vornehmer als die Mulackstraße, als die Steinstraße, als die Dragonerstraße und die Alte Schönhauser Straße, aber in ihren Hinterhäusern wohnten die gleichen Leute, die, wenn sie das bißchen Miete nicht mehr aufbrachten, mit einem Handwagen an der einen und den Kindern an der anderen Hand ein Stückchen weiter zogen, und dann wieder weiter, aber immer in diesem Kiez blieben. Manchmal gelang es gewitzten Händlern, reich zu werden und in den feinen Berliner Westen umzuziehen. Mitunter wurde einer berühmt als

Schauspieler, Rummelboxer oder Bankräuber, ab und zu glückte es einem doch, bis nach Amerika zu kommen, und manchmal holte er die Seinen nach, die meisten aber, die in diesen Jahren im Scheunenviertel ankamen, starben hier oder verließen es erst mit den Güterwagen in Richtung Osten.

Die Berliner Jüdische Gemeinde stand mit gemischten Gefühlen vor diesen Neuankömmlingen. So war vielleicht der eigene Urgroßvater nach Berlin gekommen, mit solchen Schläfenlöckchen, mit solchem Kaftan. Die etablierten Berliner Juden fühlten sich abgestoßen von den Fremdlingen, die die eigene Identität in Frage zu stellen schienen, und doch fühlten sie eine Verpflichtung gegenüber denen, die nicht nur fremd in ihrem Äußeren, sondern auch bettelarm waren.

Zedakah ist eine Gerechtigkeit, die natürliches und soziales Unrecht ausgleicht.

In der Auguststraße 14, im Vorderhaus, wo auch die Poliklinik war, gab es die Kleiderkammer der Jüdischen Gemeinde. Hier wurden Kleider und Schuhe, auch Spielzeug an arme jüdische Familien abgegeben. Die Gemeinde rief regelmäßig zu Spenden für die Kleiderkammer auf, und wer es sich leisten konnte, gab.

Im Vorderhaus gingen also ständig Menschen ein und aus. Das Hinterhaus, mein späteres Schulhaus, aber blieb leer. Die Einrichtung war mitgenommen worden, Wasser und Strom waren abgestellt, das Haus blieb verschlossen und unbenutzt. Als verwahrlost wird es von denen beschrieben, die dann kamen. Das waren die jungen Frauen, deren Namen mit der AHAWAH verknüpft sind: Minna Mühsam, Lilly Winternitz, Beate Berger...

Aber bevor es das Haus mit dem Namen LIEBE gab, war ein anderes Heim im Gebäude des ehemaligen Krankenhauses untergebracht. Ein Aufnahmeheim für ostjüdische Flüchtlinge.

Ostjüdische Flüchtlinge gab es in Berlin schon immer. Seit etwa 1880 verstärkte sich diese Einwanderung durch die Pogrome in Osteuropa. Für viele der nach Westen ziehenden Juden sollte Berlin nur eine Station auf dem Weg nach Amerika sein. Um 1900 lebten 12 000 jüdische Ausländer in Berlin – im gesamten Deutschen Reich waren es 41 000. Von niemandem wurden sie gern gesehen. Eine Reihe von fremdenfeindlichen Verordnungen sorgte dafür, daß die Zahl der Ostjuden in Deutschland lange Zeit relativ gering blieb. In einem vertraulichen Schreiben des preußischen Innenministers vom 23. Dezember 1905 heißt es, das „Überströmen zahlreicher ausländischer Juden" dürfe nicht dazu führen, daß sich „diese Elemente, in Sonderheit soweit sie den niedrigen Bevölkerungsschichten oder dem politisch besonders gefährlichen geistigen Proletariat angehören, im preußischen Staatsgebiet festsetzen."

Als der Minister dies schrieb, hatten die Folgen der ersten russischen Revolution Zehntausende Flüchtlinge, unter ihnen viele Juden, aus dem Zarenreich getrieben. Dazu kamen Juden aus Galizien, die vor den Pogromen im sich auflösenden Kaiserreich flohen.

Während des Weltkrieges verstärkte sich der Zustrom von Ostjuden nach Berlin erneut, darunter waren aber viele, die regelrecht als billige Arbeitskräfte angeworben wurden, um in Munitionsfabriken zu arbeiten, und deren Familien natürlich nachkamen. 1917 brachte man jüdische Kriegsgefangene aus Rußland und Polen für Notstandsarbeiten nach Berlin. Auch nach dem Ende des Krieges riß der Flüchtlingsstrom jüdischer Menschen nicht ab. Manche kamen aus den verlorenen preußischen Provinzen, weil sie Deutsche sein wollten. Aber die zogen kaum ins Scheunenviertel, meist waren das wohlhabende Juden, Geschäftsleute, Ärzte, Rechtsanwälte.

Andere kamen von weiterher, aus Galizien, aus der Ukraine, sie hatten ihr nacktes Leben gerettet und wußten nicht, wohin. Unter ihnen waren oft Frauen, deren Männer umgekommen waren, mit kleinen Kindern. Der Verband der Ostjuden (der sein Büro in der Auguststraße 17 hatte) gründete ein Asyl in der Wiesenstraße, aber das war nur ein Nachtasyl, kein Ort, an dem diese Frauen mit ihren Kindern tagsüber bleiben konnten.

Für die Kinder solcher Frauen, für Mütter mit Säuglingen wurde das Flüchtlingsheim in der Auguststraße eingerichtet.

Im April 1990 fand ich in Kiryat Bialik bei Haifa in dem israelischen Kinderheim AHAWAH im Büro der Leiterin Ofra Meierson ein altes, brüchiges Foto, das um 1915 aufgenommen wurde. Es ist wohl durch Minna Mühsam, Frau des Arztes Hans Mühsam und Schwägerin des 1933 ermordeten Dichters Erich Mühsam, in die AHAWAH nach Palästina gekommen. *Jüdische Kinder-Volksküche* hat sie auf die Rückseite geschrieben. Und diese Namen: *Erna Bluth, Sonja Gronemann, geb. Gottesmann, Minna Mühsam, geb. Adler, Frau Bergmann und Kind Rachischkarski.* Das Kind Rachischkarski ist ein kleines, auf der Erde sitzendes Mädchen mit Schleife im Haar, das sehr aufmerksam, mißtrauisch geradezu in die Kamera blickt. Hinter ihm hat sich vor einer gemauerten Wand eine Gruppe von Frauen versammelt, sie sitzen auf Küchenstühlen und schälen offenbar Kartoffeln.

Das Foto wurde im Scheunenviertel aufgenommen.

Minna Mühsam und andere junge Frauen „aus gutem jüdischem Haus" hatten gleich nach Kriegsbeginn damit begonnen, Geld und Küchengeräte zu sammeln, um einen Mittagstisch für arme jüdische Kinder einzurichten. Zwar gab es in allen armen Stadtbezirken Berlins Volksküchen, aber dort natürlich kein koscheres Essen. Minna Mühsam und ihre Mitstreiterinnen suchten Stifter, und sie fanden sie. Noch war das Gebot der *Zedakah* unter den Berliner Juden nicht vergessen, und in den ersten Monaten des Krieges war der nationale Taumel und damit das Bedürfnis, etwas fürs Vaterland zu tun, groß. Jemand stellte kostenlos Geschäftsräume in der Alten Schönhauser Straße 10 zur Verfügung, und im September 1914 wurde an diesem Haus ein Pappschild angebracht: *Jüdische Kindervolksküche.*

„Am ersten Tag kamen drei Kinder. Ende der Woche hundert, nach einem Monat hatten wir dreihundert Kinder täglich, so stark war das Bedürfnis. Bis zum Jahr 1919 gaben wir täglich dreihundert bis vierhundert Portionen Mittagbrot aus, eine Zeitlang noch mehr.“ Das schrieb Minna Mühsam im Rechenschaftsbericht für die Freunde der AHAWAH 1932 über diese Anfänge.

Ich bin oft durch die Alte Schönhauser Straße und durch die anderen Straßen des Scheunenviertels gegangen. Nicht nur in meiner Schulzeit, auch später. In der Mulackstraße erlebte ich meine erste Liebe in einem Haus, das nur ein Plumsklo besaß und dessen Wände so brüchig waren, daß ich im Bett meines Freundes das Stöhnen der sterbenden Frau aus der Nebenwohnung hörte. In der Rückerstraße zwischen der Linienstraße und der Mulackstraße gibt es ein Standesamt, dort ließ meine Mutter meine Geburt eintragen, dort wurden auch meine Töchter registriert, dort bekam ich nach der Scheidung für die Gebühr von drei Mark meinen Namen zurück. In der Schendelgasse stand eine Baracke des Wohnungsamtes. Dort verbrachte ich viele Stunden an vielen Tagen. Die Baracke gibt es längst nicht mehr, die Schendelgasse ohnehin nicht, nur ihr Name ist geblieben und steht verloren auf einem Straßenschild, nur wenige Meter entfernt von der Stelle, an der 1915 das Foto mit den kartoffelschälenden Frauen und dem Kind Rachischkarski aufgenommen wurde.

Im Juni 1991 war ich wieder dort, zusammen mit Ofra Meierson, jener Frau, die seit einigen Jahren das

Kinderheim AHAWAH in Kiryat Bialik leitet, das nun auch schon wieder fast fünfzig Jahre alt ist. Ofra hatte mich angerufen und gesagt, sie sei auf der Durchreise, zum erstenmal in Berlin, ob ich ihr die Orte der früheren AHAWAH zeigen könnte. Ich hatte Ofra an einem verregneten Tag im April 1990 kennengelernt, in den Häusern, die die AHAWAH in den dreißiger Jahren für ihre Kinder in Palästina errichten ließ.

Ofra Meierson ist Psychologin. Ihre vier Kinder sind schon erwachsen, für sie sind die AHAWAH-Kinder wie ihre eigenen. Stundenlang hatte sie mir in Kiryat Bialik von ihren Sorgen und Freuden mit diesen Kindern erzählt, Einwandererkindern, jüdischen Kindern, deren Eltern aus allen Teilen der Welt nach Israel gekommen sind, auch aus dem Osten Europas, aus der Sowjetunion, aus Rumänien. Ihre Familien waren auf dem mühseligen Weg ins Gelobte Land zerbrochen, und für die Kinder blieb nur das Heim, die israelische AHAWAH. Ofra Meierson sprach Iwrith, und ein junger Erzieher dolmetschte für mich.

Emi, der über seinen Beruf sagte: „Dies ist eine heilige Arbeit." Emis Mutter, die ihn meine Sprache gelehrt hat, war aus Holland nach Israel gekommen. Sie hatte ihr Deutsch in Auschwitz gelernt. Ofra Meiersons Eltern waren aus der Ukraine nach Palästina gekommen, schon vor Jahrzehnten.

Auf dem Weg in die Auguststraße kam ich mit Ofra Meierson durch die Alte Schönhauser Straße und wollte ihr die Stelle zeigen, an der das Foto aufgenommen wurde, das ich in ihrem Archiv gesehen hatte. Das Haus Alte Schönhauser Straße 10 ist von der Erde verschwunden wie das Pappschild *Jüdische Kindervolksküche,* das vor einem Menschenalter dort hing.

Anstelle des Hauses steht eine Steinbaracke, und ihr Schild ist nicht aus Pappe, es verkündet: *Computerschulungszentrum.*

Es war gerade Pause, die Computerschüler standen rauchend vor den geöffneten Türen. Unter ihnen gab es auch ältere Männer und Frauen, Arbeitslose wohl, die in der Computerschulung eine Chance für sich suchten. Ein blankes Schild, beileibe kein Pappschild, wies diskret auf eine Repräsentanz der Mannheimer-Versicherung in dieser Baracke hin, und ein anderes Schild bot ebenso diskret und gediegen Finanzberatung an.

Computerschulung, Arbeitslose, Mannheimer-Versicherung, Finanzberatung, das alles war neu in der Alten Schönhauser Straße. Ich versuchte es Ofra Meierson zu erklären. Radebrechend erzählte ich ihr von dem verschwundenen Haus Alte Schönhauser Straße 10, von der Jüdischen Kindervolksküche. Minna Mühsam hatte geschrieben, daß viele der Kinder sich ganz allein durchschlagen mußten, weil ihre Eltern als feindliche Ausländer interniert waren. Die Väter anderer waren Soldaten, und die Mütter konnten ihre Kinder nicht ernähren. Es wurde niemals ein hungriges Kind abgewiesen. Die Frauen um Minna Mühsam schälten jeden Tag viele Zentner Kartoffeln. Ich wollte sehen, ob die Mauer noch zu finden wäre, vor der das Foto mit den kartoffelschälenden Frauen aufgenommen worden war und schlängelte mich durch die rauchenden Computerschüler hindurch, ging in die Baracke und in einen der Schulungsräume. Durch das Fenster sah ich den Hof, üppig mit Unkraut bewachsen. Keine Mauer, nichts erinnerte an Minna Mühsams Foto, das älteste Dokument der AHAWAH-Geschichte.

Die Computerschüler musterten mich erstaunt, ehe einer etwas sagte, war ich wieder draußen bei Ofra Meierson. Die getünchte Steinbaracke war mit Losungen besprüht, wie fast jede Hauswand in der Straße. BILDET BANDEN! stand da. JAGT DIE SPEKULANTEN! und WER GEWINNT AM GOLF? LEST DEN BÖRSENBERICHT!

Während des Golfkrieges, erzählte mir Ofra Meierson auf dem Weg durchs Scheunenviertel, sei eine

Bombe nur zweihundert Meter von der AHAWAH entfernt eingeschlagen. Die Kinder waren in den Luftschutzräumen, sie trugen Gasmasken.

Sie blieb stehen und machte mir an der Ecke Münzstraße gestisch vor, wie die Kinder die Gasmasken aufsetzten, wie die Größeren den Kleinen halfen, anders wäre es nicht gegangen.

Alle hätten Angst gehabt, große Angst.

Zu Purim war der Golfkrieg zu Ende. Die Kinder waren nicht zu halten, sie tanzten und lachten, und wieder einmal, wie schon tausende Male, hatte die Königin Esther den Haman besiegt, der das jüdische Volk vernichten wollte. Die Kinder hätten begriffen, warum Purim ein Freudenfest sei.

Aber die Angst sei nicht vergangen.

Die Kinder sind agressiver denn je, noch heute. Sie treten ihre Betten kaputt, sie zerstören die Möbel, erzählte mir Ofra Meierson.

Ich erinnerte mich der bescheiden eingerichteten Zimmer in Kiryat Bialik, der armseligen Möbel, der lebhaften, nach Zärtlichkeit hungernden Kinder, und ich verstand, daß Ofra Meierson plötzlich, da sie an ihre Kinder dachte, keinen Blick mehr hatte für die Häuser des Scheunenviertels.

Und diese Straßen mit den blanken Schaufenstern, den eilig eingerichteten Läden, die auch am Tage von künstlichem Licht erfüllt sind, mit den getünchten Fassaden und den gesichtslosen Neubauten zwischen verwitterten alten Häusern sind ja auch nicht mehr das Scheunenviertel, von dem Ofra Meierson gehört hatte, in dem vielleicht auch Verwandte ihrer aus der Ukraine stammenden Eltern gewohnt haben. Hier ist die Vergangenheit gründlich ausgelöscht worden, nicht nur die einstigen Bewohner dieser Straßen, Häuser und Höfe sind verschwunden, auch die, die sich an sie erinnern könnten, haben längst anderen Bewohnern Platz gemacht. Aber merkwürdig, die Kinder auf den Straßen haben immer noch den hellen, wachen Blick und den Argwohn in den Augen wie das Kind Rachischkarski, sie spielen noch immer zwischen den Mülltonnen wie auf Heinrich Zilles Bildern, und ebenso selbstverständlich wie sie auch früher die Bürgersteige und die engen Höfe als Spielplätze in Besitz nahmen, klettern sie heute in den abgestellten Autowracks herum.

Und es gibt viele Kinder in dieser Gegend. Die alten Frauen sind kaum noch anzutreffen, die noch vor fünf, sechs Jahren und erst recht in den siebziger Jahren, als ich anfing, nach den Spuren der AHAWAH zu suchen, aus den Fenstern guckten, an den Teppichstangen standen oder auf den wenigen Bänken vor den dürftigen Grünanlagen saßen, die die verschütteten Keller und Bunker bedecken. Nicht diese Berliner Frauen in ihren Kittelschürzen, mit ihren struppigen Dauerwellfrisuren stehen nun schwatzend, die Kunstledertasche an sich gepreßt, vor den Schaufenstern. Dort stehen jetzt andere Frauen, in Jeans oder Minirock mit hennagefärbtem Haar. Ihre Kinder in den bunten Wägelchen tragen selten selbstgestrickte Jäckchen, aber bonbonfarbene Anoraks und nuckeln an Plasteflaschen mit Instanttee.

Wir gingen durch die Neue Schönhauser Straße, an dem alten Fabrikgebäude vorbei, in dessen Hinterhaus ich viele Jahre gearbeitet hatte. Dort war die Redaktion einer Literaturzeitschrift, die es seit dem Ende der DDR nicht mehr gibt. Ich zeigte meiner Begleiterin ein von jungen Leuten besetztes Haus und erklärte ihr, was die bunten Zeichen und Sprüche an der Hauswand bedeuten. Ofra verstand nur NAZIS RAUS.

In der Rosenthaler Straße wollte ich ihr den letzten Hof der Nr. 39 zeigen, auf dem der Bürstenfabrikant Otto Weidt Juden versteckt hielt und Bürstenbinder aus dem jüdischen Blindenheim in Steglitz für sich arbeiten ließ, um sie vor Auschwitz zu bewahren. Seine blinden Arbeiter wurden dann doch abgeholt, und seine Schützlinge aus ihren Verstecken gezerrt, einer nach dem anderen...

Im Archiv des Oberfinanzpräsidenten, wo ich nach Spuren der Menschen aus der Auguststraße suchte, fand ich zufällig auch Vermögensakten von Weidts Schützlingen. Zum Beispiel von der Familie Horn, die von Otto Weidt in einem Verschlag versteckt worden war, bis man die ganze Familie im Oktober 1943 abholte. Ein jüdischer Spitzel, Rolf Isaakson, hatte die Tochter getroffen und die Familie Horn an die Gestapo verraten. Eine Nachbarin Otto Weidts, Frau Lotte Beyer, erzählte mir Jahrzehnte später, wie sie die Verhaftung beobachtet hatte. Sie kannte diesen Spitzel, weil er in dem Lokal verkehrte, in dem sie Kellnerin war. Sie kannte auch die Horns, den einundvierzigjährigenjährigen Bürstenbinder Chaim Horn, seine Frau und die Kinder. Die Ehefrau, so steht es in der Vermögenserklärung, hieß Machla, geborene Stanger. Sie war vierzig Jahre alt. Die Tochter Ruth war dreizehn, der Sohn Max siebzehn Jahre alt. Mit dem 44. Osttransport ging diese Familie am 14. Oktober 1943 nach Auschwitz. Übrigens besaßen sie kein Vermögen.

Ich konnte das alles Ofra Meierson nicht erklären, als ich ihr den düsteren Hof zeigte. Aber sie wird solche Geschichten kennen, wohl jeder in Israel kennt sie.

Wir gingen also vorbei an der Rosenthaler Straße 39 und über die Hackeschen Höfe, vorbei an der Wand mit den blauen Kacheln, in denen noch die Einschußlöcher zu sehen sind von der Maschinengewehrgarbe, die die Polizisten Steuck und Trischak vom Revier 16 am 23. April 1945 tötete. Die beiden Polizisten hatten im Bunker am Monbijouplatz Dienst getan und ihre Pistolen gezogen, als ein Oberleutnant der Wehrmacht Greise und vierzehnjährige Jungen aus dem Bunker holen wollte, um sie an der Jannowitzbrücke „den Russen entgegenzuwerfen“. – „Hier ist Schluß. Der Krieg ist aus“, hatten die beiden Polizisten gesagt, und der Oberleutnant mußte wieder abziehen. Der Krieg war aber noch nicht aus, und SS-Leute aus der Großen Hamburger Straße 26 entwaffneten Willi Steuck und seinen Kollegen Trischak. Ein „Fliegendes Standgericht“ richtete sie vor den blauen Kacheln auf dem Hackeschen Hof hin. Der Mörder war der Ortsgruppenführer Waskuleit aus der Kleinen Präsidentenstraße 2. Steuck und Trischak wurden schwerverletzt auf den Hackeschen Markt geworfen, wo sie starben. Ihre Gräber fanden sie zunächst auf dem alten Jüdischen Friedhof in der Großen Hamburger Straße, den ich Ofra Meierson zeigen wollte, bevor wir in die Auguststraße gingen.

Sie lagen da unter schlichten Holzkreuzen neben Bombenopfern der letzten Kriegstage, neben den in Straßenkämpfen gefallenen Jungen, die sie retten wollten, neben den Gebeinen tausender jüdischer Toten. Aber nicht durch diese Toten, die keine Juden waren, wurde der Friedhof geschändet, sondern schon zwei Jahre früher durch die SS-Leute aus dem Lager in der Großen Hamburger Straße, die hier Splittergräben zu ihrem Schutz ausheben ließen, die Gebeine der Toten achtlos herumwarfen und die Grabsteine mutwillig zerstörten.

Ich habe während meiner Schulzeit noch die Holzkreuze vom Mai 1945 und auch die wenigen erhaltenen jüdischen Grabsteine gesehen. Alle zusammen ließ das Stadtgartenamt in den siebziger Jahren beseitigen, und eine Rasenfläche deckt auch hier die Vergangenheit zu. Nur das Grab des Moses Mendelssohn ist neu errichtet worden.

Schweigend betrachtete Ofra Meierson die Figurengruppe von Will Lammert am Friedhofseingang an der Stelle des nach dem Krieg abgerissenen Jüdischen Altersheimes.

Ich sagte ihr nicht, daß diese Skulptur und der Gedenkstein wenige Tage vor ihrem Besuch umgestürzt und besudelt worden waren. Wie vor fünfzig Jahren gibt es so viele Fenster in der Großen Hamburger Straße, und wie damals hatte niemand gesehen, was geschah.

Meine Begleiterin war still geworden. Große Hamburger Straße ... Sie wußte, durch was für eine Straße wir gingen. Ich versuchte gar nicht, ihr zu erklären, was ich über die Häuser und ihre Bewohner erfahren hatte, denn man kann alles sehen, wenn man sehen kann, wenn man die Spuren zu lesen vermag, die jedes hier gelebte Leben, jedes hierhin verschleppte Leben in dem grauen Stein dieser Straße prägte.

Die Auguststraße sah wieder anders aus als nur wenige Wochen zuvor. Jahrzehntelang lag sie wie im Schlaf, nun ist sie aufgewacht und verwandelt sich. Auch hier trifft man kaum noch Alte, dafür sehr viele junge Leute, die in die Bruchbuden gezogen sind, das Gerümpel von den Böden auf die Straße warfen, die die Wohnungen und Höfe umbauen, Cafés und Galerien eröffneten, bei lauter Musik auf der Straße sitzen und an alten Küchentischen Kaffee trinken. Die aufgeklappte Motorhaube eines am Straßenrand stehenden Trabant war mit Blumen bepflanzt worden. Am Haus Nummer 70 hing seit über einem Jahr ein handgeschriebenes Plakat, eine Konzeption für ein Kinderfreizeitzentrum. Das Plakat war schon ziemlich zerfleddert, aber es hing da und verkündete, wovon die Besetzer des Hauses träumten, und es sind keine anderen Träume als die der jungen Leute, die siebzig Jahre vor ihnen in die Auguststraße gekommen waren, um den verwahrlosten Kindern dieser Gegend LIEBE zu geben.

An einem bunt bemalten Haus hing eine wunderschöne, riesige Marionette. Die Straße war trotz ihrer bröckelnden, grauen Fassaden bunt geworden. Ich überlegte, ob ich mit Ofra Meierson die paar Schritte zur Kleinen Auguststraße gehen und ihr die Stelle zeigen sollte, an der einmal die Synagoge vom Synagogenverein *Ahawas Scholaum* stand, aber ich hätte ihr nur die neue Kinderkrippe zeigen können, ein tristes, funktionales Haus, das vor wenigen Jahren an dieser Stelle errichtet wurde. Die Synagoge hatte man nach dem Krieg abgerissen. Beschädigt worden war sie schon in der Nacht zum 10. November 1938. Die Friseuse vom kleinen Frisiersalon am Koppenplatz wohnte als Kind gegenüber. Sie hat mir erzählt, wie die Synagoge brannte und die Juden stumm standen und beteten. Jahrelang wuchs dort nur Unkraut, zwischen dem Kinder spielten und Autos parkten, ein paar Bänke wurden aufgestellt, von der Synagoge sprach kein Mensch mehr. Aber an den Brandmauern konnte man noch die Schattenrisse der verschwundenen Häuser sehen. Jetzt füllt der Neubau die Lücke in der Kleinen Auguststraße aus. Was sollte ich meiner Begleiterin da zeigen.

Hätte ich ihre Sprache gesprochen, hätte ich ihr erzählen können, daß die Kleine Auguststraße in den Jahren angelegt wurde, als in der heutigen Auguststraße der Galgen stand, ungefähr dort, wo das verwitterte Schild MARGARINEFABRIK auch schon wieder seit Jahrzehnten eine vergangene Zeit festzuhalten versucht. 1708 hatte der Direktor des Berlinischen Gymnasiums, Frisch, die Kleine Auguststraße begründet, die nach ihm Frischens Gasse hieß. Später wurde sie Kirchhof-Gasse nach dem benachbarten Armenfriedhof benannt, dann Fledermaus-Gasse, nach den in ihr wohnenden „liederlichen Frauenzimmern“, noch später Wildenhans-Gasse nach einem Mehlwäger dieses Namens, der das Haus Nr. 8 bauen ließ. 1862 gehörte die Gasse einem Herrn Schulze, der sich wünschte, daß ein Glanz der benachbarten großen Straße, die schon neunundzwanzig Jahre lang nach Prinz August von Preußen hieß, auch auf seine Gasse fallen sollte. Seitdem heißt sie Kleine Auguststraße. Natürlich gab es damals die heute verschwundene Synagoge noch nicht, die wird um 1910 entstanden sein, sie war eine der vielen kleinen Vereinssynagogen und Betstuben in diesen Straßen und Gäßchen, die die zugewanderten Juden sich einrichteten. Der Synagogenverein *Ahawas Scholaum* vereinigte sich 1931 mit dem Synagogenverein *Mogen David*, dessen Synagoge sich bis dahin gleich nebenan in der Gipsstraße 11 befunden hatte. In der Gipsstraße 12 a waren seit 1873 die Synagoge und das Rabbinerseminar von Adass Jisroel. Hier starb 1899 Rabbiner Esriel Hildesheimer, das berühmte Oberhaupt der Gemeinde Adass Jisroel, die seit 1904 in der Artilleriestraße, der heutigen Tucholskystraße, nur fünf Minuten Fußweg vom Haus in der Auguststraße entfernt, ihr Gemeindezentrum hatte. Das wenigstens hätte ich Ofra Meierson zeigen können, aber auch dort wurde die Synagoge 1967 gesprengt, weil man den Platz als Lagerfläche für irgend etwas brauchte.

Nur ein Schattenriß an einer Brandmauer erinnert an die Synagoge.

Die Gemeinde Adass Jisroel wurde erst am 18. Dezember 1989 wieder in ihre Rechte eingesetzt, und seit dem März 1990 hat sie eine neue kleine Synagoge in ihrem zurückerhaltenen Gemeindezentrum eingerichtet. Ein Polizist bewacht sie. Aber Ofra Meierson war nicht aus Israel nach Berlin gekommen, um sich bewachte Synagogen anzuschauen, das kannte sie. Sie wollte das alte Haus der AHAWAH sehen.

Wir gingen durchs Vorderhaus, das zwar gealtert wirkte, aber immer noch so aussah wie vor hundert Jahren. Da war der Hof mit den zwei Fahnenmasten, das Rondell war wieder bewachsen, längst nicht so üppig wie in den Erinnerungen der Menschen, die mir in Israel davon erzählten. Rechts neben dem Eingang zum Hinterhaus, auf diesem Vordach, erzählte ich Ofra, stand zum Laubhüttenfest die Sukka der AHAWAH-Kinder. Sie kletterten durchs Fenster, um in die Laubhütte zu gelangen, und schon das war ein Spaß. Ofra erkannte die Eingangstür, die sie auf alten Fotos gesehen hatte, sie war bewegt und voller Erwartung. Sie hatte Beate Berger nicht mehr kennengelernt, keinen der ehemaligen Erzieher der AHAWAH. Aber sie wußte, was dieses Heim bedeutete, welches Programm es sich gab, und sie fühlte sich den Pädagogen verwandt, die ein Menschenalter vor ihr herumgestoßenen, heimatlosen Kindern ein Zuhause geben wollten. Ofra Meierson wußte, das daß Erbe der AHAWAH nicht nur aus den vergilbten Fotos in ihrem Archiv und den inzwischen auch baufälligen Häusern in Kiryat Bialik besteht.

Wir gingen um das ehemalige Krankenhaus und spätere Kinderheim herum, über den Hof, der wieder bewachsen war, und standen im ehemaligen Krankenhausgarten, auf meinem alten Schulhof. Auf fast allen Fotos, die in Kiryat Bialik in Ofra Meiersons Schrank liegen, kann man diese Fenster im Hintergrund sehen. Hier kamen die Kinder zu Gruppenfotos zusammen. Dort drüben war der Buddelkasten für die Kleinsten gewesen. Und dort, denke ich, hinter der Mauer, die es damals noch nicht gab, begann in noch früheren Jahren der lange Gang zum Siechenhospital in der Oranienburger Straße. Den war auch James Israel gegangen, den gingen die Krankenschwestern, vielleicht auch Patienten, wenn sie in die Neue Synagoge wollten.

Hinter den Wipfeln alter Bäume sah man die goldene Kuppel der alten Neuen Synagoge ganz nahe. Man hörte, wie an ihr gearbeitet wurde. Ofra Meierson stand ganz still, und ich dachte, daß sie an derselben Stelle stand, an der die Gruppenbilder der AHAWAH-Kinder aufgenommen wurden. Und dort hinten hatten Schwester Margot Neumann, die dann als Illegale überlebte, und Schwester Anneliese, die später in Auschwitz umgekommen ist, gesessen. Auch ihre Kinder wurden auf diesem Hof fotografiert. Recha, die im Torbogen laufen lernte, und der kleine Schiefhals aus der Mulackstraße, der nie lachte. Sie waren keine AHAWAH-Kinder. Als sie auf diesem Hof spielten, war das Kinderheim AHAWAH in Deutschland schon aufgelöst, sie waren Kinder aus Edith Fürsts Kinderkrippe.

Ofra Meierson ging ein paar Schritte und blickte durch ein Kellerfenster. Dahinter hatten die Nonnen 1943 die sterbenden Alten gesehen. Vor diesem Fenster ließ ich mich fünfundzwanzig Jahre später als Siebzehnjährige mit meiner Schulfreundin Elke nichtsahnend fotografieren.

Die Geschichten dieses Hauses griffen ineinander, überlagerten sich, gingen in meinem Kopf herum, die Zeiten verschoben sich. Wie konnte ich Ofra Meierson davon erzählen, zumal ich ihre Sprache nicht kannte.

Aber sie sah das Haus, sie sah die rötlichen Steine und die gelben der Mauer vor den alten Bäumen, hinter denen die Kuppel der Synagoge in der Sonne glänzte, sie sah den Berliner Himmel, sie schwieg, und in dieses Schweigen hinein hörte man die Steine sprechen.

Minna Mühsam, Lilly Winternitz, Meta Gutmann, Frau Wagner-Tauber und die anderen Helferinnen der Jüdischen Kindervolksküche von 1914 begriffen bald, daß das Mittagessen, so nötig es war, die Not der Kinder nicht wirklich behob. Sie begegneten einer Armut, die sie nicht kannten.

Minna Mühsam schrieb: „Die Kinder faßten großes Vertrauen zu uns, sie hatten das Gefühl, sie könnten mit all ihren Wünschen zu uns kommen, so sagte mir einmal ein kleines Mädchen aus Antwerpen mittags beim Waschen ins Ohr ‚Ich habe gar keine Puppe'."

Die Frauen begannen, die schmutzigsten Kinder zum Waschen anzuhalten, sie besuchten sie in ihren Wohnungen. So traf Minna Mühsam einmal drei Kinder von sechs bis elf Jahren allein in der elenden Wohnung, die Mutter war im Krankenhaus, es war kein Geld für Brot da. Ein andermal waren sechs Kinder allein, galizische Flüchtlinge. Erschüttert sahen die jungen Frauen aus bürgerlichen Familien eine Not, der nicht mit Kakao und Brötchen beizukommen war. Sie sahen auch, daß die meisten Kinder des Scheunenviertels den ganzen Tag über sich allein überlassen waren, daß sie unter dem Einfluß ihrer Kriegserlebnisse, der Armut und der Heimatlosigkeit zu verwahrlosen drohten.

Und doch fühlten sich die Frauen im Verhältnis zu diesen ostjüdischen Menschen nicht nur als die Gebenden. Sie spürten eine tiefe Verbundenheit mit den ostjüdischen Familien. Der Krieg, der anfangs auch die meisten jungen Leute aus jüdischen Familien in Begeisterung versetzt hatte, war, das sahen sie immer deutlicher, nicht ihre Sache. Eine große Ernüchterung hatte sie erfaßt. Angesichts der Härte und Unmenschlichkeit dieses Krieges, angesichts nationalistischer Deutschtümelei und eines immer offener zutage tretenden Antisemitismus, fühlten sich viele Nachkommen aus deutsch-jüdischen Familien selbst entwurzelt und heimatlos.

Die ostjüdischen Flüchtlinge brachten trotz Armut und Unwissenheit ihre tiefe Verwurzelung in jüdischer Tradition mit. Da war eine Zusammengehörigkeit, die die deutschen Juden, die ihnen näherkamen, beeindruckte.

Dazu kam, daß an der Berliner Universität russisch-jüdische Studenten studierten, die revolutionäre Unruhe nach Deutschland gebracht hatten. Sie meinten, man müsse ins Volk gehen, gerade in die armen Viertel, um dort soziale Arbeit und Aufklärung zu leisten.

Die westlich erzogenen deutschen Juden, die, ausgelöst durch die Erkenntnis ihrer eigenen Nichtdazugehörigkeit, nach ihren Wurzeln suchten, hofften, in der Beschäftigung mit den ostjüdischen Flüchtlingskindern auf die eigenen verschütteten Quellen zu stoßen. Einer von ihnen, der Medizinstudent Siegfried Lehmann, der unter den jüdischen Studenten Berlins als Verfechter zionistischer Ideen bekannt war, gründete 1916 in der Dragonerstraße 22, der späteren Max-Beer-Straße 5, das Jüdische Volksheim, dessen Anfänge mit denen der AHAWAH verbunden waren.

Ich lernte dieses Haus kennen als eines der grauen, gewöhnlichen Wohnhäuser dieser Gegend, der Putz blätterte ab, und die Bewohner kämpften gegen den Verfall, ohne ihn wirklich aufhalten zu können. Ich erkannte es wieder, weil ich alte Fotos vom Volksheim gesehen hatte. Keine Tafel, nichts zeigte an, daß hier dreizehn Jahre lang ein Zentrum jüdischen Lebens gewesen ist. Wahrscheinlich wußte es niemand mehr, die nach dem Krieg eingezogenen Bewohner jedenfalls hatten nie etwas von dem Volksheim gehört. Dann, in der zweiten Hälfte der achtziger Jahre wurde das Haus rekonstruiert, es erhielt einen alles verdeckenden hellen Anstrich, der Grauputz der Nachkriegsjahre, von dem dieses Haus nicht einmal etwas abbekommen hatte, war aus der Mode gekommen. Die alten Fenster wurden herausgerissen und durch moderne Kippfenster ersetzt, der Hof wurde entrümpelt, die Türen erneuert, die kleine Hoftreppe zu den Räumen des ehemaligen Volksheims wurde repariert und erhielt ein neues Geländer. Eine Erinnerungstafel gab es auch jetzt nicht. Es erinnerte sich ja auch niemand.

In einer jüdischen Zeitschrift von 1930 fand ich einen Artikel von Gertrud Weil aus München über das damals seit einigen Monaten geschlossene Volksheim in der Berliner Dragonerstraße. Sie schilderte, was sie, Siegfried Lehmann und andere dazu getrieben hatte, dieses Heim 1916 zu gründen.

Sie schrieb von der verlorenen Jüdischkeit ihrer Generation, die keine Wurzeln hatte, keine Blüte, keine Frucht trug. „Wir stehen inmitten der westlichen Völker, an der äußeren Peripherie der jüdischen Gemeinschaft." Und sie schrieb von der Sehnsucht nach jüdischer Erziehung und Gemeinschaft. „Es war in den ersten Kriegsjahren. Die Not wurde unser Wegweiser. Wir erfuhren, daß viele ostjüdische Kinder in einer Volksküche täglich Speisung fanden. Dahin begaben wir uns, scheuen, klopfenden Herzens an einem der Sonntage. Beim Anblick der Kinder wurde uns warm. Wir riefen sie zum Spiel. Nur wenige folgten uns, die meisten standen schüchtern oder spöttisch abseits. Am nächsten Sonntag kamen wir wieder, bald auch an Wochentagen, nun schon dem Verlangen der Kinder folgend. Mehr und mehr traten in unsern Kreis, bis sich alle um uns gesammelt hatten – wohl sechzig Knaben damals. Zum Spiel, Singen und Turnen.

Als Channukkah vor der Tür stand, brachten wir einmal bunte Papiere und Pappen, Röllchen und Schachteln, bunte Farben und Flicken mit und bastelten viele Stunden mit geschickten und ungeschickten Händen.

Zu groß und unübersehbar wurde unsere Jungenschar, da gliederten wir sie nach ihren Neigungen. Sie entsprachen nicht immer ihrem Alter. Es entstanden die ersten Knabengruppen. Wir fingen zaghaft zu wandern an. Anfänglich scheuten alle Wind und Wetter und lange Märsche. Die Kleidung, besonders das Schuhwerk, war unzulänglich und verstärkte die Pein. Dann kam Purim und unsere Jungs wollten Gäste einladen. Ihre großen und kleinen Schwestern. Aus der recht trostlosen Kinderspeisung ist inzwischen eine bewußte, freudige Knabenschar hervorgegangen. Ein richtiges Kasperltheater, wie die Kinder noch nie eins gesehen hatten, führte die Esther-Geschichte auf.

Damals sah ich die ersten meiner lieben Mädchen zum ersten Male. Es war der Beginn der Mädchengruppen, die sich dann ähnlich entfalteten wie die Knabenkameradschaften. Ein wenig langsamer wohl, weniger mutig. Als dann jüdische Arbeiter, durch den Krieg nach Deutschland in die Munitionsfabriken Berlins geworfen, als Ausländer in Not waren um einen Versammlungsort, da entschlossen wir uns, einige Räume zu mieten, die wir nun freudig mit allem Schönen füllten, das uns erreichbar war. Tag und Nacht wurde gearbeitet.“

Zur Eröffnung am 18. Mai 1916 hielt Gustav Landauer einen Vortrag über Judentum und Sozialismus.

Auch der Philosoph Martin Buber, der Rabbiner Dr. Warschauer, Siegbert Stern und Max Brod gehörten zu den Förderern des Jüdischen Volksheims in der Dragonerstraße. Sie hielten Vorträge und verwendeten sich für Spendensammlungen. Franz Kafka, dessen Freundin Felice Bauer zu den Helferinnen gehörte, fragte in seinen Briefen an sie nach der Arbeit mit den ostjüdischen Kindern im Scheunenviertel, er ließ sich über die Dikussionen berichten und interessierte sich für die theoretischen Debatten.

Gershom Scholem, damals erst neunzehn Jahre alt, schrieb in seinem sechs Jahrzehnte später erschienenen Buch „Von Berlin nach Jerusalem“:

„Die Volksheimleute waren fast ausschließlich mehr oder weniger nationaljüdisch eingestellte Westjuden, die über jüdische Dinge nur recht embryonale Kenntnisse hatten, aber von Hingabe an ihre Arbeit, von der sie auch noch keinen Begriff hatten, erfüllt. Im Rahmen jenes Kultus der Ostjuden (...) standen die jüdischen großenteils hochgebildeten Exulanten aus Rußland, bei denen sie sich Rat holen konnten, hoch im Ansehen. Diese ihrerseits (...) erfüllten ihre Funktion gern, nicht zum letzten, weil viele der Mädchen von großer Anmut, ja Schönheit waren. An deren Spitze stand als unbestrittene Zentralfigur eine schon etwas ältere, auf die dreißig zugehende, höchst eindrucksvolle Person. Das war Fräulein Gertrude Welkanoz, schlechthin Gertrude genannt, ein Mädchen von einer völlig natürlichen Würde und Autorität, die einzigartig war. Sie schien mir (übrigens irrigerweise) die einzige ausgebildete Sozialarbeiterin, das war aber nichts, gemessen an dem ungeheuren Einfluß, ja Zauber, den sie menschlich auf alle diese Mädchen ausübte.“

Das Fräulein Gertrude Welkanoz heiratete später den Antiquar Ernst Weil und zog nach München. Sie ist die Autorin jenes Artikels von 1930 über das Jüdische Volksheim.

Siegfried Lehmann blieb bis 1928 in Berlin, dann ging er nach Palästina und gründete dort die Waisensiedlung Ben Schemen, die wenige Jahre später auch Kinder aus der AHAWAH in der Auguststraße aufnahm. Er war nicht nur als Arzt und Erzieher erfolgreich, er wurde auch ein Theoretiker jüdischer Erziehung. Manche lehnten seine Theorien ab, auch Gershom Scholem, der ihm einmal vorschlug, statt sich mit solchem Unfug und literarischem Geschwätz zu befassen, lieber hebräisch zu lernen und zu den Quellen zu gehen. Er nannte Lehmanns Theorien „Bubersche ‚Religiosität' ohne Religion".

In den weltanschaulichen Diskussionen unter den jungen Juden Berlins spielte das Volksheim eine große Rolle, vor allem aber war es ein praktischer Versuch jüdischer Erziehungsarbeit, der Versuch, dem Gebot der *Zedakah* auch unter den schweren Bedingungen in einem der ärmsten, verkommensten Viertel der Großstadt nachzukommen.

Zedakah ist eine Gerechtigkeit, die natürliches und soziales Unrecht ausgleicht.

In Minna Mühsams Jüdischer Kindervolksküche wurde indes weiter Tag für Tag Gemüse geputzt und Essen gekocht, die größeren Kinder wurden herangezogen, um bei der Arbeit zu helfen und um den Kleineren die Hände zu waschen. Man versuchte, diese Straßenkinder zu guten Tischsitten anzuhalten.

Ende 1915 wandten sich die Helferinnen an die Jüdische Gemeinde und baten um andere Räume, weil die in der Alten Schönhauser Straße, die ohnehin zu eng geworden waren, wieder von ihrem Besitzer gebraucht wurden.

Die Gemeinde erinnerte sich des leerstehenden Hauses in der Auguststraße und überließ der Jüdischen Kindervolksküche zunächst eine Etage des alten Krankenhauses.

Die Küche und die Wirtschaftsräume waren in ebenso erbärmlichen Zustand wie das ganze Haus. Alles was brauchbar war, hatten die Angestellten des Krankenhauses mitgenommen, es gab keinen Strom, und auch das Wasser mußte mit Eimern aus der Großen Hamburger Straße geholt werden. Der Garten war verwildert, die Korridore und Räume des Hauses wirkten trostlos und kalt. Aber die Frauen suchten sich Helferinnen, meist junge Mädchen aus bürgerlichen jüdischen Häusern, sie scheuerten und putzten, nähten Gardinen, sammelten Geschirr und Einrichtungsgegenstände. Lange Zeit wurde das Essen aus einer jüdischen Speisehalle geholt, weil in der Auguststraße noch nicht gekocht werden konnte, aber in den Adreßbüchern bis 1919 findet man die Jüdische Volksküche in der Auguststraße 14/16, die täglich mindestens 150 Portionen Essen ausgab.

Nun endlich war auch genügend Platz da, um die Kinder nach dem Mittagessen nicht wieder auf die Straße schicken zu müssen.

In notdürftig eingerichteten Hortzimmern beschäftigten sich junge Frauen mit den verwahrlosten Kindern. Die pädagogischen Bemühungen aus dem Volksheim in der Dragonerstraße fanden ihre Ergänzung in der Auguststraße. Es waren Helferinnen aus demselben Freundeskreis, die hier mit den Kindern spielten, bastelten und bei gutem Wetter kleine Ausflüge machten. Aber in der Auguststraße konzentrierte man sich auf die praktische Arbeit, die in den frühen Morgenstunden begann und oft bis in die Nachtstunden reichte. Für theoretische Diskussionen und Vorträge blieb keine Zeit. Das Jüdische Volksheim und die Jüdische Kindervolksküche, die mit vielen Fäden einander verbunden waren, gaben diese Verbindungen nie ganz auf, aber es wurden doch zwei getrennt arbeitende Institutionen.

Mit dem Kriegsende wandelte sich die Kindervolksküche in ein Flüchtlingsheim um. Vor allem waren es Mütter mit Säuglingen, die in der Auguststraße Aufnahme suchten, junge Frauen, die noch unter dem

Schock der Flucht standen, die ihre Angehörigen verloren hatten und sich in der fremden Großstadt nicht zurechtfanden.

Zwischen diesen jungen Frauen aus Osteuropa und den deutschen Jüdinnen, die ihnen helfen wollten, gab es natürlich Spannungen. Minna Mühsam und ihre Helferinnen hatten andere Vorstellungen von Sauberkeit und Kindererziehung als diese jungen Mütter.

Lilly Winternitz erinnerte sich 1932 an diese Zeit: „Besonders die jungen Mütter erschwerten die Arbeit. Hatte man die Bettchen gerade in Ordnung gebracht, konnte man nach kurzer Zeit darin Brot, Haarnadeln, Zucker, schmutzige Wäschestücke etc. finden. Sagte man ihnen ein Wort, wurden sie gleich rebellisch. Sie zankten sich viel untereinander, stahlen sich gegenseitig die sauberen Windeln, weil sie zu faul zum Waschen waren und waren neidisch und eifersüchtig aufeinander."

Hanni Risch, von der noch zu reden sein wird, war 1926 als junge Praktikantin in der AHAWAH, wie das Heim seit 1922 hieß. Sie erzählte mir 1990 in Israel, daß die etwas älteren Erzieherinnen oft von der Mühe des Anfangs sprachen, davon, wie schwer es war, den ostjüdischen Flüchtlingsfrauen preußische Ordnung beizubringen. Als inzwischen alte, lebenserfahrene Frau meinte Hanni Risch, die heute Ullmann heißt, daß die Bindung der Mütter an ihre Kinder zu erhalten wichtiger gewesen wäre als die Einhaltung hygienischer Regeln. Damals aber glaubten die deutschen Helferinnen, blitzende Sauberkeit sei einfach eine Vorbedingung für das Gedeihen von Kindern. Und lachend erzählte mir Hanni Ullmann von einem Gespräch zwischen Rebecca Engel, einer Dame aus dem Helferinnenkreis, und einer jungen Flüchtlingsfrau. Becky Engel stand auf einer Leiter, um die hohen Fenster des Schlafsaals zu putzen, während die junge Frau untätig herumsaß. Auf die Aufforderung, beim Fensterputzen zu helfen, schüttelte sie entschieden den Kopf. „Wenn du putzt, ist es für dich eine Mizwe, für mich wäre es nur Arbeit.“

Eine *Mizwe* ist der tief in jüdischer Tradition wurzelnde Begriff für eine gute Tat, nach deren Lohn man nicht fragt. Eine *Mizwe* tun, heißt *Zedakah* auszuüben.

Die eifrigen und durchaus selbstlosen Heiferinnen um Minna Mühsam konnten nicht erkennen, daß sie neues Unrecht anrichteten, als sie die schwierigen Mütter kurzerhand hinauswarfen.

Lilly Winternitz schrieb: „Sie konnten sich an keinerlei Ordnung gewöhnen, mischten sich in die Erziehung der Kinder und waren schlechte Vorbilder. Aus diesen und noch vielen anderen Gründen konnte man sie nicht behalten, sie mußten, sobald sie nicht mehr stillten, fort, und neue wurden nicht aufgenommen.“

Die Kinder behielt man, bis die Mütter ein Dach über dem Kopf gefunden hatten oder, was oft vorkam, wieder aus Deutschland ausgewiesen wurden. Nur selten blieb ein Kind anfangs für längere Zeit in der Auguststraße. Doch mit der Zeit nahm das Flüchtlingsheim immer mehr den Charakter eines Kinderheims an. Eines Tages kamen zwanzig Kinder aus einem ukrainischen Dorf, Waisenkinder im Alter von vier bis dreizehn Jahren. Sie hatten ein Pogrom überlebt und gesehen, wie man ihre Eltern und Geschwister ermordete. Diese Kinder bildeten den Stamm der späteren AHAWAH. Noch nach Jahrzehnten erinnerte man sich unter Erziehern und Zöglingen an sie, an den starken Charakter der Brüder Mamuth, an die Persönlichkeit der stolzen Schendel... Lilly Winternitz schrieb in ihrem Erinnerungsbericht von 1932: „Für die an Freiheit gewöhnten Kinder war es ungeheuer schwer, sich anzupassen. Sie wollten stets ihren Willen durchsetzen und hielten alle zusammen wie ein Mann. Glaubten sie, einem von ihnen sei Unrecht geschehen, empörten sich alle. Da den richtigen Weg zu finden, wie in unzähligen anderen Fällen, war nicht einfach. Mit Geduld und großer Liebe wurde viel erreicht. Sie begannen sich wohlzufühlen und lebten sich ein. (...) Das Wertvollste aus den ersten Jahren des Flüchtlingsheims war wohl die Gemeinschaft unter den Arbeitenden. Alle hatten wir das gleiche Ziel – zu helfen."

Das Kinderheim in der Auguststraße war anders als die anderen jüdischen Kinderheime Berlins, etwa das Auerbachsche Waisenheim in der Schönhauser Allee oder das Reichenheimsche Waisenheim am Weinbergsweg. In diesen Heimen herrschte ein konservativer Erziehungsstil, ein beinahe preußischer Drill, nur die Religion unterschied sie von vergleichbaren deutschen Kinderheimen. Außerdem mochte man dort keine ostjüdischen Kinder, von denen viele anfangs nur jiddisch sprachen. In die Auguststraße aber kamen fast nur Kinder aus dem ostjüdischen Milieu. Und der Erziehungsstil war von Anfang an ein anderer. Die jungen Erzieher und Erzieherinnen, die von einer sozialistischen Gesellschaft träumten und ihre Wurzeln im Judentum sahen, teilten nicht die oft zeremonielle Religiosität orthodoxer Juden. Sie lehnten aber auch das Assimilationsstreben ihrer Elterngeneration ab und suchten nach einem eigenen Weg, der viele von ihnen später nach Palästina führte. Im Kinderheim war die Verwurzelung in jüdischer Religion ein wichtiges Erziehungsmittel, aber es wurde kein Zwang ausgeübt.

Allmählich wurden Kinder in Gruppen zusammengefaßt, die ihrem Alter entsprachen. Die jungen, von Idealen erfüllten Erzieherinnen und Erzieher brachten modernste pädagogische Ideen mit, sie respektierten die Einmaligkeit jedes Individuums, glaubten aber an den Wert der Gemeinschaft.

Hansel Kern, eine junge Erzieherin aus der Auguststraße, die später mit ihrem Mann, dem Erzieher Franz Hainebach, nach Palästina ging und dort vor der Geburt ihres ersten Kindes starb, schrieb noch in Berlin: „Um unsere Erziehungsprinzipien zu verstehen, muß man wissen: unsere Kinder entstammen zu

90 % dem entwurzelten Proletariat. (...) In den häufigsten Fällen haben sie nicht nur unendlich viel an Elend, Verdorbenheit und Asozialem gesehen, sondern schon selbst miterlebt, so daß sie Moralbegriffe mitbringen, die hier sofort ihre Gültigkeit verlieren. (...)

Den größten Eindruck macht auf die Kinder, die ins Heim kommen, stets die Gemeinschaft. Sowohl die Gemeinschaft der Gruppe, als die des ganzen Heims. Und damit haben wir schon eines unserer wichtigsten pädagogischen Hilfsmittel genannt. Die Gemeinschaft erzieht ohne Zwang, ohne Eingreifen des Erziehers. Voraussetzung für die Wirkung dieses Prinzips ist das Bestehen einer positiv eingestellten Zusammengehörigkeit. Kinder neigen zum Gemeinsamen, fliehen die Einsamkeit. Die Gefahr besteht darin, daß die Gemeinschaft sich negativ gestaltet und dann, statt aufbauend, zersetzend wirkt.

So haben wir z. B. vier Geschwister, die ehemals der Schrecken der Grenadierstraße waren, immer Führer einer jugendlichen Clique, einer Bande. Nun kommen sie zu uns, in eine starke Gemeinschaft. Sofort versuchen sie hier neu zu organisieren, und, da sie Führerfähigkeiten mitbringen, gelingt es ihnen relativ leicht, sich andere haltlose Kinder gefügig zu machen. (...) Wir appellieren zunächst an das Ehrgefühl und übergeben diesen Kindern kleine Ämter, von deren schlechter Handhabung nicht zu viel für die Gruppe abhängt.

Als eines unserer wichtigsten Erziehungsmittel betrachten wir die Arbeit. Sie ist nicht nur Mittel zum Zweck, sondern Selbstzweck, denn aus den Kindern sollen einmal arbeitsfrohe Menschen werden."

Die Erzieher wohnten selbst in der Auguststraße bei ihren Kindern, und das Heim wurde ein Teil ihres eigenen Lebens. Auch die in der Küche arbeitenden Frauen, die Wirtschaftsleiterin und der Hausmeister waren in die pädagogische Arbeit einbezogen.

In die Zeit nach dem ersten Weltkrieg fiel der Beginn der Arbeit der Oberin Berger in der Auguststraße.

Der Name dieser Frau ist mit dem Kinderheim AHAWAH verbunden, und jeder, der auch nur eine kurze Zeit in der AHAWAH verbrachte, erinnert sich dieser außergewöhnlich starken Frau mit Respekt, mit Liebe, mit Abneigung oder Furcht.

In der AHAWAH in Kiryat Bialik sah ich ihre Büste auf einem Stückchen Erde zwischen den Häusern, bepflanzt mit flammenden Blumen, die es in Berlin nicht gibt.

Beate Berger und ihre Schwester Else, die später auch als Helferin in die Auguststraße kam, waren im Rheinland selbst als Waisenkinder aufgewachsen. Während des Weltkrieges war Beate Berger in Bulgarien Krankenschwester gewesen.

Von ihrem Mitarbeiterinnen und von sich selbst verlangte sie Außergewöhnliches. Sie verstand nicht viel von Pädagogik und Psychologie, aber sie hatte bei aller Strenge ein großes, menschliches Herz. Was sie verstand, war, ein Heim mit mehr als hundert Kindern zu führen, in Zeiten der Not die Mittel zu beschaffen, damit alle das Nötigste zum Leben hatten. Beate Berger war bei den Erziehern gefürchtet, weil sie keinen Grund gelten ließ, die Kinder auch nur für kurze Zeit zu vernachlässigen. Auch mit hohem Fieber oder an ihrem Hochzeitstag sollten die Erzieher arbeiten. Sie selbst lebte solche eiserne Disziplin vor. Von den Kindern wurde sie eher respektiert als geliebt, so wie sie wurde James Israel zwei oder drei Jahrzehnte vor ihr im selben Haus von den Patienten des Jüdischen Krankenhauses respektiert. Aber noch ein halbes Jahrhundert nach ihrem Tod sprechen alle, die sie kannten, von einem wunderbaren Menschen, dessen unbeugsamer Charakter jeden beeindruckte, der dieser Frau begegnete.

Minna Mühsam und Rebecca Engel, der Maler Hermann Struck und Frau Wagner-Tauber waren es, die

Beate Berger in die Auguststraße holten, in das Kinderheim, das sie nie mehr verließ, mit dem sie 1934 nach Palästina ging, wo sie 1940 starb, unter den Kindern, die schon wieder ganz andere Kinder waren als die aus der Auguststraße.

Minna Mühsam hatte mit anderen Frauen und Männern, die schon die Jüdische Kindervolksküche unterstützt hatten, ein Kuratorium gebildet, das das Heim begleitete. Minna Mühsam selbst wohnte nie in der Auguststraße, arbeitete auch nicht direkt als Erzieherin, aber auch sie sah die AHAWAH als ihr Lebenswerk an. Sie organisierte Spendensammlungen in reichen jüdischen Häusern, lud kleine Gruppen von Kindern in ihre schöne Wohnung ein, ließ sie wertvolle Kunstbände anschauen und Musik hören, besprach mit ihnen ihre Lebenspläne.

Auch der Maler Hermann Struck, der schon damals ein bekannter Künstler war, Lehrer von Max Liebermann und Marc Chagall, gehörte seit 1914 zu diesem Kreis. Seit 1924 lebte er teils in Palästina, teils in Deutschland, bis zu seinem Tod im Jahre 1944 unterstützte er die AHAWAH. In der AHAWAH von Kiryat Bialik gibt es heute noch Kinderporträts von seiner Hand.

Durch Hermann Struck und seine Schwester Rebecca Engel, genannt Becky, bestand auch eine Verbindung der AHAWAH zu dem Maler Max Liebermann, der mehr als einmal Geld spendete und in den zwanziger Jahren in seinem Haus am Pariser Platz Kunstauktionen zugunsten der AHAWAH veranstaltete.

Ob er wohl wußte, daß schon seine Verwandten und Vorfahren zu den „Wohlthätern" des Hauses in der Auguststraße 14/16 gehört hatten, als es noch das Jüdische Krankenhaus war?

In den wohlhabenden jüdischen Familien Berlins galt die Sorge um die sozial Schwächeren noch immer als Selbstverständlichkeit. Das Gebot der *Zedakah,* das jahrhundertelang in den jüdischen Gemeinschaften das Überleben möglich gemacht hatte, wurde vielleicht nicht mehr so oft genannt, aber es lebte im Alltag.

Nach dem Weltkrieg waren die Stiftungskapitalien der Jüdischen Gemeinde zerronnen, und viele einst reiche Familien hatten ihr Vermögen verloren. Die Jüdische Gemeinde sah sich gezwungen, mehr als früher auf Steuereinnahmen zurückzugreifen, um die soziale Arbeit weiterzuführen.

Im April 1922 war das Zentrale Wohlfahrtsamt der Jüdischen Gemeinde gegründet worden. In ihm wurden die Wanderfürsorge, die Armen-, Waisen-, Stiftungs- und Fürsorgekommissionen zusammengefaßt. Aus der Verantwortung oft spontan entstandener Stiftungen und Kuratorien ging die Sozialarbeit zunehmend auf eine Behörde über. Das war ein Einschnitt im Leben der Jüdischen Gemeinde, der einerseits ihrer gewachsenen Bedeutung in der Großstadt Berlin entsprach, andererseits, indem der Gedanke der *Zedakah* institutionalisiert wurde, den Einzelnen von diesem Gebot entfremdete.

Das Kinderheim AHAWAH unterstand nicht dem Wohlfahrtsamt der Jüdischen Gemeinde. Minna Mühsam und die anderen Förderer der AHAWAH wollten sich ihre persönliche Verantwortung nicht nehmen lassen, sie wollten dieses Heim, das ja ein besonderes war, eine besondere Erziehungskonzeption verfolgte, nicht der Gemeinde überlassen und gründeten im April 1922 den eingetragenen Verein AHAWAH.

Nicht zufällig wählten sie dieses Wort. LIEBE war für die Mitarbeiter der AHAWAH die einzige menschliche Kraft, die ihre Vision von einer gerechteren Gesellschaft Wirklichkeit werden lassen könnte. Und das hebräische Wort wählten sie, weil unter den Erziehern und Helfern der AHAWAH schon feststand, daß ihr Ziel Palästina sein würde.

Einige der jungen intellektuellen Juden Berlins, darunter auch Helfer aus dem Kreis des Volksheims in der Dragonerstraße, wanderten schon in den frühen zwanziger Jahren aus. Gershom Scholem zum Beispiel ging 1923, weil „von der Aufgabe einer radikalen Erneuerung des Judentums und der jüdischen Gesellschaft her gesehen, Deutschland ein Vakuum war". Sein Bruder Werner, der zeitweise, bis zu seinem Ausschluß aus der Partei, kommunistischer Reichstagsabgeordneter war, teilte diese zionistischen Ideen nicht. Er wurde 1942 in Buchenwald ermordet.

Für die AHAWAH änderte sich mit dem neuen Namen zunächst nichts. Längst schon hatte das Kinderheim nicht nur eine Etage, sondern das gesamte Gebäude belegt.

Die Wände waren getüncht und mit Bildern geschmückt, selbstgetischlerte und gestrichene Möbel machten die Räume wohnlich. Die Wände des Speisesaales waren mit Motiven aus biblischen Geschichten bemalt, es gab eine Nähstube und ein Musikzimmer.

Bis zu 100 Kinder lebten im Heim. Einige waren vom Wohlfahrtsamt, mit dem es natürlich eine enge Zusammenarbeit gab, eingewiesen worden. Die meisten waren Flüchtlingskinder, es gab aber auch viele Kinder aus zerrütteten Familien, die schon lange in Berlin, meist im Scheunenviertel lebten. Manche kamen, weil die Eltern einfach zu arm waren, um sie zu ernähren, oder weil die Mutter Tuberkulose hatte und die Kinder nicht anstecken wollte. Sie alle kamen in eine Gemeinschaft, die trotz der Armut eine Insel bildete, eine Insel der AHAWAH in der von Spannungen brodelnden Stadt Berlin, eine Insel auch in der Auguststraße.

Das Meißener Weinlaubservice

Frau Adelheid Kaiser aus der Auguststraße lernte ich als Schwester Heidi kennen. 1972 war ich schwanger und wurde wegen drohender Frühgeburt in die Frauenklinik der Charité eingewiesen. Da lag ich nun mit fünf anderen Frauen in einem Zimmer des Hauses in der Tucholskystraße, der früheren Artilleriestraße. Vom Fenster des Krankenzimmers aus hätte ich die Spree sehen können, aber ich durfte nicht aufstehen. Ich lag da, bangte um das Kind in meinem Bauch, das mir schon damals so vertraut war, als hätte es immer zu mir gehört. Die schwangeren Frauen in den anderen Betten redeten, kicherten, weinten immerzu, sie erzählten Geschichten über zu früh oder zu spät gekommene, früh gestorbene, tot geborene, über verunstaltete Kinder. Ich war allein mit meinem Kind und mit meiner Angst. Der junge Vater kam täglich und saß hilflos an meinem Bett; was da in mir und mit mir geschah, geschah allein mir und dem Kind, er hatte keinen Anteil daran und wurde uns täglich fremder, so fremd, daß wir uns fünf Monate nach der Geburt meiner Tochter Anna scheiden ließen.

Die Männer kamen aus einer anderen Welt, sie gehörten nicht in dieses Zimmer, in dem man die Schreie der Gebärenden aus dem Kreißsaal nebenan hören konnte und mehrmals am Tag die durchdringenden Stimmchen der Neugeborenen.

Die Welt, zu der dieses Zimmer gehörte, regierten die Schwestern mit ihren Blicken, ihrem Lächeln oder ihrem Mißmut. Alle vier Stunden bekam ich eine Spritze gegen die Wehen. Jede Schwester gab diese

Spritze auf eine andere Weise, bei Schwester Heidi spürte ich kaum einen Schmerz. Sie war eine füllige Frau von mehr als fünfzig Jahren, das blondierte Haar war stets gut frisiert, ihr rosiges Gesicht war noch faltenfrei, sie lachte gern, und wenn sie in unser Krankenzimmer trat, verbreitete sich eine grundlose Heiterkeit, die keine Tränen und keinen Kummer zuließ.

Schwester Heidi war beliebt bei den Frauen. Wenn sie Zeit hatte, setzte sie sich an ein Bett und gab Ratschläge für Häkelmuster, denn sie strickte und häkelte gern, wie man an den Pullovern sah, die sie unter dem weißen Kittel trug. Rosa und hellblau, die Farben für Babys, trug sie an sich selbst, denn sie hatte kein Enkelkind, weil sie nie ein Kind geboren hatte. „Der Krieg" sagte sie, als eine Frau danach fragte. „Die Männer für meinen Jahrgang sind im Krieg geblieben." Aber auch bei diesen Worten lächelte sie. Sie lächelte immer.

Manchmal verteilte sie morgens um sechs Uhr schon die Fieberthermometer, und noch am Abend des selben Tages bekam ich die Spritze von ihr. Sie arbeitete viel. Viel zu viel, sagte sie, denn sie wohnte nur zwei Ecken weiter, in der Auguststraße, leider besaß sie auch noch ein Telefon, so daß man sie oft zum Dienst rief, wenn eine andere Schwester nicht gekommen war. „Die jungen Schwestern kriegen ein Kind nach dem anderen - auf unsere Kosten", sagte Schwester Heidi mit lächelndem Mund. Nur ihre Augen blickten hart.

Damals hatte ich schon begonnen, nach den Spuren der vergessenen Menschen in der Auguststraße zu fragen, und ich wollte wissen, wie lange Schwester Heidi dort schon wohnte, während sie mir eine Spritze in den Hintern gab.

Seit fünfundvierzig, erzählte sie. Erst in Untermiete bei einer Tante, dann, nach deren Tod, übernahm sie die Zweizimmerwohnung ganz. Jahrelang hätte sie sich vergeblich um eine Neubauwohnung bemüht, immer wieder sei ihr eine aus dem Kontingent der Charité versprochen worden, aber im letzten Moment wäre ihr immer eine junge Schwester mit Kindern vorgezogen worden. Jetzt hätte sie sich eingerichtet, Gasheizung und Duschecke eingebaut, nun wolle sie nicht mehr fort aus der Auguststraße. Ich fragte sie, ob sie die Auguststraße schon vor 1945 kannte. Ob sie mir etwas über das Haus 14/16, über die AHAWAH oder das spätere Sammellager erzählen könnte. Sie sah mich erstaunt an, gab eine ausweichende Antwort und wandte sich den anderen Frauen zu.

Anfang Juli durfte ich aufstehen, sollte hin- und hergehen, das Kind mußte jetzt kommen. Es kam aber nicht. Durch die Spritzen hatte sich meine Gebärmutter so verhärtet, daß man mir andere Spritzen geben mußte, und schließlich, im Kreißsaal, ein Wehenmittel, daß sich wie Feuer in meinen Leib fraß. Endlich, nach einem langen Kampf, hielt ich mein erschöpftes Kind im Arm, es wurde mir aber gleich weggenommen, und ich durfte es erst wiedersehen, als es eingewickelt bis zu den Zehenspitzen hinter einer Wand in einem gläsernen Bettchen lag. Berühren sollte ich seine Haut nicht einmal, als man uns die Kinder zum Stillen brachte. Eine Schwester zeigte uns, wie man Säuglinge auf hygienische Weise stillt, ohne ihnen zu nahe zu kommen. Als ich mein Kind einmal mit den Lippen berührte, riß eine empörte Schwester es mir weg und brachte es wieder fort.

Als ich ins Krankenhaus gekommen war, studierte ich noch, am Tage von Annas Geburt feierten meine Kommilitonen ihr Abschlußfest. Zwölf Wochen später war ich Redakteurin einer Wochenzeitung und brachte mein Kind morgens in die Krippe und holte es abends ab.

Für die Auguststraße blieb keine Zeit und kaum ein Gedanke.

Erst ein Jahr danach stand ich wieder auf dem Hof meiner ehemaligen Schule, wo mich nur noch die Hausmeisterin und zwei oder drei Lehrer kannten. Ich betrachtete die Mauersteine des alten Jüdischen Krankenhauses, als könnten die Wände mir verraten, was sie gesehen hatten. Ich ging durch die Auguststraße, blickte die Fassaden hoch und klingelte hier und dort an den Türen. Vor einer solchen Tür, hinter der, wie mir die Klempnermeisterin Schuhose erzählt hatte, ein alter jüdischer Mann wohnen sollte, der erst nach dem Krieg hier eingezogen war, klingelte ich vergeblich. Niemand öffnete. Ich wollte schon gehen, als eine Frau mit müden Schritten die Treppe hochkam. Ich grüßte, sie grüßte zurück und stutzte. Das war, erkannte ich, Schwester Heidi aus der Charité, die sich sofort an mich erinnerte. Sie wußte sogar noch den Vornamen meiner kleinen Tochter und schien sich zu freuen, eine ehemalige Patientin zu treffen. Der Mann, nach dem ich suchte, war vor ein paar Wochen gestorben, berichtete sie mir und fragte neugierig, was ich denn von ihm wollte. Ich erklärte es ihr, erzählte von der AHAWAH. Wieder war nicht zu erkennen, ob sie schon von diesem Haus gehört hatte. Wieder dieses Zögern, ein argwöhnischer Blick. Ich erwähnte meinen Beruf, sagte, vielleicht würde ich einen Zeitungsartikel über das Jüdische Krankenhaus und die AHAWAH schreiben. Ob ihre verstorbene Tante alte Fotos von der Auguststraße besessen hätte, fragte ich.

Schließlich lud Schwester Heidi mich für ihren nächsten freien Tag zu sich ein. Sie würde mir die Fotoalben ihrer Tante zeigen. Aber ich solle auch Fotos mitbringen, sie wolle endlich mal ein Kind sehen, dem sie auf die Welt geholfen habe, rief sie mir noch nach.

Als ich kam, war der Tisch mit einer Häkeldecke und spitzenumrandeten Servietten gedeckt, der Kaffee duftete, und Schwester Heidi hatte Torte vom Bäcker geholt. Das Zimmer war blank und gepflegt wie sie selbst, neben hellen Möbeln der sechziger Jahre stand ein altes Vertiko, auf dem eine Porzellantänzerin ihr Bein in die Luft streckte und ein paar zierliche Moccatäßchen angekippt auf ihren Tellerchen lagen, damit man ihr vergoldetes Inneres sehen konnte.

Frau Adelheid Kaiser, deren vollen Namen ich eben erst auf dem Türschild gelesen hatte, bemerkte meinen Blick auf die Schaustücke und seufzte. „Vor dem Krieg“, sagte sie und wiederholte die Worte wehmütig. „Vor dem Krieg habe ich ein echtes Meißener besessen, das Weinlaubmuster, für zwölf Personen. Ein Eßgeschirr und ein Kaffeeservice. Mit zwei Kannen. Das sollte für meine Aussteuer sein. Alles verloren, alles zerbombt.“

Und sie beschrieb mir wehmütig das ererbte Biedermeier-Wohnzimmer mit den echten Teppichen in ihrem Elternhaus, das in einem Berliner Vorort gestanden hatte, in dem nur zwei Bomben während des Krieges fielen, von denen eine ausgerechnet das Wohnhaus zerstörte, das Adelheid Kaisers Eltern gehörte. Auch die kleine Briefumschlagfabrik, von der die Familie gelebt hatte, gab es nicht mehr, als Adelheid Kaiser aus dem Krieg zurückkam und kein Elternhaus mehr hatte. Sie konnte noch von Glück reden, daß sie hier bei ihrer verwitweten Tante unterkam.

„Sie waren im Krieg?“

„Ja, als Sanitäterin. Die ganze Zeit über. Meine Eltern waren so streng, wir durften nie abends tanzen gehen wie andere Mädchen. Selbst tagsüber bewachten sie uns, da war ich froh, als ich mich zur Wehrmacht melden konnte.“ Sie lachte. Und dann erzählte sie, sprudelnd vor Heiterkeit, Episoden aus dieser Zeit. Den Frankreich-Feldzug habe sie mitgemacht, Paris habe sie gesehen, aber dann, das wäre weniger schön gewesen, sei sie leider nach Wilna gekommen. „Warum nehmen Sie denn keine Sahne?“ Ich lobte Frau Kaisers Kaffee und die Torte, zeigte ihr Bilder meiner Tochter, die sie natürlich süß fand. Dann fragte ich sie nach dem Mann aus ihrem Haus, dessen Namen und Adresse ich zu spät erfahren hatte. Er war ein unauffälliger Nachbar gewesen, schon lange pensioniert, Frau Kaiser wußte nichts über ihn zu erzählen. Verwandte gab es offenbar nicht. Wo er hergekommen war, als er vor Jahrzehnten hier einzog, wußte keiner im Haus.

„Also, ein Jude war er", sagte Frau Kaiser kopfschüttelnd zu sich selbst. „Und ich habe mich immer so nett mit ihm unterhalten. Man hat gar nichts gemerkt."

„Was sollte man denn auch merken?" fragte ich. Sie antwortete nicht.

Ich sah mir die Fotos an, die sie herausgesucht hatte. Es waren kleine Bilder, meist Aufnahmen von der Tante, einer eleganten Frau, deren Gesicht kaum zu erkennen war. Die Tante war Schneiderin gewesen. Die Häuser im Hintergrund waren so unscharf, daß nur, wer sie kannte, in ihnen Gebäude der Auguststraße erkennen konnte. Die Fotos gaben nichts her. Auch die Erinnerungen Adelheid Kaisers waren unscharf. Als Kind und junges Mädchen war sie schon manchmal in die Auguststraße gekommen, das war damals noch eine schöne Straße mit Geschäften und Reklamen, Clärchen's Ballhaus gab es auch schon. Man sah aber auch diese merkwürdigen Männer auf der Straße, die in der Artilleriestraße ihr jüdisches Kloster oder so etwas hatten. Die mit den Filzhüten und den langen Bärten. Sie meinte die orthodoxen Juden aus dem Rabbinerseminar der Adass Jisroel-Gemeinde in der heutigen Tucholskystraße.

Auch in dem Haus, für das ich mich interessiere, sei etwas Jüdisches gewesen, jawohl. Wenn sie ihre Tante besuchte, sah sie manchmal die Judenfrauen - sie sagte wirklich „Judenfrauen" - mit ihren Kindern. Ganz kleine, Kindergartenkinder wohl und größere, die in Gruppen gingen. Aber natürlich hatte man mit denen nichts zu tun. Ihre Tante kannte da wohl niemanden. Das heißt, halt, kurz vor Kriegsbeginn muß da drüben eine Kochschule gewesen sein, eine jüdische Kochschule. Und ihre Tante hatte mal davon gesprochen, daß die jüdische Küche so gut ist und daß es nichts schaden würde, wenn sie, Adelheid, da kochen lernen würde. Aber das hätten ihre Eltern nie erlaubt. Eine jüdische Kochschule! Aber ihre Tante muß irgendwoher die Leiterin gekannt haben. Mehr könne sie aber darüber wirklich nicht sagen. Und nach dem Krieg, als Schwester Heidi ganz und gar in die Auguststraße gezogen war, wäre da drüben nichts Jüdisches mehr gewesen. Aber das wüßte ich ja. Das Haus in der Auguststraße sei eine Schule, und in diesem Kloster, oder was das war, wären heute Büros. Die Synagoge da auf dem Hof hätte man so um 1967 gesprengt.

„Und darüber wollen Sie was schreiben?" fragte sie ungläubig. „Na ja, Sie können sich das ja auch nicht aussuchen, Sie müssen ja."

Es lag nicht nur an den spärlichen Auskünften, daß ich mich in Frau Kaisers hübschem Wohnzimmer, an ihrem gemütlichen Kaffeetisch, nicht wohl fühlte. Ich wäre gern wieder gegangen, aber sie hatte wohl nur selten einen Gast und schenkte mir hastig erneut Kaffee ein, plauderte, ohne eine Antwort zu erwarten.

Wieder sprach sie von ihrem verlorenen Kaffeegeschirr, Weinlaubmuster, echtes Meißener Porzellan.

„Ich habe alles verloren, alles", wiederholte sie bitter.

Obwohl ich ahnte, daß das Porzellanservice nur der Name war, mit dem sie ihren Verlust zu benennen versuchte, sagte ich ihr, daß mir ihre Kaffeetassen aus dem Kahlaer Zwiebelmusterservice auch gut gefielen. Das freute sie, aber der schmerzvolle Zug verschwand nicht aus ihrem Gesicht.

„Was ich durchgemacht habe", sagte sie leise. „Jahrelang Krankenschwester im Krieg, was man da an Leid sieht. Diese jungen Männer, warum nur? Die Erinnerungen kommen immer wieder."

Ich erinnerte mich, wie sie damals im Krankenzimmer erklärt hatte: „Die Männer für Frauen meines Jahrgangs sind im Krieg geblieben", und schwieg. Auf dem Vertiko sah ich ein altes, gerahmtes Foto. Der junge Mann auf dem Bild blickte ernst unter seiner Uniformmütze. Das Hakenkreuz an der Mütze war deutlich zu erkennen.

„Wie lange waren Sie denn in Vilnius?"

„Vilnius? Ach, Wilna meinen Sie. Na, von einundvierzig bis zum Schluß. Den ganzen Rückzug habe ich mitgemacht. Das war das schrecklichste. Dieser Rückzug. Einfach furchtbar, das können Sie sich nie vorstellen, was ich da durchgemacht habe."

„Was war denn das für ein Lazarett?" fragte ich.

„Im ehemaligen Eisenbahnerkrankenhaus waren wir untergebracht. Ziemlich in der Mitte der Stadt. Einen schönen Park gab es da. Ein für die damalige Zeit gut eingerichtetes, modernes Krankenhaus."

Und die Eisenbahner? wollte ich fragen, ließ es aber. Ich bat Frau Kaiser, mir mehr über ihre Jahre in Wilna zu erzählen.

Sie hatte im Krankenhaus gewohnt, in einem Zweibettzimmer, zusammen mit einer anderen Schwester. „Am Anfang", sagte sie, „als unsere noch vormarschierten, ist es noch nicht so schlimm gewesen." Da habe es regelmäßig bunte Abende für die Leichtverwundeten gegeben, unter denen hätte es Talente gegeben, man könne es sich kaum vorstellen. Sogar einen Bauchredner hätten sie dabeigehabt, und sie selbst, ihr Blick wurde wieder wehmütig, konnte ja Akkordeon spielen, das wären schöne Abende gewesen. Sie wäre auch sehr umschwärmt worden, hätte gern getanzt. Aber der Dienst sei hart gewesen.

„Waren Sie mal in der Stadt?" fragte ich.

„Ja, natürlich", antwortete sie. „Da gab es nicht viel zu sehen. Häßliche Häuser und schlecht gekleidete Menschen. Es war ja Krieg, und die Russen verstehen sich sowieso nicht anzuziehen, nee, da gab es nichts zu sehen."

„Vilnius liegt doch in Litauen, da wohnen doch mehr Litauer als Russen", sagte ich. Irritiert schwieg Adelheid Kaiser.

„Und das Ghetto?" fragte ich nun doch.

Adelheid Kaiser wußte von keinem Ghetto. Sie hatte das Ghetto in Wilna nicht gesehen.

Ich sagte ihr, daß am Ende des Jahres 1941, als „unsere noch vormarschierten“ und es „noch nicht so schlimm“ war, Tausende von Juden, ganze Familien vor den Augen aller aus den Häusern geholt und auf der Straße getötet wurden. Adelheid Kaiser war im September 1941 nach Wilna gekommen. Von diesen „Aktionen“ hatte sie nichts gemerkt. Sie war, erinnerte sie sich nun, ja auch kaum aus dem Lazarett herausgekommen.

„Es war ja auch gefährlich“, erklärte sie.

„Für wen?“

„Na, für uns Deutsche. Die Russen . . .“, sie zögerte, verbesserte sich, „. . .die Partisanen schossen aus dem Hinterhalt. Die saßen ja in den Wäldern.“

„Ja“, sagte ich. „Die aus dem Ghetto fliehen konnten, gingen in die Wälder.“

„Ich habe kein Ghetto gesehen“, wiederholte sie ärgerlich. „Wo ich war, gab es keine Juden. Und ich war Krankenschwester, ich habe niemandem etwas getan.“

Ich dankte und verabschiedete mich von der Frau, die mit ihren Spritzen vielleicht mein Kind gerettet hat, die mich wochenlang mit ihrer Heiterkeit zu trösten versucht hatte und in deren Nähe ich plötztlich fror.

Elf Jahre später begegnete Schwester Heidi mir wieder.

Mein zweites Kind sollte geboren werden, wieder war ich in der Schwangerenfürsorge der Charité, die war immer noch in dem alten Gebäude der Frauenklinik untergebracht, ein paar Schritte von der Auguststraße entfernt. Das Kind zur Welt bringen sollte ich diesmal in der neuen, modernen Frauenklinik am Robert-Koch-Platz. Die alte Klinik mit ihrem Kreißsaal wurde zwar noch benutzt, aber sie galt als veraltet. Diesmal war ich mit dreiunddreißig Jahren eine „alte Gebärende“, so jedenfalls drückte der Arzt sich aus, und es wurde festgelegt, daß ich an einem bestimmten Tag früh um sieben Uhr in den neuen Kreißsaal gehen sollte, wenn das Kind bis dahin nicht von allein gekommen sein würde. Ein paar Tage vor diesem Termin riet der Arzt mir bei der Untersuchung, ich sollte nicht in dem neuen, sondern im alten Kreißsaal erscheinen, denn an dem fraglichen Tag würde eine Zivilschutzübung im neuen Haus durchgeführt, da würde man auf das Notstromaggregat zurückgreifen müssen, für mich als Risikoschwangere sei es sicherer, in dem alten, bewährten Kreißsaal zu gebären.

An dem angegebenen Novembermorgen stand ich also um dreiviertel sieben mit meinem Köfferchen vor der Tür des Kreißsaals, in dem schon ich selbst und meine ältere Tochter zur Welt gekommen waren.

Die Nacht davor hatte ich wach neben dem Vater meines Kindes gelegen und erst nach Stunden bemerkt, daß auch er nicht schlief. Das Kind war von mir allein erwartet worden. Ihn hatte in den ersten Wochen meiner von uns beiden gewünschten Schwangerschaft eine Angst ergriffen, die er nicht deuten konnte. Seine Ängste waren mir wie Vorwände erschienen, hinter denen sich Scheu vor Verantwortung verbarg. Er sprach von der Ozonschicht und von Pershingraketen. Am wenigsten verstand ich seine Ahnung von einem frühen Tod. Er begleitete mich bis vor die Tür des Kreißsaals, in den ich allein ging. Traurig und mit zusammengebissenen Zähnen brachte ich meine zweite Tochter zur Welt. Das Kind war schwer, es wog neun Pfund und schrie, lauter als die anderen Neugeborenen in ihren Körben. Man legte mir meine Tochter in den Arm, so streng waren die Hygienevorschriften der Charité nicht mehr. Das rote Gesicht meiner Tochter war noch verschmiert, ihre Lippen mit den zarten Häutchen suchten, ich gab ihr, verschwitzt und zerkratzt wie ich war, meine Brust. Mein Kind trank, gierig und in vollen Zügen. In manchen Büchern hatte ich gelesen, die Milch einer Mutter schießt erst zwölf Stunden nach der Geburt ein, aber ich spürte, wie meine Brust sich, während das Kind trank, füllte, wie Milch in mich floß, die das Kind mit seinen fordernden Lippen aus mir sog. Eine Hebamme kam und sah amüsiert zu.

„Was machen Sie denn da? Neugeborene trinken doch nicht." Stumm zeigte ich der Frau das schlukkende Kind. Verwundert ging sie fort. Eine andere Schwester erschien, eine Kinderschwester. Auch sie blickte ungläubig auf das schmatzende Kind. Dann aber nahm sie es mir fort, es mußte gesäubert und gewindelt werden, später wurde es fortgetragen auf die Station. Zwei Stunden später wies man auch mir dort ein Bett zu, wieder in einem Zimmer für sechs Frauen, aber diesmal lag das schlafende Kind neben mir in seinem gläsernen Bettchen. Nur zur Nacht wurden die Kinder von ihren Müttern getrennt, ich konnte mein Kind anfassen, es küssen und streicheln, niemand hinderte mich daran. Als der Vater erschien, hockte er sich vor das gläserne Bettchen und weinte vor Glück. Wie die Milch in meine Brust war mit der Geburt des Kindes die Liebe zu diesem Wesen in ihn gekommen, und er hielt mit leidenschaftlicher Zärtlichkeit an ihr fest, bis er starb, am Tage vor dem siebenten Geburtstag unserer Tochter.

Zur Nacht wurden die Kinder in einen Nebenraum gebracht. Ich konnte nicht schlafen, und um zwei Uhr morgens begann meine Brust zu tropfen. Nebenan schrien die Säuglinge, und unter den Stimmchen glaubte ich deutlich meine Tochter zu erkennen. Ich stand auf und ging in den Vorraum des Kinderzimmers, wo eine junge Schwester damit beschäftigt war, die winzigen Kinder zu windeln und eine andere ihnen etwas aus einem Fläschchen einflößte. Nachts sollten die Mütter nicht stillen und außerdem, bedeutete man mir, hätte ich sowieso noch keine Milch. Ich zeigte meine Brust, die Schwestern zuckten mit den Achseln. Das Kind könne ja noch gar nicht trinken, es sei ja noch keine zwölf Stunden alt, es stünde noch gar nicht auf der Liste. Ich sah hinter der Trennwand meine Tochter, die rot angelaufen war und jämmerlich schrie. Ich wollte zu ihr, die Schwestern hielten mich fest und schimpften. Mir wurde schwindelig. Ich konnte mich gegen die jungen Schwestern nicht wehren und versuchte doch störrisch, zu meinem Kind zu gelangen. Eine der Schwestern ging, eine Vorgesetzte zu holen, und kam mit einer älteren, grauhaarigen Schwester zurück. Das war Adelheid Kaiser, die ich nicht erwartet hatte. Sie mußte schon über sechzig Jahre alt sein. Ich weiß nicht, ob sie mich auch erkannte, wie ich da in meinem Wöchnerinnennachthemd mit wirren Haaren und rot gedunsenem Gesicht vor ihr stand, meine Augen waren noch von den Preßwehen blutunterlaufen. Erregt versuchte ich ihr zu erklären, daß ich mein hungriges Kind stillen wollte, aber sie schnitt mir das Wort ab und schob mich mit beruhigenden Worten von der Glaswand fort, hinter der die Schwestern begonnen hatten, meinem Kind aus einer Flasche etwas einzuflößen, obwohl es, wie sie betonten, noch nicht auf der Liste stand. Ich solle vernünftig sein, erklärte mir Schwester Heidi, ich würde Ruhe brauchen, nichts als Ruhe. Das Kind könnte ich noch nicht stillen, die Herren Ärzte hätten das so angeordnet, keine Schwester dürfe mir einfach das Kind an die Brust geben, denn erst morgen sei seine Zeit. Wenn mir das nicht passe, müßte ich mich beim Herrn Oberarzt beschweren, jetzt aber sei Nachtruhe, und wenn ich meinte, ich hätte es nötig, würde man mir eine Milchpumpe geben. Und tatsächlich brachte mir kurz darauf eine der jungen Schwestern einen Apparat aus Gummi und Glas, mit dem ich die Milch aus der schmerzenden Brust pumpen sollte, die ich meinem Kind nicht geben sollte.

Am nächsten Morgen stand ich mit anderen Wöchnerinnen in einer Schlange vor dem Untersuchungszimmer, wir wurden eine nach der anderen gewogen. Eine Schwester trug die Werte in eine Liste ein. Ich stand auf der Waage, als Schwester Heidi durch die Tür kam, die, im Tageslicht sah man es deutlich, nicht nur grauhaarig geworden war, sondern auch ihren heiteren

Gesichtsausdruck verloren hatte. In ihr Gesicht hatte sich ein bitterer, enttäuschter Zug eingegraben. Sie erzählte, ohne mich zu beachten, der Schwester an der Waage, daß soeben die Wäscherei angerufen hätte, der dritte Automat sei ausgefallen, es könnten wieder keine Stecklaken geliefert werden. „Und die Nachthemden sind auch alle", ergänzte die Schwester, während sie die Gewichte hin- und herschob. „Die Zwillingsmutti aus der Nummer sechs hat sich schriftlich beschwert."

„Soll sie doch", sagte Schwester Heidi böse. Sie habe es satt mit diesen nörgelnden Frauen. Über dreißig Jahre sei sie nun in der Charité, alles würde immer schlimmer. Sie wisse gar nicht, warum sie sich immer wieder zum Dienst überreden lasse. Ihr Blick fiel auf mich, sie verstummte. Dann sprach sie in verändertem Tonfall zu mir, wie wenn man zu einem uneinsichtigen Kind spricht: „Na, Mutti, gut geschlafen? Um zehn sind Sie dran mit stillen. Man muß sich doch an die Regeln halten. Was soll denn das Kindchen denken, wenn die Mutti so undiszipliniert ist. Ordnung muß sein. Überall muß man sich fügen."

Die nächste Wöchnerin schob mich von der Waage.

Noch einmal wurde ich an Schwester Heidi erinnert, die in Wilna kein Ghetto gesehen hatte und soviel von Ordnung hielt.

Vor zwei Jahren war ich in Warschau auf einer kurzen Dienstreise und wäre gern noch ein oder zwei Tage länger geblieben, aber das Hotelzimmer konnte ich nicht länger behalten, und ich fand kein anderes.

Ich fragte Bozena, die junge Redakteurin einer Literaturzeitschrift, mit der ich in diesen Tagen viel gesprochen und gelacht hatte, ob sie ein Quartier für mich wüßte. Sie hatte mir erzählt, daß sie seit ihrer Scheidung in einer der Neubauvorstädte Warschaus in einer Zweizimmerwohnung lebte. Bozena zögerte.

Sie könne mich nicht zu sich einladen, sagte sie, das Heizwerk hätte die Fernwärme gedrosselt und es sei erbärmlich kalt in ihrer Wohnung. Man könne nur in Pelze und Decken gehüllt am Tisch sitzen.

Aber sie müsse doch auch so leben, warum sollte ich es nicht für ein oder zwei Tage aushalten, wandte ich ein. Immer noch zögerte Bozena. Mir war es schon peinlich, sie gefragt zu haben, als sie schließlich erklärte: „Ich will dir sagen, warum es nicht geht. Meine Mutter hat Urlaub aus ihrem Sanatorium. Sie ist krank. Verrückt, verstehst du. Durch einen Schock in der Kindheit. Das ist vor ein paar Jahren wieder zum Ausbruch gekommen. Wenn sie uns deutsch sprechen hört, könnte sie einen Anfall bekommen, sie hat Angst vor Deutschen."

„Angst vor mir?" fragte ich bestürzt. Bozena streichelte meinen Arm. „Du mußt es verstehen. Meine Mutter war erst dreizehn, als der Krieg zu Ende war. Sie war in Wilna. Verstehst du, was das heißt: in WILNA."

„Seid ihr Juden?" fragte ich. Bozena schüttelte den Kopf.

„Meine Großeltern waren Polen. Oder Litauer, wie Du willst. Das war ein bißchen schwierig mit der Nationalität damals in Wilna. Aber in Wilna konnte man in diesen Jahren kein Kind sein. Meine Mutter war nicht im Ghetto, natürlich nicht. Aber sie sagt, das Ghetto hat man eingeatmet, wenn man in Wilna war, man erstickt daran von innen. Sie hat alles gesehen, verstehst Du, ALLES. Die Toten hingen an den Bäumen, sie lagen vor den Türen der Häuser. Und einmal gingen meine Mutter und mein Onkel Beeren sammeln, und sie fanden eine Grube voller toter Kinder. In einem Wäldchen gleich hinter der Stadt. Meine Mutter stürzte davon, sie schrie, und dann hat sie wochenlang nicht gesprochen. Den Krug für die Beeren hielt sie noch in der Hand, ihre Hände hatten sich um den Henkel verkrampft, keiner konnte die Starre lösen. Die meisten Ärzte in Wilna waren Juden, die waren im Ghetto, und im Krankenhaus saßen die Deutschen. Den Krug hat meine Großmutter noch. So ein irdener Krug mit einer Weintraube drauf. Der verdammte Krug geht nicht kaputt, aber meine Mutter ist an WILNA krank geworden.“

Die Barmherzigen Schwestern

Als ich schon in allen Wohnhäusern der Auguststraße gewesen war, beschloß ich, ins Sankt-Hedwig-Hospital in der Großen Hamburger Straße zu gehen und dort zu fragen, was man über das alte Jüdische Krankenhaus und spätere Kinderheim wußte. Von meinem Schulhof aus konnte man die hinteren Gebäude des katholischen Krankenhauses sehen, nur eine Mauer trennte die beiden Grundstücke. Diese Mauer schien noch aus dem Jahr 1861 zu stammen, in dem das Jüdische Krankenhaus eingeweiht worden war. Damals war das andere Krankenhaus erst sieben Jahre alt. Schon 1846 waren vier Barmherzige Schwestern von der Gesellschaft des Heiligen Karl Borromäus aus dem französischen Nancy in die Große Hamburger Straße gekommen, um sich nach einer Cholera-Epidemie der Krankenpflege zu widmen.

Für die Borromäerinnen war ihr Dienst an den Kranken ebenso eine Menschenpflicht, die sich aus den Geboten ihrer Religion ergab, wie für die jüdischen Ärzte und Schwestern nebenan in der Auguststraße. Dennoch gab es keine Kontakte. Nicht nur die Mauer aus gelblichen Ziegeln trennte sie.

Aber vielleicht, hoffte ich, könnten die Nonnen etwas über das Kinderheim AHAWAH, über die Zeit danach, über die alten Menschen sagen, die, das hatten ja zwei oder drei Nachbarinnen erzählt, in meinem späteren Schulhaus auf die Lastkraftwagen gewartet hatten, die sie fortbrachten. Ich ging also im November 1981 in das Krankenhaus, suchte die Verwaltung und fragte nach Schwestern, die schon seit Jahrzehnten hier gearbeitet haben. So traf ich Schwester Gunthilde, eine über Achtzigjährige, die sich noch immer um die Ausbildung junger Schwestern im Sankt-Hedwig-Krankenhaus kümmerte. Über sich selbst, über ihre Herkunft erzählte sie nichts. Ihr Leben war dieses Krankenhaus, in das sie als ganz junge Schwester gekommen war.

Das Gesicht der Barmherzigen Schwester war unter der Haube merkwürdig alterslos. Forschend betrachtete sie mich, als ich erklärte, was ich wollte. Dann lud sie mich für einen der nächsten Tag ein.

An dem verabredeten Tag erwartete sie mich am Eingang und ging mir voran durch die Gänge und über die Treppen des Krankenhauses. Jeder, der uns begegnete, grüßte Schwester Gunthilde voller Respekt. Sie wirkte gar nicht wie eine über Achtzigjährige, sondern energisch und voller Kraft, obwohl sie sich ruhig und ohne Hast bewegte. Endlich waren wir in einem schmalen, karg möblierten Büro angelangt, und Schwester Gunthilde setzte sich mir gegenüber unter ein Kruzifix. Sie fragte mich nicht, warum ich wissen wollte, was in der Auguststraße geschah, sie fragte mich nicht nach meinem Ausweis oder nach dem Grund meiner Nachforschungen, sie begann sofort zu erzählen, woran sie sich erinnerte.

Aber von dem Kinderheim wußte sie nichts. Nur daß es die AHAWAH gegeben hatte, war ihr bekannt. Über das Schicksal der Kinder konnte sie mir nichts sagen.

Aber das Haus Auguststraße 11/13, die jüdische Mädchenschule rechts neben dem Haus, für das ich mich interessierte, heute die Bertolt-Brecht-Schule, war dem Hedwig-Hospital nach Kriegsbeginn als Ausweichkrankenhaus zugewiesen worden. Das Gebäude wurde von den Schwestern Franziskus-Haus genannt und diente noch nach 1945 als Fleckfieberlazarett.

Um dorthin zu gelangen, gingen die Schwestern und Ärzte aus dem Sankt-Hedwig-Hospital nicht außen herum durch die Große Hamburger Straße und dann links um die Ecke in die Auguststraße, sondern sie gingen hinten durch den Krankenhausgarten. Dort war die Mauer durchbrochen worden. Man sieht noch die nach dem Krieg wieder zugemauerte Stelle. Die Schwestern gingen über meinen späteren Schulhof auf das Grundstück der jüdischen Mädchenschule, die aber zu der Zeit keine Mädchenschule mehr war. Die jüdischen Mädchen waren verstreut, sie standen vor Botschaften und Ämtern in Schlangen und hofften auf ein Visum irgendwohin, oder sie waren schon mit einem Kindertransport oder mit den Eltern aus dem Land geflohen, und wenn sie nicht mehr davongekommen waren, würden sie in den Tod geschickt werden. Das rote Schulhaus war erst 1930 eröffnet worden, der Gemeindebaumeister Alexander Beer hatte es errichtet. Das Grundstück war schon Jahrzehnte früher zusammen mit dem Krankenhaus-Grundstück und dem der Synagoge von der Gemeinde erworben worden, viele Jahre lang standen da Baracken, die zum Jüdischen Krankenhaus gehörten. In den zwanziger Jahren war hier ein Kohlenplatz, dessen Verwalter, das hatte ich in Adreßbüchern gelesen, H. Kollo hieß.

Die Direktorin der Jüdischen Mädchenschule hieß Johanna Kaphan. Sie war mit einigen ihrer Schülerinnen schon nach Schweden entkommen, als die Barmherzigen Schwestern in ihrer ehemaligen Schule ein- und ausgingen. Johanna Kaphan ging später nach Israel, dort gab sie ihr Geld und ihren Namen einem Kinderheim, in dem die AHAWAH weitergeführt wird. Schwester Gunthilde hatte Johanna Kaphans Namen nie gehört. Auch über die jüdische Mädchenschule wußte sie nichts zu berichten, sie war oft selbst von der Großen Hamburger Straße in das Franziskus-Haus gegangen, vorbei an der Südfront des alten Jüdischen Krankenhauses, des verlassenen Kinderheimes. Die Kinder waren fort, jedenfalls sah Schwester Gunthilde keine Kinder. Sie sah Gesichter alter Menschen, die sich an die Fensterscheiben drängten. Und in den

Kellerräumen sah sie durch die Fenster, Pritsche an Pritsche, und auf den blanken Fußböden lagen Menschen, Greise, Kranke, Sterbende.

1941 hatte die Gestapo das Altersheim der Jüdischen Gemeinde in der Großen Hamburger Straße 26 geräumt, nicht alle der alten Menschen wurden sofort deportiert, nimmt Schwester Gunthilde an, man sammelte sie vor ihrem Transport oft wochenlang in der Auguststraße 14/16. Aber nicht nur aus diesem Heim, auch aus den anderen und aus ihren Wohnungen müssen alte Menschen hergebracht worden sein, so viele waren es. Durch die geschlossenen Fenster machten sie den vorübergehenden Schwestern verzweifelte Zeichen, aber die konnten nicht helfen.

Die Barmherzige Schwester schilderte mir, was sie gesehen hatte, und ihr Gesicht verlor die gelassene Ruhe.

Ihre Stimme zitterte. Natürlich, sagte sie, erinnere sie sich an alles, was sie gesehen hat. An jede Einzelheit, obwohl es so viel Elend gab in dieser Zeit. Nachts, sagte sie, standen sie und auch die anderen Schwestern an den Fenstern ihrer Schlafräume, da sahen sie die Kuppel der Synagoge und das Haus in der Auguststraße, sie weinten und sie beteten. Manchmal sahen sie Lastkraftwagen auf den Hof fahren, im Licht der Scheinwerfer wurden Menschen verladen. Aber andere kamen, die Keller blieben überfüllt.

Während nächtlicher Bombenangriffe standen jüdische Wachen vor dem Haus in der Auguststraße, damit es niemand verlassen konnte.

Eines Tages, es muß 1943 gewesen sein, noch vor dem großen Bombenangriff vom August, war das Haus leer. Stille lag hinter den Fenstern, wenn die Schwestern zu ihren Patienten ins Franziskus-Haus gingen.

Dann kamen Männer in Uniformen, das Haus hatte wohl die Hitler-Jugend übernommen, in den Räumen wurden Schulungen abgehalten, und Halbwüchsige sangen mörderische Lieder. Man hörte sie durch die Mauern.

„Sie waren hart zueinander, die Hitlerjungen", sagte Schwester Gunthilde, und sie erzählte mir, daß einmal ein Junge, vierzehn oder fünfzehn Jahre alt, aus einem Fenster des oberen Stockwerkes gesprungen war. Er lag schwerverletzt auf dem Hof und wurde ins Hedwig-Hospital gebracht.

Entsetzt stellte ich mir vor, daß dieser Junge, über dessen Gründe zu springen - oder wurde er aus dem Fenster gestoßen? - Schwester Gunthilde nichts wußte, vielleicht aus meinem Klassenzimmer in die Tiefe gestürzt war, aus demselben Fenster vielleicht, durch das während langweiliger Unterrichtsstunden mein Blick die Wolken festzuhalten versuchte.

Schwester Gunthilde erinnerte sich nicht, was aus dem Jungen geworden ist. Sie war nicht neugierig. Man fragte nur, was man wissen mußte. Auch nach den alten Menschen in der Auguststraße fragte sie nicht. Man sah ja genug, und man konnte die Zeichen deuten.

Manchmal kamen aus dem Sammellager in der Großen Hamburger Straße Menschen gerannt, denen es irgendwie gelungen war, auszubrechen. Nicht oft, aber zwei- oder dreimal während der schlimmen Jahre gelang so eine Flucht. Die Geflohenen wurden in den Saal zu den frisch Operierten gelegt, mit Verbänden umwickelt, bis sich ein sicherer Platz für sie fand.

Einmal, 1943, kam ein junges Mädchen ohne Papiere, völlig erschöpft, mit einem entzündeten Fuß, der geschnitten werden mußte. Man wollte ihr eine Vollnarkose geben, aber das Mädchen wehrte sich und fürchtete sich vor der Narkose so sehr, daß der Arzt Schwester Gunthilde mit dem Mädchen allein ließ. Da erfuhr die Barmherzige Schwester, die es schon geahnt hatte, daß das Mädchen eine Jüdin war, die versteckt lebte. Aus Düsseldorf war sie vor ihrer Deportation geflohen und hatte sich nach Berlin durchgeschlagen, wo sie einen Freund hatte. Sie hoffte immer auf Fliegeralarm, denn in dem Durcheinander fragte sie niemand nach Papieren, und sie konnte sich als Bombengeschädigte ausgeben. Als sie in Berlin angekommen war, fand sie ihren Freund nicht mehr, seine Spur verlor sich in der Großen Hamburger Straße. Ein paar Tage lang irrte sie in der Gegend herum, dann, als sie nicht mehr laufen konnte, kam sie ins Hedwig-Hospital. Vor der Narkose fürchtete sie sich, weil sie Angst hatte, sich zu verraten. Ihr wurde geholfen.

Schwester Gunthilde weiß nicht, wie und von wem, aber sie ist sich sicher, daß das Mädchen irgendwo Aufnahme fand. Man fragte nichts, schon gar nicht nach Namen, aber sie denkt, daß ihre Schwestern ebenso Bescheid wußten wie sie.

Der Oberarzt Dr. Erhard Lux und die Fürsorgerin Fräulein Marianne Hapig brachten die Juden in Sicherheit.

Als sie diese Namen ausgesprochen hatte, lauschte Schwester Gunthilde ihrem Klang nach, schwieg einen Moment und sagte dann lächelnd, daß sie noch nie darüber gesprochen hätte. Auch nicht nach dem Krieg. Man sprach eben nicht darüber, man tat, was man tun konnte. Und später fragte auch keiner nach dieser Zeit.

Aber ich bat sie, mir mehr zu erzählen, und erfuhr, daß die Fürsorgerin Marianne Hapig ebenso wie der Oberarzt Dr. Erhard Lux einen Kreis von Menschen kannte, die den verfolgten Juden halfen. Man zweigte auch Lebensmittel für die Versteckten aus der Krankenhausküche ab, und gewiß wurden auch manchmal Papiere von verstorbenen Patienten des Hedwig-Hospitals verwendet. Schwester Gunthilde wußte schon, was es bedeutete, wenn Fremde ins Krankenhaus kamen und auf besondere Weise nach Fräulein Hapigs Büro fragten.

Marianne Hapig kannte auch den katholischen Gefängnispfarrer von Tegel und schickte Gefangenen Lebensmittel, Kleidung und Bücher. Dem Pater Delp, der dann hingerichtet wurde, hatte sie dessen Tagebuch aus dem Gefängnis geschmuggelt, das später als Buch erschien.

Der Oberarzt hatte in seiner eigenen Wohnung Juden versteckt. Einige Male kamen Frauen mit kleinen Kindern, die vorhatten, über die Grenzen aus Deutschland zu fliehen, und die ihr Kind nicht mitnehmen konnten oder die aufgefordert waren, sich in der Großen Hamburger Straße zu melden, und ihr Kind retten wollten. Einmal hat Schwester Gunthilde selbst so einen Säugling gesehen. Die Kinder wurden in Familien oder in katholische Waisenhäuser gegeben. Darüber gab es nichts Schriftliches. Nur wenige wußten Bescheid, nur die kannten den wirklichen Namen des Kindes. Wenn eine Mutter oder ein anderer Verwandter nach dem Krieg wiedergekommen wäre, hätten sie ihr Kind wiedergefunden. Aber es kam keiner zurück.

„Und die Kinder leben noch? Sie kennen ihre Geschichte nicht?" fragte ich. Schwester Gunthilde schwieg.

„Was ist aus dem Säugling geworden?" Den hat Schwester Edelburga weggebracht, und Schwester Gunthilde sah ihn nicht wieder und fragte auch nicht. Schwester Edelburga wurde gegen Kriegsende bei einem Bombenangriff verletzt und starb bald darauf. Ihr Wissen gab sie weiter, aber Schwester Gunthilde kennt es nicht. Damals wurde Tag und Nacht operiert. Die Barmherzigen Schwestern kamen nicht einmal dazu, sich zum Schlaf auszukleiden. Ständig wurden Verletzte gebracht. Auch Entlassene oder Geflohene aus den Gefängnissen und Lagern kamen krank und erschöpft in die Große Hamburger Straße ins Hedwig-Hospital, wo man half, ohne nach der Konfession zu fragen. Die Welt war aus den Fugen geraten, aber im Hedwig-Hospital tat man seinen Dienst. Auch die Russen akzeptierten das, und kein Uniformierter wagte es, die Gebäude des Krankenhauses zu schänden.

In den letzten Kriegstagen oder bald danach kam eine katholische Schwester, die eine getaufte Jüdin war, mit einer anderen Frau aus Ravensbrück. Ob die Frauen geflohen oder entlassen waren, daran erinnert sich Schwester Gunthilde nicht mehr. Sie weiß noch, wie sie gemeinsam mit der Glaubensschwester aus Ravensbrück für die dort gestorbenen Frauen betete.

Ja, auch für die Jüdinnen haben sie gebetet. Nicht nur in diesen Tagen.

1938, als die Synagogen brannten, hatte der Domprobst Lichtenberg in seiner Predigt gesagt: „Was gestern war, wissen wir. Was morgen sein wird, wissen wir nicht, aber was heute geschehen ist, haben wir erlebt. Draußen brennt der Tempel, das ist auch ein Gotteshaus." Der Domprobst wurde 1941 verhaftet und starb auf dem Weg nach Dachau.

„Was ist aus dem Oberarzt Lux und der Fürsorgerin Hapig geworden?" fragte ich.

Marianne Hapig starb 1973, der Oberarzt etwas früher oder später. Noch bis 1961 war der von allen verehrte Arzt jeden Tag ins Sankt-Hedwig-Hospital gekommen, nach dem Bau der Mauer ließ man ihn nicht mehr in den Ostteil der Stadt. Seine Wohnung lag ja in Lichterfelde.

Fräulein Hapig durfte noch zwei oder drei Jahre lang kommen, dann gab man ihr keinen Passierschein mehr und trennte auch sie von ihrem Krankenhaus.

Schwester Gunthilde erzählte mir das ruhig, ohne einen Vorwurf in der Stimme. Ich begriff, daß diese Frau, die so viel Leid gesehen hatte und der so viel Unrecht begegnet war, keine Richterin sein wollte. Ich erzählte ihr von den Nachbarinnen in der Auguststraße, die sich an nichts erinnern konnten, die nichts gesehen hatten oder die mir sagten, sie hätten nicht gewußt, was mit den Juden geschah.

Da und nur dieses eine Mal wurde die Stimme der Barmherzigen Schwester unwillig. »Die Läger gab es von 1933 an“, sagte sie heftig. „Und nicht nur Juden haben sie eingesperrt. Sie waren bereit zu töten, und sie haben es immer gesagt. Jeder konnte es hören. Und was hier geschah“, ihr Arm wies aus dem Fenster, „konnte jeder sehen“.

Dann, nach einer kleinen Pause, sagte sie wie zu sich selbst: „Aber nicht jeder Mensch hält die Not seines Gewissens aus. Manchem fehlt die Kraft zum Glauben, und es ist leichter für ihn, wegzuschauen.“

Ich hatte fast zwei Stunden mit Schwester Gunthilde gesprochen, als jemand klopfte. Sie wurde im Haus gebraucht und verabschiedete mich, aber sie erzählte mir, daß es noch andere Schwestern gibt, Agnes und Daria, die damals im Franziskus-Haus gearbeitet hatten. Vielleicht hatten sie mehr gesehen, ich könnte sie besuchen.

Zu diesem Besuch kam es mit Schwester Gunthildes Hilfe einige Wochen später, ein paar Tage vor Weihnachten.

Daria, Agnes und zwei oder drei andere Schwestern, die damals aber nicht im Sankt-Hedwig-Hospital gewesen waren, erwarteten mich in dem Gebäude, das man von meinem Schulhof aus sehen konnte. Das war eine Art Altersstift des Krankenhauses, hier lebten die alten Schwestern, die keinen Dienst mehr tun konnten, wurden versorgt und blieben ihrem Haus verbunden. Daria und Agnes kamen mir in ihrer zarten Gebrechlichkeit viel älter vor als die rüstige Gunthilde, die mich zu ihnen geführt hatte. Sie empfingen mich in einem hohen, nicht sehr großen Raum, der wohl eine Art Essenraum war, er kam mir sehr karg vor. Auf dem Tisch standen Kaffeetassen. Die Schwestern hielten bunte Papiertüten in den Händen, die mit Äpfeln und Pfefferkuchen gefüllt waren. Die Tüten erinnerten mich an meine Kindheit, solche Weihnachtspräsente bekamen wir immer an einem bestimmten Tag im Dezember mit dem Schulessen. Eine gutgemeinte

Geste, die sich in der lieblosen Atmosphäre unserer Essensäle auflöste.

Die alten Frauen packten ihre Äpfel sorgfältig aus, betrachteten sie entzückt und legten sie zusammen mit den Pfefferkuchen auf einen Teller. Nicht nur diese Tüten hatten etwas Kindliches, auch die Augen der alten Schwestern waren voller kindlicher Aufrichtigkeit, hell und unschuldig. Gunthilde, die doch jünger war, wirkte wie eine ältere Schwester, als sie ihnen, die eine oder andere hörte schlecht, geduldig erklärte, warum ich gekommen war.

Daria begann zu weinen. Ich hatte schon Frauen in der Auguststraße weinen sehen. Sie weinten um ihre Kinder, um ihre gefallenen Söhne, um ihre gestorbenen Männer. Ihre Trauer galt ihnen selbst, nicht den Juden von nebenan. Diese hier trauerte um die Juden. Etwas wirr begann sie, von den Menschen zu erzählen, die auf die Lastwagen getrieben wurden. „Himmel hilf, und wir durften nicht stehenbleiben." Schwester Agnes fiel ein und erzählte von den Menschen, die in einem langen Zug durch die Straße gehen mußten bis zu einem Bahnhof, wo die Güterzüge warteten, sie erzählte, daß jeder sie sehen konnte mit dem gelben Stern. Und sie sprach von blinden Bürstenbindern in Lederschürzen, die so wie sie gearbeitet hatten in die Große Hamburger Straße geholt worden waren, und sie erzählte von dem Mann, der sie zurückholte. Sie meinte Otto Weidt, den Bürstenfabrikanten aus der Rosenthaler Straße 39. Im Januar 1942 war es ihm gelungen, seine blinden Arbeiter noch einmal zurückzuholen. Ein letztesmal.

Ich kannte die Geschichte, aber Schwester Agnes hatte auf dem Weg zum Zahnarzt diesen Zug gesehen, die Bürstenbinder mit dem Stern auf der Brust, die sich aneinander festhielten, einander stützten, und vor ihnen ging der Otto Weidt.

Die Barmherzigen Schwestern sprachen nun durcheinander. Auch die anderen, wollten nun berichten, was sie da, wo sie gewesen waren, gesehen hatten. Diese frommen Schwestern, die kaum aus ihren Ordenshäusern herausgekommen waren, hatten ALLES gesehen. Bilder von Leid und Schrecken stiegen aus ihren Erzählungen auf. Nur an Daten konnten sie sich nicht erinnern. Die Zeit schien ihnen nicht wichtig zu sein.

Ja, auch Agnes und Daria hatten die alten Menschen in den Kellern der Auguststraße 14/16 gesehen. Sprechen konnten sie nicht mit ihnen. Als sie das Franziskus-Haus übernahmen, war es leer. Da erinnerte nichts mehr an jüdische Schulmädchen, keine Schultafeln, keine Klassenbücher, nichts.

Auch sie hatten gehört, daß jüdische Kinder von ihren Müttern ins Sankt-Hedwigs-Hospital gebracht wurden und daß Fräulein Hapig sie in Sicherheit brachte, aber Genaues wußten Schwester Daria und Schwester Agnes nicht. Aber der Name einer freien Schwester fiel ihnen ein, die als Halbjüdin geboren war und freiwillig nach Theresienstadt ging, um einen Transport katholischer Juden zu begleiten. Sie hieß Mathilde Münzer. Der Kardinal soll ihr die Genehmigung zu diesem Opfergang erteilt haben.

Und dann stieg noch ein anderer Name aus ihrer Erinnerung auf: Hegewald. Das war ein hochgewachsener, alter Mann, der irgendwann abends ins Franziskus-Haus kam. Wo er herkam und wer ihn geschickt hatte, daran erinnerten die Schwestern Daria und Agnes sich nicht, vielleicht haben sie es auch nie gewußt. Er hieß Hegewald, er war Jude und er war in Not, und das zu wissen genügte. Man ließ ihn als Patient im Seuchenkrankenhaus, bis der Krieg vorüber war und er wieder fortgehen konnte.

Mehr war von den alten Frauen nicht zu erfahren, ich blieb noch eine Weile bei ihnen sitzen, trank mit ihnen dünnen Kaffee, aß einen Apfel aus der Weihnachtstüte und hörte sie mit beinahe kindlichen Greisinnenstimmen durcheinanderreden, lauschte den Fetzen der Erinnerungen, die, unvollständig zwar und verblaßt in vierzig gelebten Jahren, von menschlichem Elend und schlichter menschlicher Größe kündeten.

Als ich ging, begleitete Schwester Gunthilde mich durch die Gärten. Es hatte geschneit. Ihre derben schwarzen Schuhe unter der dunklen Tracht ließen Spuren im Schnee. Sie ging vor mir. Ich hatte nur schmale Pumps an und versuchte, in ihre Spuren zu treten. Im Vorübergehen wies sie auf die Mauer zu meinem Schulhof: „Dort haben wir in den letzten Kriegstagen die Toten begraben. Man konnte nicht auf die Straße gehen. Die Luft war voller Flugzeuge. Überall Granaten, Schüsse, einstürzende Mauern. In der Großen Hamburger Straße standen schon russische Panzer. Da haben wir unseren Garten zum Friedhof gemacht."

Schwester Gunthilde blieb stehen, ich sah nicht, ob sie betete. Dann sprach sie weiter. „Am 29. April oder am 30. kamen zwei Bürschlein heulend angelaufen. Sie steckten in Uniformen und hingen voller Waffen, die hatte man ihnen drüben in der Auguststraße gegeben. Die Jungen waren dreizehn oder vierzehn Jahre alt, sie sollten kämpfen. Aber sie schrien vor Angst. Da haben wir sie ausgezogen und in den Keller gelegt. Damals operierten wir nur noch im Keller. Wir hatten keine Mullbinden mehr, aber wir haben sie mit Papierstreifen umwickelt, damit man sie für verwundet hielt. Ihre Uniformen verbrannten wir im Heizungskessel."

„Und die Waffen?" fragte ich. „Was wurde aus den Waffen?"

Schwester Gunthilde drehte sich zu mir um. Es dunkelte schon, und ich sah ihr Gesicht nicht.

„Die Waffen habe ich vergraben. Ich selbst", sagte sie. „Da liegen sie."

Sie zeigte zu einem Baum, nur ein paar Schritte von uns entfernt.

„Da liegen sie immer noch?" fragte ich fassungslos.

„Und da sollen sie auch bleiben." Schwester Gunthilde schritt jetzt energisch aus. Ich folgte ihr über die dünne Schneedecke.

Das unreine Kind

1987 hörte ich von einer alten Frau, die in Erkner im Pflegeheim „Gerhart Hauptmann“ lebte. Sie hätte ihren längst erwachsenen Sohn vor Jahrzehnten aus einem jüdischen Kinderheim in der Nähe vom Alexanderplatz geholt. An einem Sommertag fuhr ich mit der S-Bahn nach Erkner, suchte das Heim und fragte nach der zweiundachtzigjährigen Gertrud A. Sie lag im Bett, das sie schon lange nicht mehr verlassen hatte. Ihr Zimmer war winzig, es roch nach Desinfektionsmitteln. Ein Krankenzimmer, in dem wie Relikte einer vergangenen Zeit auch Teile einer Schrankwand standen, hinter deren Glas Fotos aus Gertrud A.s Leben gilbten. Da war auch der Sohn zu sehen, ein freundlicher Familienvater, Oberamtmann bei der Deutschen Reichsbahn. Und da war die alte Frau selbst als junges Mädchen, sie hieß damals Gertrud Tancré und muß von rührender Anmut gewesen sein. Jetzt war sie eine Greisin mit schütterem Haar, das Gesicht von Runzeln durchzogen, aber ihre wasserhellen Augen blickten klar. Neben ihrem Bett stand ein Klostuhl. Ich setzte mich zu ihr auf die Bettkante und erzählte, warum ich gekommen war. Und so erfuhr ich ihre Geschichte.

Das Mädchen mit dem Hugenottennamen wuchs in der Fruchtstraße als Tochter eines Schneidermeisters auf, nahe dem Schlesischen Bahnhof. Der wurde so genannt, weil dort die Züge aus den Ostprovinzen hielten. Als Gertrud ein Kind war, sah sie die Ankömmlinge mit ihren Bündeln, darunter viele der sogenannten Ostjuden, mit Hüten und schwarzen Mänteln. Auch in ihrer Straße lebten Berliner und Zugereiste zusammen, die Verschiedenheit der Lebensformen, die Enge und die Not führten zu immerwährenden Streitigkeiten zwischen den Nachbarn, aber da war auch Hilfe im Alltag und Toleranz. Gertrud lernte früh, einen Menschen nicht nach seiner Geltung zu beurteilen. Sie wurde Zuschneiderin und arbeitete bei verschiedenen Firmen am Hausvogteiplatz. Da gab es Chefs, die das Letzte aus ihren Arbeiterinnen herauspreßten, und andere, die menschlich waren. Das hatte nichts damit zu tun, ob sie jüdisch waren oder nicht. 1927 heiratete Gertrud Tancré den Klempner Walter A. Trotz der Weltwirtschaftskrise ging es ihnen recht gut, sie hatten Arbeit und konnten eine Zweizimmerwohnung in der Fruchtstraße mieten. Aber Gertrud war unglücklich. Sie bekam kein Kind. Als ihr das Jugendamt anbot, einen kleinen Jungen aus einem jüdischen Kinderheim zu sich zu nehmen, war sie sofort einverstanden. Das Kinderheim war in der Auguststraße, es war die AHAWAH.

Die Herkunft des kleinen Herbert war ihr gleichgültig. Für sie war es ein anderthalbjähriges Kind, das Mutterliebe brauchte. Aber das Kind wurde ihr nach zwei oder drei Jahren wieder weggenommen und zu einer anderen Pflegefamilie gegeben. Gertrud A. galt dem Vormundschaftsgericht als zu jung, um ein Kind zu adoptieren. Ihrem Mann war es ohnehin nicht so ganz recht, aber er ließ die Frau, die unbedingt ein Kind haben wollte, gewähren. Lange Zeit litt sie unter der Trennung von ihrem ersten Pflegesohn. Dann ging sie einfach wieder in die Auguststraße und fragte nach einem Kind. Das war 1932. Sie erzählte mir von dem Haus mit dem Blumenrondell vorm Eingang, von den langen Korridoren, von dem Speisesaal mit den Bildern nach biblischen Geschichten an der Wand und von der energischen Oberin Beate Berger, bei der sie vorsprach. Das Haus schien ihr düster und ärmlich, die Schlafsäle zwar sauber, aber unpersönlich und karg. Dort könnte kein Kind in Freude aufwachsen, glaubte

Gertrud A. Aber sie sah die Kinder auf dem Hof spielen und herumtollen. Sie beobachtete, wie ein Großer einen Kleinen tröstete. Sie sah einen Jungen mit vergipsten Beinen auf einem Brett mit Rädern juchzend den Gang entlangrollen, und ihr schien dann doch, daß die AHAWAH ein gutes Heim wäre, trotz der unübersehbaren Armut. Ob sie das Pflegekind jüdisch erziehen wolle, hatte die Oberin Berger sie streng gefragt. Gertrud A. mußte zugeben, daß sie sich unter jüdischer Erziehung gar nichts vorstellen konnte. Aber sie würde ihr Kind auch nicht ausgesprochen christlich erziehen, sie wollte einfach ein kleines Kind haben, dem sie Liebe geben könnte, für das sie kochen und nähen würde, das Mutter zu ihr sagen sollte.

Man schickte sie wieder fort, aber nach einer Weile bestellte die Oberin Berger sie wieder in die Auguststraße. Dort war drei Monate zuvor ein Junge abgegeben worden, seine Mutter war Dienstmädchen, keine Jüdin. Sie hatte in einem jüdischen Haushalt gearbeitet, und der jüdische Herr war wohl der Vater des Säuglings. Das Dienstmädchen jedenfalls wollte das Kind nicht behalten, und der verheiratete Herr brachte den Jungen in die AHAWAH. Besser als ein Heim wäre doch eine Familie für den Jungen. Obwohl auch Gertrud A. das fand, durfte sie den Jungen nicht gleich mitnehmen in die Fruchtstraße. Drei Jahre lang konnte sie ihn nur im Heim besuchen, mit ihm spazierengehen und für ein paar Stunden mit ihm spielen. Die Oberin Berger reiste ein oder zwei Jahre später mit einer Gruppe von Kindern der AHAWAH nach Palästina ab, die Zurückgebliebenen sprachen von Erez Israel, dem Gelobten Land, sie nähten Rucksäcke und sangen Lieder in einer Sprache, die Gertrud A. nicht verstand. „Ihnen blieb doch gar nichts anderes übrig, als sich auf das Jüdische zu besinnen, so wie man die Juden in Deutschland behandelte“, erklärte Gertrud A. sich die Atmosphäre in der AHAWAH, die ihr anders erschien als noch einige Jahre zuvor. 1935 durfte sie Kurt Hirsch endlich in Pflege nehmen. Aber da galt er den Behörden schon als rassisch minderwertig, und das arische Ehepaar hätte ihn nicht adoptieren dürfen. So mied Gertrud A. den Weg zu den Behörden, sie zog ihren Kurt ohne offizielle Genehmigung auf wie ein eigenes Kind. Zu Fremden sprachen ihr Mann und sie nicht über seine Herkunft. Es gelang ihr, ihn unter ihrem Familiennamen in der Schule anzumelden. Die Firma, bei der sie in diesen Jahren arbeitete, hieß Schindler & Presch. Der Chef war Jude. Nach der sogenannten Kristallnacht holte man ihn aus der Wohnung und brachte ihn nach Sachsenhausen. Drei Wochen später kam er völlig verändert wieder. Gertrud A. sah das Zittern seiner Hände, sie sah die Angst in seinen Augen und schwor sich, ihren Kurt vor einem solchen Schicksal zu bewahren. Sie log für das Kind und wäre bereit gewesen, Papiere zu fälschen. Auch ihr Mann hing an dem Sohn. Sie lebten wie eine normale Familie, bis der Mann Soldat werden mußte. Da arbeitete Gertrud A. schon bei der Post. Die jüdische Fürsorge kümmerte sich zum Glück nicht mehr um das in Pflege gegebene Kind, es gab so viel Schlimmeres in dieser Zeit. Irgendwann zog die AHAWAH auch aus Berlin fort. Gertrud A. hoffte, daß sich niemand an Kurt Hirsch aus dem jüdischen Kinderheim erinnern würde. Er ging zur Volksschule, erlebte die Bombennächte und die Kinderlandverschickung wie jedes andere Berliner Kind. Aber er erlebte nicht, was die jüdischen und halbjüdischen Kinder erleben mußten.

Einmal kam ein Brief von einer Dienststelle, die sich mit nichtarisch Versippten befaßte. Der Brief war eine Anfrage wegen Kurt Hirsch.

Gertrud A. zerriß ihn, ohnehin zog sie um nach Weißensee. Als der Krieg zu Ende war, erzählte sie ihrem Sohn von seiner Herkunft, aber er wollte davon nichts wissen. 1946 kam ihr Mann aus der Kriegsgefangenschaft zurück. Zwei Jahre später, Kurt war schon sechzehn, adoptierte das Ehepaar den Jungen aus der

AHAWAH. „Das war mein glücklichster Tag", sagte Frau A. und richtete sich in ihrem Bett auf. Die Erinnerungen hatten ihr blasses Gesicht gerötet. Trotzdem fror sie und zog die Strickjacke über dem Nachthemd zusammen. „Ich habe Kurt auf die hohe Schule geschickt", sagte sie stolz. Sie selbst blieb bei der Post, bis sie Rentnerin wurde. Ihr Mann starb 1973. Sieben Jahre später zog Gertrud A. in dieses Pflegeheim. Sie konnte sich nicht mehr selbst versorgen. „Mein Sohn ist ein guter Junge. Und auch die Schwiegertochter und die Enkel sind lieb, aber ich will die Kinder nicht belasten. Ich bin alt. Ich habe alles geordnet. Ich kann sterben."

Sie legte sich wieder zurück. Ihr dürrer Arm zeigte auf die Fotos, sie erzählte Geschichten aus der Zeit, als Kurt noch ein Kind war. Ich blickte in das Gesicht des Oberamtmanns auf den Bildern und versuchte mir Kurt Hirschs Schicksal vorzustellen, wenn Gertrud A. ihn nicht aus der Auguststraße geholt hätte. Ihre Stimme wurde brüchig, die Geschichten verwirrten sich. Scheinbar unzusammenhängend sprach sie von einem Grundstück neben dem Heim, einem verwilderten Platz, aus dem man einen schönen Garten machen könnte. Eine Schwester kam, sie öffnete das Fenster und schob den Klostuhl etwas zur Seite. Einige Minuten lang hörte sie der alten Frau zu. „Das ist ihr Traum", sagte sie leise zu mir. „Dieser Garten . . ."

Im Archiv des Oberfinanzpräsidenten

Eine Westberliner Freundin erzählte mir von dem Archiv des Oberfinanzpräsidenten, in dem seit Jahrzehnten DIE LISTEN aufbewahrt würden. Diese Listen kommen in allen Berichten von jüdischen Menschen vor, die ihre Deportation überlebt haben. Das waren Fragebögen, die man ein paar Tage, bevor man abgeholt wurde, bekam. Das Vermögen mußte angegeben werden, die Möbel, der Hausrat, alles, was man zurückließ.

Diese „Vermögenseinziehungsakten des Oberfinanzpräsidenten von Berlin und Brandenburg" wurden nach 1945 an die Oberfinanzdirektion abgegeben. Ich wußte also, daß in der Westberliner Finanzbehörde eine Kartei aller Berliner Juden lag, die deportiert wurden, und daß ich dort auch die Namen derjenigen finden könnte, die aus den Häusern in der Auguststraße „verschwunden" waren, die Namen der alten Menschen, die abtransportiert wurden, während die Nonnen hinter ihren Fenstern zusahen und die anderen Nachbarn nichts gesehen haben.

Aber dieses Archiv schien für mich unerreichbar.

Meine Stadt, in der ich geboren wurde und aufwuchs, war geteilt, und der andere Teil war wie das Verbotene Zimmer im Märchen, an das man immerfort denkt, nach dem man sich sehnt, vor dem man sich aber auch fürchtet, weil es unabsehbare Folgen haben kann, dieses Zimmer zu betreten.

Nie, glaubte ich, würde ich dieses Archiv des Oberfinanzpräsidenten sehen können.

Westberlin war für mich das Verbotene Zimmer.

Ich war freie Autorin, gehörte aber nicht dem Schriftstellerverband an, und die Zeitungen, für die ich schrieb, konnten mir keinen Reisepaß besorgen. Einmal hatte der Chefredakteur eines Almanachs für Junge Literatur es für mich versucht. Die Akten verschwanden irgendwo im Getriebe der Bürokratie, niemand lehnte meinen Reiseantrag ab, und niemand genehmigte ihn. Ein Beamter, mit dem ich gestern gesprochen hatte, konnte sich heute an nichts erinnern, seine Vorgesetzten waren verreist, Briefe kamen nicht an, Telefongespräche wurden nicht weitervermittelt. Das war nicht nur für mich eine gewöhnliche Erfahrung, und deshalb machte ich mir keine Hoffnung, als der Chefredakteur im Sommer 1988 vorschlug, erneut eine Dienstreise für mich zu beantragen. Ich hatte ihm von meiner Suche nach den Spuren der vergessenen Menschen in der Auguststraße erzählt, und er fand den Zeitpunkt günstig. Der 50. Jahrestag des Pogroms vom 9. November 1938 stand bevor und war in den Rang einer propagandistischen Großveranstaltung gehoben worden.

Seit 1984 liefen Verhandlungen zwischen der DDR, dem US State Departement und dem American Jewish Commitee. Es ging um Geld und Geschäfte, aber plötzlich sah man ein Stück verdrängter Vergangenheit mit anderen Augen.

Bis dahin hatte man von der Reichskristallnacht gesprochen, wenn überhaupt darüber gesprochen wurde. Jetzt galt nicht nur dieser Begriff als anrüchig, sondern auch das Schweigen über die Geschichte der Juden in Deutschland. Noch ein Jahr zuvor hatte ich der Zeitung des Kulturbundes einen Artikel über den alten jüdischen Friedhof in Teterow angeboten, auf dem zwischen umgestürzten Grabsteinen Kühe weideten, der Redakteur hatte ihn mir zurückgegeben mit der Bemerkung: „Wir haben schon genug über Juden gemacht“. Er meinte einen kurz zuvor abgedruckten Reisebericht über Israel. Im Sommer 1988 rief mich derselbe Redakteur an, fragte nach dem abgelehnten Artikel und bat mich, „irgendwas über Juden“ zu schreiben. Ich habe seinem Wunsch nicht entsprochen, nicht nur weil der Teterower Friedhof inzwischen aufgeräumt und umzäunt war. Überall erschienen plötzlich Artikelserien und Berichte über die Judenverfolgung, über den Anteil der Juden an deutscher Nationalkultur, über das Geborgenheitsgefühl jüdischer Menschen in der Deutschen Demokratischen Republik. Auch in der Auguststraße traf ich jetzt manchmal fotografierende Reporter. Das Thema war gefragt.

Dem Chefredakteur des Literaturalmanachs war das nicht entgangen, und er beantragte beim Zentralrat der Freien Deutschen Jugend, dem Herausgeber, mich ins Archiv der Oberfinanzdirektion nach Westberlin fahren zu lassen, um die Karteikarten ermordeter Juden einzusehen. Sein Instinkt für den richtigen Termin hatte ihn nicht getäuscht. Im November 1988 hielt ich endlich den blauen Paß mit dem Dienstvisum in der Hand, das für zehn Tage galt.

Am ersten Morgen dieser zehn Tage fuhr ich zum Bahnhof Friedrichstraße. Benommen vor Aufregung stellte ich mich dort in die Reihe vor der Ausreisehalle. Die meisten in der langen Schlange waren Rentner und unter ihnen vor allem Frauen, die ihre Taschen und Tüten an sich preßten, sich gegenseitig schoben, manchmal schimpften, meist aber geduldig standen. Nach einer Weile bemerkte ich, daß einige der jüngeren Reisenden an der Schlange vorbei durch einen separaten Gang in die Abfertigungshalle gingen, und ich verstand, daß Dienstreisende hier nicht warten mußten. Ich verließ meinen Platz in der Schlange und ging hinter zwei Frauen in Zolluniformen an der ersten Kontrolle vorbei in die Halle. Tatsächlich brauchte ich nur mein Dienstvisum vorzuzeigen, dann war ich in der Eingangshalle, in der sich Hunderte Menschen vor der Zollkontrolle und dahinter vor den Schaltern drängten.

Aber auch hier gab es eine besondere Abfertigung für Dienstreisende. Die Schlange davor war nicht lang. Zögernd stellte ich mich an. Ich wußte, daß die vor den anderen Schaltern schon lange gestanden hatten, und es würde noch eine Stunde dauern, bis die letzten von ihnen die Paßkontrolle passiert haben würden. Ich wagte kaum, mich umzusehen. Ich schämte mich. Mir kam es so vor, als ob unzählige Augen der Wartenden uns vor dem Sonderschalter feindselig musterten.

Vor mir standen die beiden Frauen vom Zoll und ein paar Arbeiter, die, das entnahm ich ihren Gesprächen, zum Spreehafen wollten. In unserer Reihe standen auch zwei oder drei Herren in korrekter Kleidung. Mit ausdruckslosen Gesichtern wiesen sie ihre geöffneten Aktenkoffer kurz vor. Ich erschrak. In meiner Schultertasche schleppte ich fünf Päckchen Eberswalder Würstchen mit, die ich am Abend meiner Schulfreundin Sabine bringen wollte, die vor einiger Zeit nach jahrelangem Warten ausgereist war. Sie hatte mich am Telefon um diese Würstchen gebeten, ihre Kinder vermißten manche Lebensmittel oder Süßigkeiten von der billigsten Sorte, die es im Westen nicht gab.

War nicht die Ausfuhr von Fleischwaren verboten?

Machte ich mich eines Zollvergehens strafbar?

Würde man mir den Paß wegnehmen?

Zurück konnte ich nicht, also blieb ich still stehen und hoffte auf ein Wunder. Zu den Blicken der gewöhnlichen Wartenden, die ich durch meine Kleider hindurch auf der Haut zu spüren meinte, kam die Angst vor dem Moment, in dem ich meine Tasche öffnen sollte. Aber der Uniformierte lachte nur und sagte verständnisvoll: „Ach, die Marschverpflegung!" als er in die Tasche sah. Noch nie zuvor hatte ich in dieser Ausreisehalle einen Uniformierten lächeln sehen.

Beim letzenmal, als ich zum Begräbnis meines Vaters nach Hamburg gefahren war, war es vier Minuten vor Abfahrt des Zuges, als ich endlich in der Durchgangskabine zur Paßkontrolle stand. Ich erinnere mich genau, wie ich bat, während ich den geöffneten Paß hinstreckte: „Ach, bitte, machen Sie schnell. Mein Zug fährt um 11 Uhr 29."

Der Uniformierte verzog keine Miene, während er seiner Arbeit nachging, sein unfertiges, pubertäres Gesicht blieb wie versteinert. Mit gemessenen Bewegungen stempelte er meinen Paß. Als ich nach dem Dokument greifen wollte, hielt er es fest und sah mir kalt in die Augen. Nie werde ich diesen Blick vergessen. Es war der Blick eines Menschen, der Macht hatte und der mich haßte. Vielleicht, weil ich reisen durfte und er nicht, vielleicht auch brauchte dieser Haß keinen Grund. Ich spürte wahnsinnige Wut in mir hochsteigen. Ich wollte etwas sagen, aber ich wußte, daß er darauf wartete. Ich sagte nichts. Anderthalb endlose Minuten vergingen, ohne daß etwas geschah. Wir blickten uns in die Augen. Schließlich zog er langsam seine Hand zurück. Ein kaum wahrnehmbares Grinsen flog über sein Gesicht. Ebenso langsam nahm ich den Paß und ging. Mein Zug war fort.

Diesmal dauerte die Paßkontrolle nur einen Moment, der Uniformierte wünschte mir noch einmal einen schönen Tag, und ich war schon an der Treppe zum Bahnsteig.

Am Bahnhof Zoo erwartete mich meine Freundin Barbara Schieb, die in der Gedenkstätte Deutscher Widerstand in der Westberliner Stauffenbergstraße arbeitete und Lebensgeschichten versteckter Juden aus der Zeit von 1941 - 1945 sammelte. Etwa 5 000 jüdische Berliner hatten sich der Deportation entzogen und illegal gelebt. 1 400 von ihnen überlebten, und mit vielen hat Barbara Schieb gesprochen. Manche ihrer verschlungenen Lebensfäden berührten sich mit Schicksalen von Menschen aus der Auguststraße, auch in Häusern dieser Gegend hielten sich Menschen verborgen. Und wenn Barbara und ich uns gegenseitig erzählten, was wir erfahren hatten, schien uns manchmal, daß jedes Leben mit jedem zu tun hat. Uns schien, daß sich ein unsichtbares Netz über die Stadt gezogen hatte, durch das Menschen aufgefangen, am Leben gehalten wurden. Die dieses Netz spannten, waren nur wenige. Der Gefängnispfarrer Harald Poelchau, die Lehrerin Elisabeth Abegg, der Bürstenfabrikant Otto Weidt aus der Rosenthaler Straße 39, der Druckereibesitzer Theodor Görner aus der Rosenthaler 26 ... Ihre Namen kommen immer wieder in den Geschichten der Überlebenden vor.

Barbara brachte mich in das Finanzamtsgebäude nahe dem Bahnhof Zoo, in dessen sechster Etage die Akten lagen. Sie hatte meinen Besuch dort angekündigt. Unterwegs bereitete sie mich auf die Begegnung mit Herrn X. vor. Der verwaltete die LISTEN, die Vermögensakten der ermordeten Juden, ihre Karteikarten und die Transportlisten der Gestapo. Herr X., erfuhr ich unterwegs, interessiere sich nicht besonders für diese Akten. Aber er koste seine Macht, über sie zu verfügen, gerne aus, und Barbara riet mir, ihm nicht zu widersprechen, seine merkwürdigen Reden zu überhören.

Herr X. erwies sich als ein kleines Männlein unbestimmbaren Alters, das mich verdrossen taxierte. Ich war also die angekündigte Besucherin aus dem Osten. Vom Osten halte er gar nichts, ließ er mich wissen. Schon wie das alles da aussähe. Da könne man doch nicht leben, er jedenfalls könnte das nicht.

Ich nickte verständnisvoll.

Jetzt kämen ja öfter Besucher aus dem Osten ins Archiv, fuhr er fort. Schriftsteller, Wissenschaftler. „Die Juden werden Mode."

Herr X. erzählte mir, wie viel Arbeit und Unordnung jeder Besucher mache. Die meisten, erklärte er, kämen ohnehin nur aus Geldgier. Die würden nach ihren toten Verwandten forschen, um Entschädigungen herauszuschlagen.

Barbara protestierte: „Die Fristen für Entschädigungen sind doch schon längst abgelaufen."

„Nein, nein." Herr X. wußte es besser. „Den Juden geht es ums Geld. Die wollen nur an die große Knete ran." Dabei zahle ihm selbst auch niemand was für die Kriegsschäden seiner Vorfahren. Und die Archivbesucher aus dem Osten, wandte er sich versöhnlich an mich, weil ihm wohl mein entsetztes Gesicht aufgefallen war, wären ja gar nicht mal die Allerschlimmsten. Da kämen welche aus Lateinamerika oder sonstwoher, die hätten sich im Frieden gesonnt, während auf Deutschland die Bomben fielen, und jetzt würden die sich als Verfolgte gebärden und verlangten noch Geld für die Möbel ihrer Eltern.

Barbara warf mir einen warnenden Blick zu, und ich schwieg. Nie hätte ich gedacht, daß ich solchen Reden zuhören würde, ohne ihnen zu widersprechen. Ich wollte die Akten in die Hände bekommen, und dafür brauchte ich das Wohlwollen dieses Mannes.

Es gab für jede Deportation aus Berlin Transportlisten, auf denen jeder Mensch, vom Neugeborenen bis zum Greis, eine „laufende Nummer" zugeteilt bekam. Jeder Deportierte war auf den Transportlisten der Gestapo mit seinem Namen, seinen Geburtsdaten, seiner Adresse und seinem Beruf verzeichnet. Manchmal war auch angegeben, ob der Betreffende arbeitsfähig war oder nicht.

Vom Oktober 1941 bis zum April 1945 gab es 63 sogenannte Osttransporte. 35 000 Berliner wurden „nach Osten" verschleppt. In Minsk, in Lodz, in Kowno, in Riga, in Trawniki, seit Juli 1942 in Auschwitz verließen sie die Güterwagen. Vom November 1944 an endeten die „Osttransporte" in Ravensbrück oder Sachsenhausen.

Außerdem gab es 117 sogenannter Alterstransporte nach Theresienstadt, was für viele nur eine Durchgangsstation nach Auschwitz war. Dorthin wurden 15 000 Menschen deportiert.

Die Gestapo benutzte den Begriff der Wellen für ihre Menschenjagd. Der 1. Transport aus Berlin vom 18. Oktober 1941 ging nach Lodz und gehörte zur 1. Welle.

Die Transportlisten der jeweiligen Wellen schickte die Gestapo (Staatspolizeileitstelle Berlin C 2, Grunerstraße 12, Ecke Dircksenstraße) an den Herrn Oberfinanzpräsidenten nach Berlin NW 40, Alt Moabit 43. Die Vermögensverwertungsstelle kontrollierte anhand der Transportlisten und der beigefügten Vermögenserklärungen, ob das Deutsche Reich, auf das das Vermögen der Juden „übergegangen" war, auch tatsächlich alles bekommen hatte.

Diese Transportlisten befanden sich in einem Schrank in Herrn X.s Büro. Er war nicht verpflichtet, sie mir zu geben, und ich mußte täglich darum bitten. Bevor er sich dazu herabließ, sie mir auszuhändigen, schimpfte er immer ein Weilchen über seinen Chef, über die Frauen, über die Juden und insbesondere über die jüdischen Besucher seines Archivs. Ich hörte gesenkten Blicks zu.

Das schien ihm zu gefallen, er wurde von Tag zu Tag zutraulicher und rückte die Wellen-Listen heraus. Die enthielten die Namen von 50 000 Menschen. Unter ihnen müssen auch die gewesen sein, die Schwester Gunthilde und die anderen Nonnen in den Kellerräumen meines späteren Schulhauses gesehen hatten.

Zuerst las ich jeden Namen, jede Adresse.

Es war wie ein Gang über einen ungeheuren Friedhof, wo die Inschriften auf den Steinen Lebensgeschichten erzählen. Aber diese Menschen hier haben keinen Stein. Ich las und brachte es nicht fertig, schneller zu blättern, um die Auguststraße zu finden.

So vergingen meine Stunden, meine ersten Tage in diesem Archiv.

Morgens stand ich am Bahnhof Friedrichstraße, ging durch den Eingang für Dienstreisende und passierte in wenigen Minuten die Zoll- und die Paßkontrolle. Ich machte die Erfahrung, wie schnell man sich an Privilegien gewöhnt, schon am dritten Tag ging ich an den wartenden Rentnern vorbei und spürte ihre Blicke nicht mehr. Der kleine Anflug von Scham verlor sich, sobald ich auf dem S-Bahnsteig stand.

Am dritten Tag tauchte die Auguststraße unter den Adressen auf. Eine Regina Nawratzki war aus der Nummer 42 abgeholt worden, eine Ida Wolf, geborene Blumenthal, aus der Nummer 18. In der Nummer 18 hatte doch Else Wierschke ihren kleinen Kolonialwarenladen besessen. Über die einundfünfzigjährige verheiratete Ida Wolf hatte sie mir nichts erzählt. Und nichts über den vierzigjährigen ledigen Kurt Wolf, der mit demselben Transport deportiert wurde. Beide waren ohne Beruf, aber arbeitsfähig. Beide wohnten in der Auguststraße 18. Waren sie Geschwister? Aus der Nummer 57 wurde Hildegard Baruch, geborene Lewin, abgeholt, aus der Nummer 83 wurden Menschen geholt, aus der Nummer 70, fast alle Häuser der Auguststraße fand ich wieder auf diesen Listen.

Ich sah auch die Namen der Bewohnerinnen des Frauen- und Mädchenheims in der Auguststraße 17, von dem mir Else Wierschke erzählt hatte. Die sogenannte 9. Welle hatte sie erfaßt, und die 14. Welle und die 18 . . .

Und ich fand mein Schulhaus, das Haus, nach dessen Bewohnern ich suchte.

Am 15. und 16. Juli 1942 wurden dreiunddreißig Menschen aus diesem Haus abgeholt und mit dem 22. und 23. Alterstransport nach Theresienstadt gebracht. Hinter jedem Namen stand eine „laufende Nummer", die ich Herrn X. nannte, damit er die dazugehörige Vermögensakte heraussuchte. Im Lesesaal befand sich auf einer Seite eine Reihe riesiger Regale mit tausenden Vermögensakten, auf der anderen Seite standen die alphabetisch geordneten Karteikästen. War die „laufende Nummer" nicht mehr zu lesen, konnte man sie auch auf der Karteikarte des Gesuchten finden.

Herr X., der zu diesen Arbeiten wenig Lust hatte, überließ sie nach ein paar Tagen mir selbst, und ich konnte mich in seinem Archiv frei bewegen.

Bei den dreiunddreißig Menschen handelte es sich um Greisinnen und Greise. Ihre Listen waren mit zittriger Hand ausgefüllt worden, manche aber auch mit einer flüssigen Handschrift, die ich auf vielen Listen wiedererkannte. Hatte eine Pflegerin beim Ausfüllen der Fragebögen geholfen oder vielleicht der Beamte der Oberfinanzdirektion, der die Listen verteilte und einsammelte?

Der älteste unter den im Juli 1942 aus der Auguststraße 14/16 Deportierten war der fünfundachtzigjährige Ruben Hecht. Seine krakelige Unterschrift war von anderer Hand als die Worte *Nicht vorhanden* neben der Frage nach Pfandbriefen, Tafelgeschirr oder Schlafzimmermöbeln. Die jüngste Frau auf diesem Transport war Anna Rothenburg, 51 Jahre alt. Begleitete sie die alten Menschen als Pflegerin? Schon eine Woche nach diesem Transport wurden wieder 25 Menschen aus der Auguststraße 14/16 abgeholt. Sie gingen mit dem 27. Alterstransport nach Theresienstadt.

Am 6. Juni hatte es den ersten Transport aus Berlin nach Theresienstadt gegeben. Die alten Menschen, die am 22. Juli das Haus in der Auguststraße verlassen mußten, gehörten nun schon zum 27. Transport, und bis Jahresende würde es 78 Transporte nach Theresienstadt geben. Dorthin zu kommen galt als Vergünstigung. Es gab den Ausdruck „theresienstadtberechtigt“, das waren über 65 Jahre alte Juden, Teilnehmer des ersten Weltkrieges, soweit sie Orden besaßen oder kriegsversehrt waren, leitende Angestellte der Reichsvereinigung, sogenannte Mischlinge oder Prominente. Die meisten der aus der Auguststraße 14/16 Deportierten waren Frauen. Martha Hirschfeld, Paula Jacob, Felicitas Growald, Recha Gotthilf. Auf den Listen gaben sie *Kein Vermögen* an. Jeder, der „theresienstadtberechtigt“ war, wurde gezwungen, einen „Heimeinkaufsvertrag“ zu unterschreiben. Darin trat er sein ganzes Vermögen ab gegen das vermeintliche Recht, in Theresienstadt lebenslang Unterkunft und Verpflegung zu bekommen. Von den 150 000 nach Theresienstadt verschleppten Menschen starben 40 000 dort, 90 000 wurden in Vernichtungslager weitergeschickt.

Einige hundert von ihnen kamen aus der Auguststraße 14/16. Vielleicht hatten sie vorher eigene Wohnungen besessen, die man ihnen genommen hatte. Vielleicht waren sie Insassen bereits aufgelöster Heime gewesen, vielleicht hatten ihre Kinder das Glück gehabt, auswandern zu können. Für die Alten blieb nur die „Abwanderung“. Das Haus in der Auguststraße bot ihnen ein Dach, bis eine der tödlichen Wellen auch sie erfaßte.

Im August und im September 1942 wurde niemand aus der Auguststraße 14/16 deportiert. Aber in den Listen der 37. und 38. Welle kommt das Haus wieder vor. Auf den Listen dieser Transporte steht hinter den Namen manchmal der Stempelaufdruck: Siechenheim Auguststraße 14/16.

Was war das für ein Siechenheim in der Auguststraße?

Um die Jahrhundertwende, zur Zeit des Jüdischen Krankenhauses, hatte es ein Siechenheim hinter dem Haus in der Auguststraße gegeben. Das Gebäude dieses alten Siechenheims steht heute noch dicht bei der Neuen Synagoge in der Oranienburger Straße. Aber dieses Siechenheim war schon 1931 in die Iranische Straße gezogen.

Waren vielleicht die siechen Patienten aus dem nahegelegenen Krankenheim von Adass Jisroel, Elsässer Straße 85, in die Auguststraße umgezogen?

Schon mit dem 22. Alterstransport vom 15. Juli 1942 war eine achtundsechzigjährige Lene Lindenberg, geborene Deutsch aus dem Haus in der Auguststraße deportiert worden, die, so steht es in ihren Papieren, im Hospital Elsässer Straße 85 gelebt hatte. Und am

26. Oktober 1942 wurde Johanna Jany aus der Auguststraße 14/16 deportiert. Sie war einundvierzig Jahre alt, ledig und gab an, als gelernte Hausgehilfin im Siechenheim der Jüdischen Kultusvereinigung zu arbeiten, seit dem 6. August 1941.

War die Auguststraße 14/16 zum Siechenheim erklärt worden? Über das Ende des Israelitischen Krankenheims in der Elsässer Straße ist wenig bekannt. Die Gemeinde Adass Jisroel war seit dem 25. Oktober 1939 von der Reichsvereinigung geschluckt, ihre *Chewra Kadischa* aufgelöst worden. Das Krankenheim aber muß noch eine Zeitlang belegt gewesen sein, mindestens bis zum September 1941, denn bis zu diesem Datum wurden auf dem Friedhof der Adass Jisroel-Gemeinde in der Wittlicher Straße Menschen begraben, die im Israelitischen Krankenheim gestorben waren.

Auf mehreren Karteikarten fand ich neben den Namen von aus der Auguststraße Deportierten den Hinweis: Vorher Elsässer Straße 85. Also kamen Patienten von dort in die Auguststraße. Vielleicht nannte man den Teil des Hauses, in dem diese bettlägerigen Patienten untergebracht waren, das Siechenheim Auguststraße.

In einem Bericht über die Arbeit der Jüdischen Gemeinde zwischen 1941 und 1943, den Hildegard Henschel, die Frau des letzten Vorsitzenden Moritz Henschel, 1946 in Tel Aviv zu Papier brachte, hatte ich gelesen: „Am 29. Mai 1943 wurde das große Siechenheim Auguststraße, unter Leitung von Frau Rebekka Oberländer stehend, mit dreihundert liegenden Patienten nach Theresienstadt evakuiert."

Nach den Listen dieses Transports, es war der 90. Alterstransport, suchte ich im Archiv der Oberfinanzdirektion. Schon eine Woche lang arbeitete ich hier, und noch immer war mir, als beträte ich eine Totenhalle, wenn ich in den kleinen Lesesaal mit den Karteikarten und Vermögensakten kam.

In dem Moment, als ich die Listen des 90. Alterstransports in einer Mappe mit der Aufschrift 55. Welle fand, setzte sich Herr X., der diesmal bester Laune war, auf den Schreibtisch mir gegenüber und ließ die Beine baumeln. „Was wollen Sie mit diesen Judensachen?“ fragte er wieder einmal. „Das interessiert doch keinen. Oder glauben Sie, daß Sie damit Geld verdienen können?“

Und er begann mir ausführlich seine Meinung zu hohen und niedrigen Verdienstspannen, günstigen Geldanlagen und unverschämten Entschädigungsansprüchen lästiger Juden darzulegen.

Wenn er über die Juden und das Geld zu reden begann, würde er so bald nicht aufhören. Das hatte ich schon erfahren, und mir blieb nichts anderes übrig, als seine Worte über mich ergehen zu lassen und dabei verzweifelt zu versuchen, in den Papieren zu lesen.

Auf den 90. Alterstransport gingen nicht nur alte Menschen.

Und nicht nur die Auguststraße wurde von der 55. Welle erfaßt. Die großen Transporte vom März 1943 mit über tausend Menschen hatten die Stadt fast „judenrein“ gefegt. Aber noch fand man Juden, zum Beispiel in der Kinderunterkunft Oranienburger Straße 31. Das war das von Moritz und Bertha Mannheimer gestiftete alte Siechenheim, in dem von 1933 bis 1938 das Jüdische Museum untergebracht war. Außerdem befand sich in diesem Haus eine Schule der Jugend-Alijah, in der Kinder hebräisch lernten. Und bis 1943 gab es dort eine Kinderunterkunft der Bezirksstelle der Reichsvereinigung Deutscher Juden. Die dieses Heim als letzte Adresse angaben, waren aber keine Kinder, es waren junge Menschen, etwa 20 Jahre alt. Bela Mann, Lieselotte Schönfeld, Judis Behr, Xaver Krauß. Waren sie Betreuer der Kinder aus der Unterkunft, die schon vor ihnen abgeholt worden waren? Wurden sie nun mit der Begleitung des 90. Alterstransports beauftragt? Um die Mitte des Jahres 1943 befanden sich nur noch wenige Juden in Berlin, dieser 90. Alterstransport war einer der letzten größeren, danach gab es nur noch Transporte mit weniger als hundert Menschen, die nach Auschwitz oder Theresienstadt gebracht wurden.

Am 10. Juni 1943, knapp zwei Wochen nach dem 90. Alterstransport, wurden die Jüdische Gemeinde und die Reichsvereinigung aufgelöst, eine Woche später deportierte man die letzten Gemeindemitarbeiter, sie wurden nicht mehr gebraucht.

Auch aus der Dragonerstraße, aus der Alten Schönhauser Straße, aus der Gipsstraße gingen einzelne Menschen auf diesen Transport.

Und dann sah ich die Namen aus der Auguststraße 14/16. Ehepaare, viele einzelne Frauen, wenige Männer, alte Menschen, insgesamt 157 Namen.

Hildegard Henschel aber hatte von insgesamt 300 liegenden Patienten des Siechenheims berichtet.

Ich suchte weiter. Viele Dutzend Namen von Menschen, die zum 90. Alterstransport geholt wurden und deren Adresse Elsässer Straße 85 war, also das Krankenheim der Adass Jisroel-Gemeinde. War dieses Krankenheim doch nicht im September 1941 aufgelöst worden? Auf irgendeine Weise hingen das Siechenheim Auguststraße und das Krankenheim von Adass Jisroel zusammen.

Ich suchte Rebekka Oberländers Namen, und ich fand ihn inmitten der anderen. Mit ihrer „laufenden Nummer“ wollte ich zu den Aktenregalen gehen, aber Herr X. lachte gerade laut über einen Witz, den er mir erzählt hatte.

„Seien Sie doch mal still“, fuhr ich ihn an. Er erhob sich und erklärte beleidigt, es sei für die Besucher verboten, sich selbständig Akten zu entnehmen. Und er hätte jetzt keine Zeit mehr.

Erst am nächsten Tag händigte er mir mürrisch die Vermögensakte von Rebekka Oberländer, geborene Schreier, aus.

Sie war 1894 in einem Ort namens Drohobycze geboren. In diesem südostpolnischen Städtchen war zwei Jahre vor ihr Bruno Schulz geboren worden, in Drohobycze war er am 19. November 1942 gestorben, von einem Gestapomann auf der Straße erschossen. Vielleicht hat Rebekka Oberländer als Kind mit ihm gespielt. Daß er ein bedeutender Dichter war, wird sie nie erfahren haben. Das wußte überhaupt kaum jemand, als Bruno Schulz noch lebte.

Auch Rebekka Oberländers Schwiegermutter Civje Oberländer, geborene Klinkhofer, einundsiebzig Jahre alt, ging mit auf den 90. Alterstransport.

Rebekka Oberländer hatte ihre Vermögenserklärung selbst ausgefüllt, mit einer klaren, kräftigen Schrift. Ihr Beruf war Heimleiterin, ihre letzte Beschäftigung bei der Reichsvereinigung. Sie besaß weder Möbel noch Hausrat, aber ein Konto mit 800 Mark.

Rebekka Oberländers Ehemann und ihr Sohn Joachim waren in England, ihr Sohn Fred in Palästina, als sie am 29. Mai mit dreihundert Alten und Kranken und einigen jungen Frauen und Männern, insgesamt waren es 327 Menschen, auf den 90. Alterstransport ging.

Rebekka Oberländer kam nicht zurück.

Die letzten von ihrer Hand geschriebenen Worte sind ihre Angaben in diesen Listen. Ich las sie immer wieder, als verberge sich eine Botschaft in ihnen, die Rebekka Oberländer den Lebenden hinterließ. Diese Botschaft war vielleicht der ruhige Fluß ihrer beherrschten Handschrift, die kein Zittern verriet, die Botschaft war, daß sie bis zum Schluß in diesem Haus in der Auguststraße bei den hilflosen Menschen blieb.

Mein Dienstvisum galt nur noch für zwei oder drei Tage, von Westberlin hatte ich nichts gesehen als dieses Archiv, ein paar Wohnungen und Straßen. Abends lief ich frierend durch das Verbotene Zimmer, das novemberlich kalt war und durch die Leuchtreklamen nicht wärmer wurde. Einmal rief ich meinen Mann und die Töchter vom Ku'damm aus an, ich wollte ihre Stimmen hören, nachts, wenn ich nach Hause kam, schliefen sie schon. „Bring mir eine Barbiepuppe mit", bettelte die Fünfjährige, und meine große Tochter beneidete mich, weil ich hinter der Mauer war. Dabei sah ich doch nichts als diese Karteikarten und Transportlisten vor mir, hörte den höhnischen Satz, den Gerichtsvollzieher Kasischke unter die Inventarbewertungs-Formulare schrieb: *Die Jüdin war Heiminsassin. Kein Vermögen vorhanden.*

An dem Tag, als ich Rebekka Oberländers Akte las, verweigerte Herr X. mir weitere Wellen-Akten der Gestapo aus seinem Schrank. Diese Unterlagen wären schon recht zerschlissen, er dürfe sie gar nicht aus der Hand geben.

Ich hoffte auf den nächsten Tag, meinen vorletzten, und bat ihn nur höflich, sein Radio leiser zu stellen. Er tat es unwillig, dennoch hörte ich den ganzen Tag über beliebte Melodien für Jung und Alt.

Dabei schaute ich mir meine Notizen aus den Vortagen an. Hunderte Namen und Daten, deren Sinn ich erst langsam erfaßte, als ich sie wieder und wieder las.

Durch das Haus Auguststraße 14/16 müssen in diesen Monaten Tausende Menschen gegangen sein. Das Elend der Jüdischen Gemeinde Berlins spiegelte sich in den Schicksalen der Menschen wieder, die in diesem Haus ein paar Wochen oder Monate verbrachten, die ihre Wohnung schon verloren hatten und doch noch auf ein Wunder hofften, das sie vor der Deportation bewahren würde.

Wenige Monate nach meinem Besuch im Archiv des Oberfinanzpräsidenten bekam ich einen Brief von Frau Nora Eggar, geborene Wedell, die bis 1939 Lehrerin an der Mädchenschule Auguststraße gewesen war. Ich hatte sie nach den AHAWAH-Kindern gefragt, über die sie wenig wußte. Sie schrieb im Mai 1989:

„Wissen Sie, daß das Gebäude in der Auguststraße 14/16 ein Konzentrationslager war für Berliner Juden, die aus ihren Wohnungen vertrieben waren und deportiert werden sollten?

Das weiß ich mit Sicherheit, da 1946 im Woburn House, London, eine ‚official list' aushing mit den Namen der Juden, die 1943 nach Auschwitz gebracht wurden. Unter diesen Namen waren die meiner Eltern. In der Liste stand, daß sie vom 12. Dezember 1942 bis zum 2. März 1943 im Konzentrationslager Berlin Auguststraße waren und mit dem 32. Osttransport nach Auschwitz kamen."

Ich hatte die Namen von Nora Eggars Eltern nicht gefunden, dafür andere, die aus der Auguststraße zum 32. Osttransport geholt wurden, zu dem 1758 Menschen gehörten.

Manche starben auch in dem Haus selbst, ihre Namen wurden dann auf den schon fertigen Listen durchgestrichen, und dem Transport wurde ein beliebiger anderer Mensch hinzugefügt, damit die Zahl stimmte.

Die nachträglich hinzugefügten Namen gehörten manchmal kleinen Kindern, die ohne Eltern auf Transport geschickt wurden. Man holte sie aus den jüdischen Heimen. Einmal sah ich die Daten eines sechs Wochen alten Kindes ohne Angehörige auf der Liste. War es ein Findelkind? War seine Mutter gestorben? Ein andermal holte man zwei kleine Jungen, Joachim und Werner Singer, sieben Jahre alt, aus der Rosenthaler Straße 39. Das war Otto Weidts Haus, hatte er die Kinder versteckt? Oder wohnten sie im Vorderhaus? Warum allein? Niemand wird diese Fragen beantworten.

Und mir fiel auf, daß mehr Frauen als Männer deportiert wurden. Die Auguststraße 14/16 muß in diesen Jahren ein Haus der alten Frauen gewesen sein.

Das ist leicht zu erklären.

Nach dem ersten Weltkrieg gab es unter der deutschjüdischen Bevölkerung ebenso einen Frauenüberschuß wie bei anderen Deutschen. Nach 1933 starben sehr viel mehr Juden als sonst, die meisten waren Männer. Männer waren mehr als Frauen Haft und Mißhandlungen ausgesetzt, für Männer war der Verlust ihrer beruflichen Stellung, ihres öffentlichen Ansehens oft schwerer zu ertragen als für Frauen, die beides seltener besaßen. Unter denen, die Deutschland verließen, waren sehr viele alleinstehende Männer, weil es für sie am wenigsten Hindernisse bei der Emigration gab. Also wurden mehr Frauen als Männer deportiert und ermordet. Ein Drittel der Deportierten war über sechzig Jahre alt. Die Mehrheit der noch in Deutschland verbliebenen Juden lebte von Renten, kleinen Ersparnissen und Spenden der Jüdischen Wohlfahrt.

Schon 1936 hatte Jakob Letschinski, ein jüdischer Publizist, die Lage so beschrieben: „Man hat das Geschäft liquidiert oder übergeben. Man hat etwas Geld dafür erhalten. Einzelne: Millionen; ein paar Dutzend: Hunderttausend; Zehntausende: ein paar tausend Mark. Und nun zehrt man diesen Bestand auf. Wer Kinder hatte und es irgendwie konnte, hat sie ins Ausland geschickt und hofft auf gute Nachrichten und auf den erlösenden Ruf, in die neue Heimat zu kommen, in die Kinderheimat. Wer keine Kinder hat, sitzt und zählt die Markstücke und die Jahre und bittet den Himmel, daß die Jahre Gott behüte nicht länger andauern als die Markstücke."

Den Menschen, die aus der Auguststraße 14/16 deportiert wurden, waren die Markstücke schon abhanden gekommen, und Jahre blieben nur wenigen, viele hatten nur noch Tage vor sich, als sie das Haus verließen.

Auffällig war, daß neben den Alten immer wieder ganze Gruppen junger Menschen aus der Auguststraße abgeholt wurden.

Mit der 38. Welle wurden etwa zwanzig junge Männer, einige erst achtzehn, neunzehn Jahre alt, auf den

24. Osttransport geschickt. Dieser Transport ging am 9. Dezember 1942 mit 997 Menschen nach Auschwitz, es war der erste oder zweite Transport aus Berlin nach Auschwitz. Hinter den Namen der jungen Männer stand „Bereitschaftsheim“. Unter ihnen waren wenige ältere Männer zwischen 38 und 54 Jahren.

Was war das für ein „Bereitschaftsheim“?

Seit Ende November 1942 war der Wiener SS-Mann Brunner in Berlin, der die „Wiener Methoden“ einführen sollte, denn es ging der Gestapo zu langsam voran, Wien war bereits „judenfrei“. Brunner mietete Möbelwagen an, setzte jüdische Ordner hinein und kämmte systematisch die Straßen und Häuser nach Juden durch. Manchmal griff man dabei Menschen, die von ihren Arbeitsstellen noch gebraucht wurden und die selbst die Gestapo nicht freibekam. Weil man diese Menschen aber nicht in ihre Wohnungen zurückschikken wollte, denn durch die Bombenangriffe fehlten Wohnungen für arische Volksgenossen, richtete man für diese Gefangenen ein besonderes Lager ein. Hildegard Henschel erinnerte sich 1946, daß dieses Haus in der Auguststraße war.

„Von dort gingen sie zur Arbeit, sie hatten zu bestimmten Stunden Ausgang, aber sie lebten doch in einem Lager, dessen Schrecknisse auch die hier sorgfältig und eifrig ausgeübte Betreuung der Gemeinde nicht mildern konnte. Allmählich wurden diese Menschen dann doch evakuiert, und das Lager wurde wieder aufgelöst.“

War dieses Lager das „Bereitschaftsheim“? Aber Hildegard Henschel schrieb etwas von dreihundert Menschen, und die waren gewiß nicht erst achtzehn oder zwanzig Jahre alt, sie waren ausgebildete Fachkräfte. Eher könnten die jungen Männer die jüdischen Ordner aus den Möbelwagen gewesen sein. Oder waren sie die Greifer, der Suchtrupp, über den mir Frau Gebler und andere Nachbarn in Andeutungen erzählt hatten?

Die wohl bekanntesten jüdischen Spitzel, über die viele Überlebende berichteten, waren Stella Kübler, geborene Goldschlag, und Rolf Isaakson, der besonders im Scheunenviertel und um den Hackeschen Markt herum sein Unwesen trieb. Über sie ist viel geschrieben worden, vor allem Stellas Name wurde zu einem Symbol des Schreckens.

Sie war das hübsche, verwöhnte Kind eines bekannten Komponisten und einer Sängerin. Die Erfahrung, als Jüdin verfolgt und ausgegrenzt zu werden, traf sie nach einer sorglosen Kindheit wie ein Schock. Zur Zeit der Nürnberger Gesetze war Stella Goldschlag dreizehn Jahre alt. Sechs Jahre später heiratete sie den kaum älteren Manfred Kübler. Mit ihren Eltern wurde das Mädchen zu Fabrikarbeit zwangsverpflichtet. Am 27. Februar 1943, bei der sogenannten Fabrikaktion, versteckte Stella geistesgegenwärtig sich und die Eltern. Ihr Mann kam nach Auschwitz. Vom Februar 1943 bis zum Sommer lebte sie mit ihren Eltern illegal, in dieser Zeit soll sie anderen Untergetauchten geholfen haben. Sie wurde von einem Spitzel entdeckt, man brachte sie zur Gestapo in die Burgstraße, wo sie auf Befehl des SS-Hauptscharführers Walter Dobberke grausam zusammengeschlagen und mit simulierten Erschießungen fast um den Verstand gebracht wurde. Dennoch gelang es ihr, zu fliehen und zu ihren Eltern ins illegale Quartier zurückzukehren. Am nächsten Tag wurden sie alle drei verhaftet. Wieder wurde sie gefoltert und sollte über andere Illegale Auskunft geben. Ihr wurde versprochen, die Eltern, an denen sie sehr hing, zu verschonen. Sie versuchte, die Gestapo zu täuschen oder hinzuhalten, schließlich brach ihr Widerstand, und Stella Kübler wurde ein willfähriges, brauchbares Werkzeug der Gestapo. Wenn sie durch die Stadt strich, folgten ihr unaufällig zwei Gestapoleute. Stella suchte Bekannte oder andere jüdische Untergetauchte. Das Leben im Untergrund schärfte die Sinne, man erkannte einander. Wenn sie einen

Juden gefunden hatte, sprach sie ihn an, behauptete, Hilfe zu brauchen. Jedesmal lieferte sie den Untergetauchten und die Helfer aus.

Über Stella Kübler zu richten kommt mir nicht zu. Dieses Recht hatten die überlebenden Berliner Juden, die Stella bespuckten und ihr die Haare schoren, als man sie nach dem Krieg in Liebenwalde gefunden und für einen Tag in die Oranienburger Straße ins Gemeindebüro gebracht hatte, bevor die sowjetischen Besatzer sie übernahmen. Stella Kübler war zehn Jahre lang in einem Straflager und lebt jetzt unter anderem Namen irgendwo in Deutschland.

Sie war nicht die erste und nicht die einzige ihrer Art. Doch ihre Schönheit und Gewissenlosigkeit, ihre Herzenskälte und Grausamkeit machten sie zu einer bösen Legende.

Aber Stella Kübler war noch nicht Greiferin geworden, als im Haus Auguststraße 14/16 ein »Bereitschaftsheim« bestand.

Einige Monate nachdem ich im Archiv des Oberfinanzpräsidenten die Namen der jungen Männer aus dem »Bereitschaftsheim« gefunden hatte, sprach ich mit Klaus Scheurenberg, der als Siebzehnjähriger nach Theresienstadt gekommen war. Vorher hatte er in der Elsässer Straße gewohnt, sein Vater war als Angestellter der Jüdischen Gemeinde Ordner im Lager Auguststraße. Klaus Scheurenberg besuchte seinen Vater dort einige Male, und er erinnerte sich gut an das, was er dort gesehen hatte. Die dreihundert reklamierten Juden wurden in einer Dezembernacht 1942 abgeholt, es waren Männer und Frauen, die in den überfüllten Schlafsälen auf ihren Bündeln gehaust hatten. Auch an den Suchtrupp erinnerte sich Klaus Scheurenberg. Er glaubte, diese Greifer waren nur einige Wochen lang in der Auguststraße. Sie bekamen Listen mit den Namen derjenigen Juden, die sich den Transporten entzogen hatten, und sollten sie suchen. Er erinnerte sich an eine Gruppe ganz junger Männer, die in der Auguststraße schlief, aber nicht im Haus Nr. 14/16, sondern im Nachbarhaus Nummer 17, vielleicht in den Räumen des ehemaligen Frauen- und Mädchenwohnheimes. Zu diesen jungen Männern kamen morgens noch einige Dutzend jüdischer Männer, die in „privilegierter Mischehe" lebten. Auch sie schwärmten mit Namen der Gesuchten aus, aber sie schliefen in ihren eigenen Wohnungen. Der Gestapomann, der diese Spitzel anleitete, war ein ehemaliger Kriminalpolizist namens Sasse. Klaus Scheurenberg glaubte, die Spitzelgruppe wurde zum Ende des Jahres 1942 aufgelöst.

Aber seit 1943 befand sich die Zentrale der jüdischen Greifer im Jüdischen Krankenhaus in der Iranischen Straße, in dem sich die Gestapo eingenistet hatte.

Sicher ist, die jungen Männer aus dem „Bereitschaftsheim" wurden auf den 24. Osttransport geschickt, und der endete in Auschwitz. Was immer sie auf der Erde getan haben, hier sollen ihre Namen stehen, weil es sonst wohl niemanden mehr gibt, der sich ihrer erinnert.

Gerhard Ekeles, Hans Pawlitz, Theo Reinert, Ulrich Metz, Adolf Taubenschlag, Max Stern, Heinz Gundermann, Salli Rosenbaum, Kurt Baruch, Max Loewenthal, Anschel Ellenberg, Leon Fischmann, Fritz Engels, Max Maschkowski, Karl Hettmann, Albert Kulewa . . .

In den späteren Monaten gingen neben vielen Greisinnen oft junge Mädchen und Frauen auf Transport aus der Auguststraße 14/16. Sie waren Krankenschwestern oder Erzieherinnen, deren Arbeitsstellen es nicht mehr gab. Die Kinder und die Alten aus den Heimen waren Ende 1942, Anfang 1943 abgeholt worden, die Häuser waren „judenrein", die wenigen übriggebliebenen Angestellten der Reichsvereinigung hatten kein Dach mehr über dem Kopf, deshalb kamen sie ins Jüdische Krankenhaus Iranische Straße oder eben in die Auguststraße.

Wahllos greife ich aus meinen Notizen Angaben über solche Frauen heraus.

Renate Böhm, 1920 in Ratibor geboren. Sie war 23 Jahre alt, als sie am 9. März 1943 ihre Listen ausfüllte. Noch eine Woche zuvor hatte sie im Säuglingsheim Niederschönhausen, Moltkestraße, als Krankenpflegerin gearbeitet. Die Säuglinge müssen schon Ende Februar deportiert worden sein. Es gibt Augenzeugen, die die Viehwaggons mit den kleinen Kindern gesehen haben. Sie hatten nur eine Pflegerin bei sich. Renate Böhm war noch nicht an der Reihe. Sie kam für ein paar Tage in die Auguststraße.

Ihr einziger Angehöriger war ein nach Montevideo ausgewanderter Bruder. Der Gerichtsvollzieher E. Kasischke schloß ihre Vermögensakte am 2. Juli 1943 ab, da war die *Jüdin bereits abgewandert.*

Und: *Es sind keinerlei Sachwerte vorhanden.* Der 36. Osttransport ging am 12. März 1943 mit 947 Menschen nach Auschwitz.

Zum 38. Osttransport am 17. Mai 1943 gehörte Lotte Oppenheim. Sie war 21 Jahre alt, in Berlin geboren, Köchin, ihre letzte Tätigkeit gab sie als „Stammordnerin im Sammellager Gerlachstraße“ an. Das Sammellager wurde nicht mehr gebraucht, und Lotte Oppenheim kam in die Auguststraße, aber auch da brauchte man keine Ordner mehr, im Haus gab es am 17. Mai 1943 nur noch die Alten und Siechen, deren Transport nach Theresienstadt bevorstand. Lotte Oppenheim war wohl nicht „theresienstadtberechtigt“, sie kam zwölf Tage vor dem 90. Alterstransport nach Auschwitz. Mit demselben Transport ging die zweiundzwanzigjährige Susanna Kiewe, geboren in Oelsnitz, Krankenschwester, die im „Sammellager Auguststraße 17 bis zu seiner Auflösung“ (also war das Haus Nummer 17 bereits leergeräumt) gearbeitet hatte und nun im „Siechenheim Auguststraße“ angestellt war. Susanna Kiewe besaß etwas Geschirr und Kleidung, außerdem hinterließ sie dem Deutschen Reich den Anspruch auf ein Monatsgehalt, auszuzahlen durch die Reichsvereinigung. Der 38. Osttransport bestand aus Viehwaggons, die zwischen Putlitzstraße und Wedding verladen wurden. Kein Mensch kam von diesen Transporten zurück.

Ich blätterte in diesen Papieren, mir war, als steige ein Verwesungsgeruch aus ihnen auf. Im Büro hinter mir schluchzte das Radio „Maaama, du sollst doch nicht um deinen Jungen weinen, Maaama, bald wird das Schicksal uns vereinen . . .“ Herr X. summte selbstvergessen mit. Seine Laune hatte sich gebessert, denn am Nachmittag sollte eine Beratung stattfinden, auf der er zu erfahren hoffte, daß die „Judenakten“ endgültig ans Landesarchiv gehen sollten. Er war sogar bereit, mir einiges kopieren zu lassen.

Da er seiner Dienstberatung wegen früher als sonst das Archiv schloß, fuhr ich ins Gropius-Haus. Ich wollte mir die Ausstellungen ansehen, aber das Papier in meiner Tasche wog so schwer, als schleppte ich Steine mit mir herum, Mauersteine, Grabsteine, zu Stein gewordene Leben. Zwischen den Bildern setzte ich mich auf einen Stuhl und zog die Kopien aus der Tasche, versuchte, die Konturen einzelner Menschenschicksale in den Zahlen und Buchstaben zu erkennen.

Mit dem 36. Osttransport vom 12. März 1943 verließ Irma Rosenthal, geborene Loewenberg, das Haus in der Auguststraße. Die zweiunddreißigjährige Frau war in London geboren. Sie war Pflegerin von Beruf und verheiratet. Ihr Ehemann Paul Rosenthal war bereits im November 1938 nach Montevideo ausgewandert. Wahrscheinlich hatte Irma Rosenthal kein Visum oder kein Geld oder beides nicht, sie blieb mit den Töchtern Karla und Ellen in Berlin. So viele jüdische Familien trennten sich in diesen Jahren, weil sie hofften, der Ausgereiste würde die anderen nachholen. Paul Rosenthal war es offenbar nicht gelungen, seine Frau und die Mädchen zu retten. Wo sie vorher gewohnt haben, geht aus der Vermögensakte nicht hervor. Seit Oktober 1939 jedenfalls bewohnte Irma

Rosenthal mit den Töchtern ein Zimmer in der Auguststraße 14/16. Vielleicht war es eines jener Giebelstübchen, die zur Zeit des Jüdischen Krankenhauses in der Auguststraße „Patienten höheren Standes" vorbehalten, später Schlafräume der Erzieherinnen der AHAWAH und während meiner Schulzeit Abstellräume für die Besen und Eimer der Putzfrauen waren. Irma Rosenthal verdiente 103 Reichsmark im Monat. Die Gestapo hatte die Gehälter festgelegt, es gab für Angestellte der Reichsvereinigung sieben Gehaltsgruppen zwischen 57 und 113 Reichsmark. Irma, Karla und Ellen Rosenthal besaßen nur noch die notwendigsten Kleider. Alle anderen hatten sie nach einer Verordnung vom Juni 1942 schon abgeben müssen. Die vierzehnjährige Karla und die zehnjährige Ellen mußten ihre Vermögenserklärungen selbst ausfüllen. Unterschrieben hat die Mutter. In der Spalte für den Beruf hatten die Mädchen mit ungelenker Kinderschrift geschrieben: *Schülerin.* Aber seit dem 30. Juni 1942 waren die letzten jüdischen Schulen geschlossen und der Unterricht für jüdische Kinder verboten.

Der 36. Osttransport endete in Auschwitz. Und am 2. Juni 1943, Irma Rosenthal und ihre Kinder waren schon tot, kam E. Kasischke, wohnhaft in Neukölln, Schönstedtstraße 16, endlich dazu, ihre Akte abzuschließen: *Es sind keinerlei Sachwerte vorhanden.*

Am nächsten Tag empfing mich Herr X. in Hochstimmung. Es stand fest, daß die Vermögenseinziehungsakten des Oberfinanzpräsidenten nunmehr, dreiundvierzig Jahre nach Kriegsende, aus den Räumen der Oberfinanzdirektion entfernt werden würden. Ihn erfüllte diese Aussicht mit einer Art Glücksgefühl. Großzügig überließ er mir wieder die Transportlisten aus den Wellen-Akten der Gestapo.

55. Welle, 56., 57. . . .

Die Namen auf den Listen wurden immer weniger. Viele der in diesen Wochen Deportierten waren monatelang untergetaucht gewesen und wurden durch

Spitzel verraten, durch Suchtrupps aufgespürt, oder sie stellten sich erschöpft und lebensmüde selbst. Wer keine Helfer hatte, konnte nicht überleben.

Immer seltener tauchte die Auguststraße in den Listen auf. Erst die 57. Welle erfaßte das Haus Auguststraße 14/16 wieder, zwei alte Frauen und ein jüngeres Ehepaar wurden auf dem 93. und 94. Alterstransport nach Theresienstadt geschickt. Weshalb die beiden einundachtzig und sechsundsechzig Jahre alten Frauen so lange verschont geblieben waren, geht aus den Akten nicht hervor. Der Mann, er hieß Heimann Lindenstrauß, war einundvierzig Jahre alt, er bekam die laufende Nummer 35435. Ich suchte seine Karteikarte, nahm die Vermögensakte aus dem Regal.

In der Mappe fand ich auch die Vermögenserklärung der Ehefrau des Heimann Lindenstrauß, sie war siebenunddreißig Jahre alt und hieß Berta, geborene Kiewe. Beide hatten im Vorderhaus meines späteren Schulhauses gewohnt, in der zweiten Etage. Bei ihren Vermögenserklärungen lag eine Inventarliste, die war am 15. Oktober 1943 von dem unermüdlichen Obergerichtsvollzieher E. Kasischke abgestempelt worden. Ein Kleiderschrank zu 12 Mark, ein Polsterstuhl zu 17 Mark, ein kleiner Tisch zu drei Mark; 22 Posten insgesamt wurden aus dem Nachlaß des Ehepaars Lindenstrauß versteigert. 479 Mark waren ihre Möbel wert.

Heimann und Berta Lindenstrauß waren das Hausmeisterehepaar aus der Auguststraße 14/16. Sie holte man als letzte. Auf ihrer Inventarliste steht oben rechts, mit Kopierstift geschrieben:

Schlüssel sind abgegeben bei Lehmann im Seitenflügel.

Lehmann hieß der neue Hausmeister, der arische.

Den gab es noch in den ersten Jahren nach dem Krieg, die Nachbarinnen hatten es mir erzählt.

Er kümmerte sich um das Haus, als die Hitlerjugend hier ein- und ausging, und als im Herbst 1945 ein Gymnasium in der Auguststraße 14/16 eröffnet wurde, war er immer noch Hausmeister.

Lehmann war Kriegsinvalide, er hatte nur einen Arm. Er war strammer Nazi gewesen. Die Frauen aus der Auguststraße fürchteten sich vor seinem finsteren Wesen. Vor dem Ehepaar Lindenstrauß hatten sie sich nicht gefürchtet. Über das Ehepaar Lindenstrauß wußten sie mir gar nichts besonderes zu erzählen. Aber vielleicht hatte das Ehepaar Lindenstrauß sich vor den Nachbarinnen in der Auguststraße gefürchtet?

Die 60., 61., 62. Welle verging, ohne daß jemand aus der Auguststraße abgeholt wurde. Nur noch vereinzelt wurden Menschen aufgegriffen. Hinter manchen Adressen stand: *Wohnung zerstört durch Bombenangriff.*

Die meisten der mit den letzten Transporten deportierten Juden kamen aus dem Jüdischen Krankenhaus in der Iranischen Straße, wo die Gestapo ein Gefängnis eingerichtet hatte. Viele Sintis waren unter den Deportierten, junge Männer, manchmal ganze Familien. Man hatte sie aus ihren Verstecken, den Kellern und Wohnlauben geholt. Manche waren vielleicht aus dem Zigeunerlager Marzahn geflohen. Andere wurden erst jetzt durch Nachbarn als Zigeuner angezeigt.

Mit der 63. Welle holte man eine Gruppe Juden, die in der Großen Hamburger Straße eingesperrt gewesen waren. Die Mappen mit den Transportlisten wurden dünner, die Osttransporte umfaßten nur noch jeweils 50, 32, 30, 24 Menschen. In einem Begleitschreiben erklärte die Gestapo dem Oberfinanzpräsidenten:

„Es handelt sich um privilegierte Mischehen, die jedoch entweder durch Tod eines Partners, bzw. durch Scheidung nicht mehr bestehen." Einer, dessen „privilegierte Mischehe" nicht mehr bestand, hieß Arthur Soldin.

Ich traute meinen Augen kaum, als ich seine letzte Adresse las: Auguststraße 14/16. Hof, Keller.

Waren die Eheleute Lindenstrauß doch nicht die letzten Juden in dem Haus gewesen? Arthur Soldin wurde am 13. Juli 1944 nach Theresienstadt deportiert.

Seine Karteikarte war vorhanden. Arthur Soldin wurde 1871 in Birnbaum in der Provinz Posen geboren. Auch auf seiner Karteikarte stand: Auguststraße 14/16, Hof, Keller; aber dann stand da auch: Bis 1943, dann Krankenhaus.

Seine Vermögensakte trug das Zeichen 65/377782. Am 1. April 1944 hatte die Geheime Staatspolizei, Leitstelle Berlin, verfügt, daß das gesamte Vermögen des „Arthur Israel Soldin" zugunsten des Deutschen Reichs eingezogen wird. Mit der Einziehung wurde diesmal der Obergerichtsvollzieher Muschall aus Pankow, Kissingenstraße 46, beauftragt. Aber Arthur Soldin besaß gar kein Vermögen.

In seinem am 7. Juli 1944 ausgefüllten Listen kann er keinerlei Liegenschaften, keine Kunstgegenstände, keinerlei Hausrat, gar nichts angeben.

Sein Beruf war Seemann.

Wie kam Arthur Soldin, ein alter Seemann, in den Keller meines späteren Schulhauses? Er bewohnte dort eine Stube mit Küche, wie er angab. Als das Haus 1861 gebaut wurde, hatte man im Keller eine Wohnung für die Krankenhausköchin eingerichtet, diese Wohnung wird Arthur Soldins Behausung gewesen sein. Er zahlte 22 Mark Miete dafür. Monatlich bezog der über Siebzigjährige eine Invalidenrente von 26 Mark. Wovon lebte er? Wie lebte er? Warum kam er in den Keller? Wann?

Die Akte erzählt die Geschichte dieses Mannes nicht. Aber dort steht, daß Arthur Soldin, mosaischen Glaubens, geschieden, verheiratet war mit der arischen Helene Soldin, geborene Pflaumer. Seine Söhne Heinz und Hans-Jürgen galten als Mischlinge ersten Grades.

Vielleicht hatte sich Helene Soldin erst kurz vor seinem Einzug in die Auguststraße 14/16 von ihm scheiden lassen. Vielleicht auch erst kurz danach, das würde erklären, warum er nicht gleich „abwandern" mußte. Arthur Soldin unterschrieb seine Vermögenserklärung und vergaß das Israel hinter seinem Vornamen. Jemand muß es ihm gesagt haben, in steifen Buchstaben schrieb er den Zwangsnamen darüber. Er hatte sich noch nicht an ihn gewöhnt, und in der Zeit, die ihm noch blieb, wird er nicht mehr viel Gelegenheit dazu gehabt haben. Am 13. Juli 1944 wurde er aus dem Gestapogefängnis Schulstraße, das gehörte zum Jüdischen Krankenhaus Iranische Straße, nach Theresienstadt geschickt.

Der Herr Oberfinanzpräsident von Berlin Brandenburg erhielt am 21. Juli 1944 einen Brief, der am 17. Juli, vier Tage nach Arthur Soldins „Abwanderung", von einem Beamten der Reichsvereinigung der Juden in Deutschland in der Iranischen Straße 2 geschrieben worden war. Der Unterzeichnete war zur „Wahrnehmung der Vermögensangelegenheiten" des „geistig gebrechlichen Arthur Israel Soldin" bestellt worden und teilte mit, der sei „nach Theresienstadt abgewandert", habe aber von der Landesversicherungsanstalt Mecklenburg in Schwerin eine monatliche Rente von 26 Reichsmark bezogen. „Wir melden das vorsorglich gemäß der 11. VO des RBG."

Die 11. Verordnung zum Reichsbürgergesetz vom 25. November 1941 legte fest, daß ein Jude, der sich im Ausland aufhielt, seine deutsche Staatsbürgerschaft verlor. Sein Vermögen verfiel dem Reich.

Unterschrieben wurde diese vorsorgliche Meldung von Bernhard Baruch, der sein Israel hinter dem Vornamen natürlich nicht vergaß. Möge sein Bienenfleiß ihm das Leben erhalten haben. Arthur Soldin hat nicht überlebt.

Der Obergerichtsvollzieher Muschall begab sich in den Keller der Auguststraße 14/16 und mußte feststellen: *Keine Sachen vorhanden. Seit September 43 ist das Haus von der H.J. belegt.* Das schrieb er auf die Inventarliste und schickte diese an die Vermögensverwertungsstelle, die erst am 16. Februar 1945 dazu kam, die Akte Soldin abzuschließen: *Es ist kein Vermögen festgestellt worden.*

Auf den letzten Transportlisten, glaubte ich, würde ich die Adresse Auguststraße 14/16 gewiß nicht mehr finden.

In dem Haus, eben hatte ich es noch einmal in einem amtlichen Dokument gelesen, hatte die Hitlerjugend sich eingenistet. Die Zeit der *Zedakah* war endgültig vorbei, in diesem Haus, in dieser Straße, in der Stadt.

Und doch begegnete mir die Auguststraße 14/16 noch einmal auf der Liste der 67. Welle, einem der allerletzten Transporte.

Am 24. November 1944 wurden mit dem 59. Osttransport dreizehn Frauen nach Ravensbrück und sechzehn Männer nach Sachsenhausen geschickt.

Eine dieser Frauen hieß Edith Bruck, geborene Fürst. Sie war vierzig Jahre alt, von Beruf Säuglingsschwester. Als letzte Adresse stand da tatsächlich: Auguststraße 14/16. Über sie gab es keine Akte. Nur diesen Namen auf der Liste, nur die Karteikarte mit diesen Angaben.

Langsam packte ich meine Papiere ein. Ich hatte gefunden, was ich in diesem Archiv suchte. Herr X. betrachtete kopfschüttelnd, was ich da mitnahm. Aber dann hatte er einen Einfall: „Wenn Sie ein Buch schreiben, können Sie mich dann erwähnen? Ich habe Ihnen doch geholfen.“

Ich versprach es ihm. Erfreut kopierte er mir noch Edith Brucks Karteikarte. Sie war die letzte, die wirklich allerletzte aus der Auguststraße 14/16, die mir in diesem Archiv begegnet war. Nie würde ich mehr über sie erfahren, glaubte ich.

„. . .sterben an eurer Vergeßlichkeit“

Eines Tages beschloß ich, in meine ehemalige Schule zu gehen und dort nach Unterlagen über die Vergangenheit des Hauses zu fragen.

Die Schulchronik begann erst mit der Zeit der Max-Planck-Oberschule. Die war in einem feierlichen Taufakt am 23. April 1947 eingeweiht worden.

Diese Veranstaltung fand in der Aula statt, und keiner der Anwesenden wußte, daß es 88 Jahre früher schon einmal in diesem Raum eine feierliche Einweihung gegeben hatte, damals war die Aula die Synagoge des Jüdischen Krankenhauses.

Auch 1947 waren Vertreter der Obrigkeit anwesend, und die Schulchronik erwähnte den Militärkommandanten von Berlin Mitte, Oberst Gredin, den Leiter der Abteilung Volksbildung bei der sowjetischen Kommandantur, Oberstleutnant Sudekow, und den Schulinspektor Leutnant Alexander.

In der Schulchronik fand ich auch einen Brief von Max Planck, den der neunundachtzigjährige Physiker am 11. März 1947, wenige Wochen vor seinem Tod, schrieb: „Selbstverständlich wird es mir eine Freude und eine Ehre sein, wenn Ihre Schule meinen Namen trägt. Es ist eine große Aufgabe, der Jugend den Geist der Forschung nahezubringen. Ich wünsche Ihnen dazu alles Gute.“

Außerdem spendete Max Planck der nach ihm benannten Schule in der Auguststraße 14/16 tausend Mark.

Die Max-Planck-Schule, vermerkte die Chronik, war hervorgegangen aus den sieben berühmten Gymnasien, die es vor 1945 in Berlin Mitte gegeben hatte. Das waren die Friedrichwerdersche, die Dorotheenstädtische, die Luisenstädtische, die Königsstädtische Schule, das Köllnische Gymnasium, die Langhans- und die Gneisenauschule. Gleich nach dem „Zusammenbruch“ seien sie zusammengelegt worden, am 18. Juni 1945 hätte die neue Oberschule, in der Auguststraße 14/16 ihre Türen geöffnet.

186 Jungen, 72 Mädchen und ihre Lehrer gingen hier schon wenige Monate nach Kriegsende ein und aus.

Vergeblich blätterte ich in der Chronik nach Hinweisen auf die Vergangenheit des Hauses. Ich las: „Früher war hier ein Altersheim.“

Wann war „Früher“? Was für ein Altersheim? Wo sind die Alten geblieben? Kein Wort über die Kinder der AHAWAH. Noch sieben Jahre zuvor war die Auguststraße 14/16 doch ihr Zuhause gewesen.

Aber das Haus selbst wurde beschrieben. Es hatte Kriegsschäden davongetragen. Teile der ersten und der zweiten Etage sowie des Seitenflügels waren zerstört worden. Der Regen lief durch die schadhaften Fenster, durch das Dach.

Der demokratische Bezirksrat Goedtke hielt bei dem Taufakt der Max-Planck-Schule eine Rede. Er sprach von dem Haus, das für ihn eine Schule war und sonst nichts. Eine deutsche Schule. „. . .Aber das Gesicht, das wir ihr geben könnten, wird rein äußerlich betrachtet noch für lange Zeit die Spuren unserer deutschen Not tragen, und unsere Jugend wird weiterhin Schönheit und Harmonie der Umwelt und der Räume entbehren müssen. Umso wertvoller ist es, der Schule eine Seele zu geben, denn gerade die ist in unseren Schulen in zwölf Jahren Schreckensherrschaft verlorengegangen, und sie haben nur durch dichte und blutige Schleier das hohe Ziel reiner Menschlichkeit schauen können und zum Teil auch nicht schauen wollen . . .“

Immer wieder las ich die Rede des Bezirksrats, und ich stellte mir vor, wie die Offiziere der Besatzungsarmee in den ersten Reihen saßen, wie die Lehrer gesenkten Blicks der Rede ihres Vorgesetzten lauschten, der so schön deutlich machte, daß eine neue Zeit begonnen hatte, die mit der alten nichts, gar nichts zu tun hatte. Die alte Zeit, der Bezirksrat sagte es ja, war eine Schreckensherrschaft gewesen. Die war irgendwie gekommen, und nun war sie vorüber. Man konnte wieder „das hohe Ziel reiner Menschlichkeit" schauen, und die Schreckensherrschaft, mit der man ja nichts zu tun hatte, anprangern oder vergessen. Je länger ich mir diesen Festakt in der Aula vorstellte, der mich sehr an Veranstaltungen aus meiner eigenen jüngsten Vergangenheit erinnerte, umso deutlicher sah ich einen einarmigen Mann in den hinteren Reihen, den Hausmeister Lehmann. Ob auch er sich als Opfer der Schreckensherrschaft empfand? Ob wenigstens er sich der Menschen erinnerte, die aus diesem Haus vertrieben worden waren? Wenigstens des Ehepaars Lindenstrauß, dessen Stelle er eingenommen hatte?

Vielleicht aber war Lehmann 1947 schon im Westen, genau habe ich es nie erfahren.

Die jüdischen Erbauer und Bewohner des Hauses Auguststraße 14/16 kamen in der Chronik nicht vor. 1945 war die „deutsche Not" an der Tagesordnung. Zu meiner Schulzeit waren die Not und die reine Menschlichkeit auch schon wieder Vergangenheit.

Eine Stunde später stand ich wieder, wie so oft, in der Auguststraße und überlegte, ob ich noch in ein Haus gehen sollte oder ob die Fassaden mir mehr erzählen würden. In der Schule klingelte es. Hinter mir stürmten lachende Schüler aus der alten Tür, und schmerzhaft fielen mir die letzten Zeilen von Bobrowskis Gedicht über Isaak Babel ein:

Leute, ihr redet: Vergessen –
Es kommen die jungen Menschen,
ihr Lachen wie Büsche Holunders.

Leute, es möcht der Holunder
sterben
an eurer Vergeßlichkeit.

An diesem Tag sprach ich mit einer Frau aus der Auguststraße 17, die seit vierundzwanzig Jahren auf ihren Sohn wartete, der in den Alpen verunglückt war. Sie hatte seinen Totenschein gesehen, aber dem glaubte sie nicht. Eine andere Frau sprach von ihrem vor fünfzehn Jahren verstorbenen Mann wie von einem Lebenden. „Da müssen Sie meinen Mann fragen, der weiß es besser", sagte sie immer wieder. Sie lebten mit ihren Toten, aber die Toten aus der Auguststraße 14/16 hatten sie vergessen. Eigentlich ging es in den Gesprächen über ihr Leben immer um Liebe, aber AHAWAH war ein fremdes Wort in der Auguststraße geblieben.

Auch über den zweihundert Meter entfernten Jüdischen Kindergarten in der Gipsstraße 3 erfuhr ich von den Nachbarn nichts. Diesen Kindergarten gab es von 1895 bis 1942, dorthin kamen täglich bis zu zweihundert Kinder. Ein altes Ehepaar aus dem gegenüberliegenden Haus behauptete, dort nie Kinder gesehen zu haben. Und eine junge Goldschmiedin, deren Großeltern schon ihr Geschäft dort hatten, bezweifelte, daß da ein Kindergarten gewesen war. Ihre Großeltern hätten ihr so viel von früher erzählt, über das Haus und über diese Gegend. Über Kinder, über jüdische Kinder hätten sie nie gesprochen. „Sie hätten sie doch sehen müssen."

Ja, sie hätten sie sehen müssen.

Aber es war, als hätten die AHAWAH-Kinder und die aus der Gipsstraße und auch die aus dem Vorderhaus der Auguststraße 14/16 keine Spur auf der Welt hinterlassen.

Ich mußte mich an das halten, was ich in Archiven und Büchern über das Haus fand.

Das Gebäude war der Jüdischen Gemeinde schon 1938, nach dem Novemberpogrom, weggenommen worden. Den deutschen Juden war eine „Sühne“ von einer Milliarde Reichsmark auferlegt worden, und um diese Summe aufzubringen, wurden Grundstücke, Bibliotheken und wertvolle Kulturgüter enteignet. Auch die Grundstücke Auguststraße 11 bis 17 mußten an einen Treuhänder abgegeben werden. Auf einer Liquidationsliste der Reichsvereinigung der Juden vom 10. Juni 1943 ist der Hof hinter der Auguststraße 17 dann mit einem Verkehrswert von 7 900 Mark eingetragen. 1938 war er wohl vergessen worden, also beschlagnahmte die Gestapo ihn nach der Auflösung der Reichsvereinigung mit allen noch vorhandenen Vermögenswerten.

Die Liste vom 30. 12. 1938 führt für die abgegebenen Grundstücke an: Die Mädchenschule, das Kinderheim AHAWAH und die jüdische Haushaltsschule. Hier wurde das Essen für die Hörer des Rabbinerseminars von Adass Jisroel in der Artilleriestraße gekocht. Anfangs hatte die 1924 gegründete Kochschule nur dazu gedient, „jüdischen Mädchen und Frauen aller Stände Gelegenheit zu bieten, die rituelle Küche und die rationelle Führung eines jüdischen Haushaltes gründlich zu erlernen, um diese Kenntnisse dem eigenen Haushalte nutzbar zu machen, oder um sie zur Grundlage eines hauswirtschaftlichen Berufes zu machen“.

Später konnte ein Zeugnis dieser Schule darüber entscheiden, ob man ein lebensrettendes Visum erhielt oder nicht. Die Leiterin Alice Hammerstein emigrierte 1938 nach England, die Schule aber bestand weiter. Über diese Zeit schrieb mir Helga Verleger aus München: „Ich glaube, daß wir durch ein Tor hereingehen mußten, um zu unseren Unterrichtsräumen zu kommen, also denke ich, daß die Koch- und Haushaltungsschule im Hof des Gebäudes Auguststraße 14/16 lag. Ich war in dieser Schule vom Oktober 1940 bis zum September 1941 – also es war bereits Krieg, und Sie können sich denken, daß in dieser Zeit, wo für Juden die Lebensmittel bereits beschränkt waren, kein regulärer Kochunterricht stattfand – man beschränkte sich auf die zugeteilten Lebensmittel, und für den Backunterricht mußten wir Mädchen, – so erinnere ich mich – die Zutaten von zu Hause mitbringen. Wenn ich auf meinem von Frau Greta Unger – sie mußte sich Greta Sara Unger nennen – unterschriebenen Zeugnis sehe, daß wir DIÄT zu kochen lernten, muß ich lächeln, es gab IMMER Diät damals. Ich habe dieses Zeugnis nur deshalb, weil sehr nette Menschen, deutsche gute Freunde meiner umgebrachten Eltern, diese und andere Unterlagen für uns heimlich aufbewahrten und mir alles zurückgaben, als ich nach 1945 als einzige Überlebende meiner Familie aus dem KZ heimkam."

So wie von Frau Verleger bekam ich verschiedene Beschreibungen des Hauses. Aber keine Spur führte zur AHAWAH, keine zum Vorderhaus, in dem nach den Adreßbüchern eine Kinderkrippe gewesen war.

1985 erzählte mir Dr. Hermann Simon, der stellvertretende Vorsitzende der Jüdischen Gemeinde, daß er in einer israelischen Zeitung einen Nachruf auf Josef Jaschuwi gelesen hatte, der früher Rosenthal hieß und 1887 in Deutschland geboren war. Dieser Josef Jaschuwi soll nach 1939 das Kinderheim Kfar Bialik geleitet haben, „in das auch das Berliner Kinderheim AHAWAH überführt wurde".

Ich fragte jeden Menschen, der einmal in Israel gewesen war, nach Josef Jaschuwi und der AHAWAH. Aber ich traf nicht viele Menschen, die in Israel gewesen waren.

1988 drehte der Regisseur Konrad Weiß, der in meinem Nebenhaus wohnte, einen Film über Janusz Korczak. Einer von Janusz Korczaks Weggefährten, die von Konrad Weiß interviewt wurden, war der Pädagoge Leon Harari. Er und seine Frau überwanden ihre Scheu und kamen im Oktober 1988 aus Israel nach Berlin zu der Familie Weiß. Meine Nachbarn luden mich ein, ihre Gäste kennenzulernen. Frau Gyula Harari war Berlinerin und als Fünfzehnjährige mit der Jugend-Alijah nach Palästina entkommen. In der Rykestraße war sie zur Schule gegangen, in der Alexandrinenstraße hatte sie gewohnt. Ich fragte sie nach der Auguststraße, auch sie kannte das Haus der AHAWAH. 1936 und 1937 hatte sie dort im Keller Weiterbildungskurse der Jüdischen Gemeinde belegt. Sie erinnerte sich an den Geschichtsunterricht, in dem auch über Rosa Luxemburg gesprochen wurde. Die Lehrer gehörten zu den besten ihres Fachs, sie hatten ihre Stellungen an der Universität und an den Gymnasien verloren und gaben den Jugendlichen, die auf ihre Ausreise warteten, Unterricht. Als das Mädchen sich von seinen Freunden und seiner Familie verabschiedete, machte sie mit den Freunden aus, sich an einem bestimmten Tag im Jahre 1950 am Schönhauser Tor zu treffen. Nun war sie fünfzig Jahre nach ihrer Abreise zurückgekommen. Nicht nur vom Schönhauser Tor gab es keine Spur mehr. Ich hörte die Totenklage in ihren Worten, aber ich war froh, daß sie mir ihre Erinnerungen mitteilte. Und ich fragte nach Josef Jaschuwi.

Leon und Gyula Harari lachten. Sie hatten ihn gekannt. Einer ihrer Söhne lebte zusammen mit dem Sohn von Josef Jaschuwi im selben Kibbuz.

Ich schrieb dem Sohn der Hararis, er gab den Brief weiter.

Am Anfang des Jahres 1989 antwortete mir Uriel Jaschuwi: „Ihr Brief an mich beruht auf einem Irrtum. Mein Vater wurde der Leiter der AHAWAH im Jahre 1941, also Jahre nach der Übersiedlung des Heimes nach Palästina. Ich habe ihren Brief an Frau *Hanni Ullmann* weitergeschickt. Hanni Ullmann war Mitarbeiterin in der AHAWAH Berlin und später in Haifa. Zuletzt war sie die Leiterin."

Nun hielt ich einen Faden zur AHAWAH in der Hand, nun würde ich, hoffte ich, die vergessenen Kinder finden.

Ediths Geschichte

Seit meinem Besuch im Archiv des Oberfinanzpräsidenten dachte ich oft an Edith Bruck, geborene Fürst, die Säuglingsschwester aus der Auguststraße 14/16, die noch zum Ende des Jahres 1944 nach Ravensbrück gekommen war. In Ravensbrück war ihre Karteikarte nicht mehr vorhanden. Vielleicht, dachte ich manchmal, hat sie gar nicht überlebt. Oder sie ist aus Deutschland weggegangen.

Aber wie ich jeden, der nach Israel fuhr oder von dort kam, nach der AHAWAH fragte, fragte ich nun jeden, von dem ich eine Antwort erhoffen konnte, nach jüdischen Säuglingsschwestern. So kam ich an den Namen einer 1907 geborenen Rosa Adler, die in Nauen bei Berlin leben sollte und in Berlin Säuglingsschwester gewesen war. Aber Rosa Adler war von 1938 bis 1950 in Bolivien gewesen, sie könnte mir gewiß nichts über die Auguststraße 14/16 in dieser Zeit erzählen, glaubte ich.

Und ich mußte meine Recherchen allmählich einschränken, zu viele Geschichten aus der Auguststraße füllten schon meine Notizbücher und Kassetten und meinen Kopf. Mit der Zeit schien es mir, als ob dieses eine Haus in der Mitte der Stadt mit allem, was mir begegnete, verknüpft war. Alles hatte einen Bezug zur Auguststraße.

Dabei ging das gewöhnliche Leben weiter, ich arbeitete, liebte, zog meine Kinder auf, stritt auf Versammlungen. Das Land lag wie unter einem giftigen Nebel von Lügen, der die Konturen der Wirklichkeit zerfraß. Manchmal glaubte man, nicht atmen zu können, manchmal wußte ich nicht, ob ich meinen Augen, meiner Zunge, meinen Ohren noch trauen konnte. Ich begriff langsam, daß das merkwürdige Schweigen in der Auguststraße, das angebliche Vergessen nur eine andere Form der Feigheit war, mit der wir lebten.

Vielleicht glaubte ich, wenn ich diesem Vergessen meine Fragen entgegenstellen würde, könnte sich ein Stück des Nebels auflösen, der unser Leben zu ersticken drohte.

Doch ich konnte nicht uferlos fragen und suchen, und so ließ ich Rosa Adlers Namen in meinem Notizbuch und suchte weiter nach Edith Bruck. Wieder war es Barbara Schieb von der Westberliner Gedenkstätte Deutscher Widerstand, die mir half. Sie hatte in einer nach dem Krieg zusammengestellten Liste verfolgter Menschen, die vom Gefängnispfarrer Harald Poelchau unterstützt wurden, den Namen einer jüdischen Säuglingsschwester gesehen, die Edith mit Vornamen hieß. Edith Holzapfel. Sie war wie jene Edith Bruck Ende 1944 aufgegriffen und wie sie nach Ravensbrück gebracht worden. Der Regisseur Eberhard Görner, der einen Film über Poelchau und den Kreisauer Kreis plante, hatte mit dieser Edith Holzapfel gesprochen. Ich schrieb an Eberhard Görner, der schickte mir die Adresse der damals vierundachtzigjährigen Frau und das Protokoll seines Gesprächs mit ihr. Darin erwähnte Edith Holzapfel die Kinderkrippe in der Auguststraße, deren Leiterin sie war, bevor sie in den Untergrund ging.

Sie und Edith Bruck, die ich auf der Gestapoliste der 65. Welle gefunden hatte, mußten dieselbe Frau sein. Edith Holzapfel lebte in Halle. Ich schrieb ihr.

Dann rief sie mich an.

Wir waren beide froh und konnten kaum sprechen, ich vor Freude, daß ich sie gefunden hatte, und sie vor Bewegung, daß da nach fast fünfzig Jahren eine kam und etwas über die Kinder in der Auguststraße wissen wollte. Sie besaß Fotos dieser Kinder, viele Fotos.

Und sie hatte nichts vergessen, sie wollte mir erzählen, wie alles war.

Edith Holzapfel verabredete sich mit mir bei ihrer Schwester Rosa Adler in Nauen.

Die beiden alten Schwestern erwarteten mich in Rosas schlichter kleiner Wohnung am Rande der verwahrlosten Kleinstadt Nauen. Es war ein trüber Tag am Anfang des Jahres 1989, aber es wurden helle Stunden, in denen die Schwestern, einander ins Wort fallend, erzählten, in denen wir lachten, uns freuten und in denen mir manchmal zum Heulen war. Auf dem Tisch aneinandergereiht lagen Bilder, die Edith Holzapfel mitgebracht hatte. Das waren Bilder von Kindern, die zwischen 1939 und 1943 im Vorderhaus der Auguststraße 14/16, in der Kinderkrippe der Jüdischen Gemeinde ihre Tage verbrachten.

Schon 1923 hatte es dort im Vorderhaus einen Kindergarten „Agudas Jisroel" gegeben, seit dem Beginn der 30er Jahre wurden die Räume als Krippe genutzt. Mit der AHAWAH war die Krippe nicht verbunden.

Edith war 1939 in die Auguststraße gekommen, da waren die Kinder der AHAWAH schon fort. Die meisten sollen nach Palästina gegangen sein, die letzten aber reisten 1939 nach England aus. Im Hinterhaus, wo die AHAWAH gewesen war, wohnten zu dieser Zeit schon die alten Menschen. Man sah sie in den überfüllten Schlafsälen, in den Kellern, auf den Gängen, aber Edith ging selten vom Vorder- ins Hinterhaus. Sie hatte mit den Kindern zu tun, die morgens ab fünf Uhr von ihren Müttern gebracht wurden. Die Mütter waren Zwangsarbeiterinnen in den Berliner Fabriken, abends holten sie, erschöpft und ausgelaugt, ihre kleinen Kinder zurück ins Scheunenviertel, wo die meisten von ihnen wohnten. Sie waren arm und ohne irgendeine Hoffnung in dieser Zeit. Die Fotos der Kinder gehörten zu dem wenigen, was Edith mit sich nahm, als sie am 23. Oktober 1942 in den Untergrund ging. Die Krippe bestand noch bis zum Februar 1943, bis zur Fabrikaktion. An diesem Tag wurden die Kinder und ihre Pflegerinnen abgeholt, auf die Lastwagen geworfen, und die Mütter, denen es gelungen war, der Menschenjagd zu entkommen und die Krippe zu erreichen, fanden nur noch die leeren Kinderwagen. Manche Nachbarinnen aus der Auguststraße hatten mir von den weinenden Müttern erzählt, die nicht fortgehen wollten, die nicht begreifen konnten, daß ihre Kinder ohne sie bereits auf den Transport geschickt worden waren.

Auch Edith Holzapfel kannte das Ende ihrer Kinderkrippe, sie hatte davon gehört, während sie illegal lebte. Nur diese Fotos waren geblieben, und sie zeigte mir jedes einzelne, zärtlich den Namen des Kindes nennend. Von jedem Kind erzählte sie mir kleine Geschichten.

Auf dem Tisch lagen noch andere Bilder, fröhliche Urlaubsfotos aus den dreißiger Jahren. Bis zum September 1938 hatten Rosa und Edith ein privates kleines Kinderheim in Niederschönhausen geleitet, mit ihren acht oder zehn Pflegekindern waren sie an der Ostsee gewesen. Immer wieder nahmen sie diese Bilder in die Hand nahmen und erinnerten sich: „Das war der Kleine, der aussah wie Beethoven.“ „Michael hatte Angst vor den Wellen und hat immer das Meer beschimpft.“

Eines der Kinder auf diesen Bildern wurde Murmel genannt.

Sie war Rosas Tochter gewesen. Ihr Foto stand auch im Schrank hinter Glas. Als Dreiundzwanzigjährige war sie an einem Herzleiden gestorben, daß sie sich als Kind in Bolivien zugezogen hatte.

Auch Rosas Mann Siegfried war seit Jahren tot.

Edith hat nie eigene Kinder gehabt. Auch sie war Witwe. Als sie aus der Auguststraße ins Ungewisse ging, hieß sie Bruck. Ihr Mann war zwei Monate davor in Dachau umgekommen. Holzapfel ist ihr Name, seit sie im Jahre 1958 wieder geheiratet hat. Aber auch ihr zweiter Mann war schon gestorben, als ich sie traf.

Die beiden Schwestern hielten trotz der räumlichen Entfernung eng zusammen, besuchten einander sooft es ging. Wäre ich der Spur nachgegangen und hätte Rosa Adler besucht, wäre ich schon viel früher auf Edith Bruck gestoßen. Aber auch so war es wie ein Wunder, für mich und für sie.

Sie lebten mit der Vergangenheit, mit all den Toten und den Erinnerungen, über die zu Fremden zu sprechen beinahe unmöglich war. Und jetzt war ich hier und wollte alles wissen, schrieb mir die Namen der Kinder aus der Auguststraße auf, die doch nur drei oder vier Jahre auf der Erde gelebt hatten und in deren Gesichtern sich ein Ausdruck wie von uraltem Leid eingegraben hatte.

Bei meiner Suche nach dem vergessenen Haus hatte ich bisher nur Totenlisten gefunden, und nun saß mir eine Frau mit lebendigen Augen gegenüber, die eine laufende Nummer auf solch einer Liste gewesen war.

Später besuchte ich Edith Holzapfel auch in ihrer Hallenser Neubauwohnung. Ich las die Bücher ihres Bruders Max Fürst, der ein Freund des Rechtsanwalts Hans Litten gewesen war, mit dem zusammen er in der Auguststraße 60 gewohnt hatte, ich erfuhr, daß der kleine Kurt, eines der von Edith und Rosa in ihrem Heim betreuten Kinder, der Vater von Ina und Katja F. geworden ist, zwei Mädchen aus der Nachbarschaft meiner Kinderzeit. Wieder war es, als ob von dem alten Haus in der Auguststraße unsichtbare Fäden ausgingen, die es mit beinahe jedem Haus, jedem Ort und jedem Leben verbanden. Edith Holzapfel war nie wieder in der Auguststraße gewesen, aber ihre Geschichte gehört zu dem Haus.

Sie beginnt in Königsberg, wo Edith als zweites von fünf Kindern in einem schönen alten Kaufmannshaus aufwuchs. Der Vater begegnete den Kindern mit strengen Ordnungsregeln, aber auch mit Güte, und ihnen wurden viele Türen geöffnet. Die Stadt Königsberg mit ihrer Geschichte, die Ostseedörfer, in denen man die Ferien verlebte, die Landschaft, die Wohnungen der Verwandten, die Synagoge und Bücher bildeten den Hintergrund einer reichen Kindheit, die sie nicht erstickte, sondern ihnen die Kraft gab, fortzugehen. Edith wollte, wie auch Rosa, Fürsorgerin oder Säuglingsschwester werden.

Die Geschwister waren schon früh mit der jüdischen Jugendbewegung in Berührung gekommen. Sie waren aufgeschlossen gegenüber den Weltveränderungsideen, die an sie herangetragen wurden. Aber die Vorstellung eines jüdischen Nationalstaates lag ihnen fern. Max Fürst schrieb später: „... überhaupt wollten wir ja gerade dafür arbeiten, den Nationalismus einzudämmen. Wie konnten wir unter solchen Umständen eine neue Nation gründen? Hinzu kam, daß der Antisemitismus mit der allgemeinen Reaktion gekoppelt war. Die als Juden beschimpften Rosa Luxemburg, Karl Liebknecht und Trotzki waren Freiheitskämpfer, die eine Welt schaffen wollten, in der die Frage der Abstammung belanglos werden sollte."

In der Mitte der zwanziger Jahre kamen die Geschwister einer nach dem anderen nach Berlin. Max war Tischler und spielte eine wichtige Rolle in der jüdischen Jugendbewegung, Lisbeth, die Älteste, leitete eine Bibliothek, Edith arbeitete als Säuglingsschwester und Rosa besuchte das Hortnerinnenseminar in Charlottenburg. In dieser Zeit wohnte Rosa im Studentenwohnheim der Jüdischen Gemeinde in der Auguststraße Nummer 17. Aber schon 1928 ging sie nach Aalen in Westfalen, wo ihr späterer Mann Siegfried Adler kommunistischer Stadtrat war.

Auch Edith fühlte sich zu den Kommunisten hingezogen, sie stand aber eher der Oppositionspartei KPO nahe, deren Mitglied sie 1931 wurde. Sie arbeitete in einem jüdischen Heim in der Brunnenstraße, dann pflegte sie Kinder in Privathaushalten. Eine Zeitlang war sie arbeitslos. Bis zum Sommer 1932 war sie dann Pflegerin im Kinderheim in der Moltkestraße in Niederschönhausen. Ihr Traum war aber, ein eigenes Kinderheim zu leiten, in dem sie die Kinder frei von Religion, in Kameradschaft zueinander erziehen wollte. Da sie immer sehr sparsam gelebt hatte, besaß sie etwas Geld, und ein Onkel gab ihr noch tausend Mark dazu. Damit mietete sie in Niederschönhausen in der Schönhauser Straße 33 ein kleines Siedlungshäuschen, das sie als Kinderheim bescheiden und zweckmäßig einrichtete. Ihre Mutter war nach dem Tod des Vaters aus Königsberg gekommen und lebte bei ihr, und auch die jüngste Schwester Hanna half in Ediths Heim, bis sie Mitte 1933 emigrierte. Dafür kam Rosa zu Edith nach Niederschönhausen. Ihr Mann, der zuletzt Redakteur beim „Ruhr-Echo" gewesen war, wurde gleich nach Hitlers Machtantritt verhaftet. Rosa kam nach Berlin zurück und arbeitete mit Edith in dem Kinderheim. Viele Freunde und Bekannte brachten ihre Kinder zu Edith.

Georg Benjamin, der Bruder von Walter Benjamin, war Armenarzt im Wedding, auch er wurde gleich in den ersten Wochen des Nationalsozialismus verhaftet. Seine Frau, die Rechtsanwältin Hilde, arbeitete bei der sowjetischen Botschaft, sie brachte den kleinen Sohn Mischa in Edith Fürsts Kinderheim.

Und Helene Overlach, ehemals Reichstagsabgeordnete, wollte ihre Tochter Hanna zu Edith und Rosa bringen. Dann stand sie auf den ersten Fahndungslisten der Gestapo und verschwand mit dem Kind. Auch Lilo Hermann, über deren illegale Arbeit die Schwestern damals nichts wußten, kam nach ihrer Entbindung für sechs Wochen mit dem kleinen Sohn nach Niederschönhausen, lebte dort und ließ ihr Kind in Ediths Obhut, wenn sie in der Stadt verabredet war. Else Fenske brachte ihren Sohn Kurt, Erika Friedländer ihre Pimmy. Das Heim war in dieser Zeit der Verhaftungen, der Not und der Angst ein Ort der Geborgenheit für die Kinder. Auch die Fürsorgeabteilung der Jüdischen Gemeinde wies manchmal vernachlässigte Kinder in Edith Fürsts Heim ein. Ediths Lieblinge waren die fünfjährige Eva Allenstein, deren Eltern sich das Leben genommen hatten, und der kleine Theo, dessen Mutter sich nicht viel um ihn kümmerte. Theo war zehn Tage alt, als er zu Edith kam. Sie hätte ihn gern adoptiert und bemühte sich auch darum. Aber am Ende mußte auch er mit seiner Mutter nach Auschwitz gehen.

An dieses Ende aber dachte Anfang der dreißiger Jahre trotz aller Schrecken noch niemand. Was ringsherum geschah, schien furchtbar genug. Ediths Bruder Max Fürst kam 1934 ins Konzentrationslager Oranienburg. Er wurde, nicht zu Unrecht, verdächtigt, einen gescheiterten Befreiungsversuch seines Freundes Hans Litten, der schon in der Nacht des Reichstagsbrandes verhaftet worden war, mit vorbereitet zu haben. Max Fürst kam wieder frei, und es gelang ihm, im Herbst 1935 nach Palästina auszuwandern. Hans Litten starb 1938 in der Haft.

Trotz der wachsenden Bedrohung glaubten viele anfangs, das System würde sich nicht halten können, so zerrüttet schien es schon von innen. Vielleicht war das zunächst der Grund, daß Edith Fürst sich nicht so sehr um die Ausreise bemühte, sondern sich ihren Pflegekindern widmete, die beschützt aufwachsen sollten. Die Ferienreisen an die Ostsee 1934 und 1935 gehören zu ihren schönsten Erinnerungen. Ostern 1934 wurde Rosas Mann Siegfried Adler aus der Haft entlassen, auch er kam nach Niederschönhausen, er kochte für die Kinder und die Frauen. Daneben ließ er sich zum Schuster umschulen und arbeitete als Hausdiener. Rosa und Siegfried mit ihrem Kind verließen Deutschland im Oktober 1939. In der Nähe von La Paz verrichteten sie schwere Landarbeit. Gleichzeitig konnte die betagte Mutter der Geschwister Fürst nach Argentinien auswandern, wohin 1933 schon die jüngste Schwester Hanna und 1936 die älteste Schwester Lisbeth emigriert waren.

Edith blieb als einzige aus der Familie in Deutschland zurück. Nicht nur ihre Pflegekinder hielten sie in Deutschland, als die Freunde und Verwandten einer nach dem anderen gingen. Edith hatte schon 1921, als Siebzehnjährige, bei einem Treffen des Jüdischen Wanderbundes „Kameraden" Emanuel Bruck kennengelernt, den seine Freunde Mani nannten. Er war damals gerade zwanzig Jahre alt und Student der Nationalökonomie. Nach 1926 sahen sich Edith und Mani, der inzwischen promoviert war, in Berlin bei Freunden wieder. Sie waren durch ähnliche Ansichten und Interessen verbunden, fühlten sich zueinander hingezogen. Aber Edith hatte einen Freund, der später emigrierte, außerdem war sie mit ihren Kindern beschäftigt. Emanuel Bruck ließ die Parteiarbeit kaum Zeit für anderes. Er war Redakteur der „Roten Fahne" geworden, schrieb agitatorische Artikel voll kämpferischem Optimismus. Edith sah ihn manchmal auf seinem Motorrad, sie wußte, daß er eine Freundin hatte, Gabriele Feuchtwanger.

Nach 1933 hörte sie lange nichts von Mani.

Er war in die Illegalität gegangen, wurde Verbindungsmann der Kommunistischen Partei zu einem Büro in Skandinavien. Mehrmals brachte er illegales Material über die Grenze.

Vom Ausland aus erreichte er, daß eine internationale Delegation das Konzentrationslager Oranienburg besichtigen durfte. Er selbst schloß sich mit falschen Papieren und verändertem Aussehen dieser Delegation an, und so konnte er in das Lager gelangen. In ausländischen Zeitungen schrieb er, was er gesehen hatte. Diese tollkühne Aktion wurde verraten und Emanuel Bruck 1934 in Hamburg verhaftet. Wegen Hochverrat und Paßvergehen wurde er zu acht Jahren Zuchthaus verurteilt.

Edith hörte erst 1936 davon.

Sie suchte Kontakt zu seinem Elternhaus in Magdeburg und erfuhr, daß Manis Vater, ein Berufsschullehrer, einen Monat zuvor gestorben war. Die engste Angehörige war nun die Stiefmutter. Seine Freundin Gabriele Feuchtwanger war bereits nach Palästina emigriert.

Seit zwei Jahren saß Emanuel Bruck in Einzelhaft im Zuchthaus Bremen-Olslebshausen, und niemand hatte ihn besuchen dürfen. Edith sprach sich mit der Stiefmutter ab, sie gab sich im Zuchthaus als Cousine des Häftlings aus und durfte ihm fortan alle vierzehn Tage schreiben. Einige Male konnte sie ihn auch besuchen. Diese Briefe, diese Besuche wurden zur Lebensquelle für Emanuel Bruck. In seinen einsamen Stunden wendete er jedes Wort, das Edith gesagt und geschrieben hatte. Jede Geste, jedes Lächeln in den kargen Besuchsminuten wurden für ihn zu Zeichen aus einer anderen Welt, in die zurückzukehren seine ganze Hoffnung bedeutete.

Edith mußte genau abwägen, was sie ihm schrieb. Er lernte durch sie all ihre Kinder kennen, nahm Anteil an den immer sparsamer werdenden Freuden ihres Lebens. Er erlebte mit ihr den Abschied von den Verwandten, gewann durch sie den kleinen Theo lieb, den Edith wie ein eigenes Kind ansah.

Nachdem Edith ihr Heim Ende 1938 aufgeben mußte, lebte Theo im jüdischen Kinderheim Moltkestraße. Immer noch hoffte Edith, ihn eines Tages ganz zu sich nehmen zu können. Aber erst einmal hatte sie keine Arbeit, keine Wohnung. In der Raumerstraße im Prenzlauer Berg schlief sie bei Bekannten in der Küche. Nachts wachte sie im Krankenhaus Iranische Straße bei den Säuglingen.

Für Edith stand seit langem fest, daß sie in Deutschland bleiben würde, solange Emanuel Bruck sie brauchte. Seine Zuchthausstrafe würde im April 1942 abgelaufen sein, hofften sie.

Aber spätestens nach dem Novemberpogrom 1938 begriff Edith, daß die Juden unter den politischen

Gefangenen gefährdeter waren als andere. Während eines Besuchs wollte sie vorsichtig mit Mani über das sprechen, was am 9. November geschehen war, ein Wärter zeigte sie an. Ihr wurde die Besuchserlaubnis entzogen, wieder blieben nur Briefe.

Um diese Zeit kam Edith in die Auguststraße.

Die Leiterin der Kinderkrippe war nach England emigriert, und die Jüdische Gemeinde stellte Edith Fürst als neue Leiterin ein.

Das winzige Zimmer, das sie in der Auguststraße bewohnte, konnte mir Edith noch nach Jahrzehnten genau beschreiben. Das Bett, die Lampe, das Regal mit den Büchern. Zu ihren eigenen waren Bücher aus dem Besitz von Emanuel Bruck gekommen, die seine Stiefmutter Edith gegeben hatte, weil sie – vergebens – auszureisen hoffte. In diesem Zimmer lernte sie abends spanisch, weil sie noch immer an eine Ausreise mit Emanuel glaubte. In vielen Nächten schrieb sie an ihn, wog jedes Wort ab und versuchte, ihm Freude zu geben. Ihre Müdigkeit, ihre Verzweiflung sollte er nicht spüren.

Und sie war ja auch nicht immer verzweifelt. Die Arbeit mit den Kindern machte sie glücklich, sie freute sich über jeden ersten Schritt, über jedes Wort, das ihre Kleinen lernten.

Noch nach Jahrzehnten sprach sie über die Kinder so, als hätte sie sie gestern verlassen.

Dorchen Ransenberg aus der Mulackstraße kam täglich mit Läusen. Jeden Tag von neuem rieben die Schwestern Dorchens Lockenkopf mit Läusemitteln ein, und immer wieder brachte sie das Ungeziefer von zu Hause mit. Die meisten Kinder kamen aus ostjüdischen Familien, viele waren unehelich geboren. Ihre überforderten Mütter konnten ihnen oft nicht genug zu essen und keine ordentlichen Kleider geben. „Aber alle liebten sie ihre Kinder“, erinnerte sich Edith dieser Mütter, die oft selbst erst als Kinder oder Halbwüchsige nach Berlin gekommen waren und die Feindseligkeit der Welt nicht verstanden. In der Krippe wurden die Kinder auch gebadet, die Gestelle für diese Kinderbadewannen sah ich auf Ediths Fotos, und ich erkannte die rostigen Gestänge wieder, die ich noch 1980 im Keller der Auguststraße gesehen hatte. Ungefähr vierzig Kinder wurden täglich gebracht. Die Pflegerinnen waren ganz junge Lehrschwestern, nur Edith Fürst und ihre Stellvertreterin Ruth Lewinson waren schon älter. Auf den Fotos sah ich die jungen Schwestern mit den Kindern auf dem Hof, meinem späteren Schulhof. Zwischen spärlichem Grün, dem Pflaumenbaum und Sträuchern spielten die Kleinen, hier lernten sie laufen. In der Krippe selbst war es eng, die Kinder mußten bei schlechtem Wetter oft in ihren Gitterbettchen bleiben. „Es waren ernste Kinder", erzählte Edith. „Sie lachten weniger als andere, sie schrien aber auch weniger. Es war, als wollten sie uns so wenig Mühe wie möglich machen."

Und sie sagte, während sie lange die alten Fotos ansah, die sie doch so gut kannte: „Es waren so schöne Kinder".

Von fast allen nannte sie mir die Namen: Recha Cohn, die kleine Dicke. Sie war eines der wenigen fröhlichen Kinder, voller Bewegungsdrang. Ziphora Loewenthal, das Vögelchen, deren Mutter Epileptikerin war. Denny Rosenberg, Shimmy und Shammy, die beiden rumänischen Brüder... Auf einem Gruppenbild steht hinten in Ediths Schrift „Hier hast Du meine Kindergesellschaft. Freut sie Dich?"

Dieses Foto hatte sie wohl Mani ins Zuchthaus geschickt. Sie wird dieses Bild gemeinsam mit seinen Papieren und der Urne zurückbekommen haben, im Herbst des Jahres 1942.

Dazwischen lagen aber noch Jahre, in denen jeder Tag ein Tag gewonnenes Leben war, in dem sie an jedem Tag neu die Hoffnung für sich und Mani, für die Kinder finden mußte. Nachdem sie ihn als Cousine nicht mehr besuchen konnte, schlug sie ihm vor, sich zu verloben. Dieser Vorschlag löste in Emanuel Bruck wahnsinnige Glücksgefühle und Abwehr gleichzeitig aus. Längst war Edith für ihn der wichtigste Mensch geworden, der einzige Faden, der für ihn in die Zukunft führte. Sein Körper war durch die jahrelange Haft geschwächt, seine Nerven waren zerrüttet. Zwar versuchte er durch Bücher und Selbststudium seinen Geist zu trainieren, aber die Einsamkeit und die Verzweiflung fraßen an ihm. Seine Genossen waren wie er in Lagern und Zuchthäusern. Wenigstens erfuhr er wohl nicht, daß seine in die Sowjetunion emigrierten Freunde, darunter die Redakteure der „Roten Fahne", auch verhaftet worden waren oder schon erschossen. Aber von dem Hitler-Stalin-Pakt wird er gehört haben, und es wird niemanden gegeben haben, mit dem er darüber sprechen konnte.

In den Briefen durfte er keine politischen Themen berühren. Diese Briefe waren in einer ganz anderen Sprache geschrieben als die forschen Feuilletons und Reportagen, die er vor 1933 unter dem Pseudonym Paul Brand veröffentlicht hatte. Seine Sprache war stiller geworden, manchmal poetisch, von ungeheurer Tiefe. Er hatte, wie er einmal schrieb, die „Reise nach innen" angetreten, da die äußere Welt ihm versperrt war.

Und nun war da Edith, eine Frau, die zu ihm hielt, die ihn nicht verlassen wollte, die ihm sagte, daß sie ihn brauche. Aber durfte er, ein kranker Zuchthäusler, sie an sich binden? Sollte er ihr nicht raten, fortzugehen? Erst als er begriffen hatte, daß Edith ihr Leben längst an seines gebunden hatte, öffnete er sich und zeigte ihr seine Sehnsucht.

Eine Zeitlang kam wieder so etwas wie Heiterkeit in seine Briefe, er träumte von einem Leben mit Edith, vielleicht in Südamerika. Auch er lernte spanisch. Aber lieber wäre ihm die Sowjetunion als Exilland gewesen. Er erfuhr ja nicht in seiner Zuchthauszelle, wie zerrissen die Welt war, wie verraten bereits die Ideale, an die er glaubte. Und wenn er es erfahren hätte, er hätte es wohl nicht wissen wollen.

Edith kämpfte um die Genehmigung zur Eheschließung, um die Erlaubnis, ihn zu besuchen. Nachts schrieb sie Anträge und Gesuche an die Staatsanwaltschaft, an den Rechtsanwalt Freudenthal. Wenn sie sich tagsüber ein paar Stunden frei machen konnte, lief sie zum Hilfsverein Deutscher Juden. Und ab 1940 konnte sie ihn wieder einmal im Vierteljahr besuchen. Am 11. März 1941 durften der Häftling Emanuel Israel Bruck und die Kinderschwester Edith Sara Fürst heiraten.

Zwei Gestapobeamte begleiteten Emanuel. Die Trauungszeremonie fand im Standesamt Hamburg-Fuhlsbüttel statt, Emanuel Bruck war inzwischen nach Hamburg verlegt worden. Nach der Trauung mußte er wieder in seine Zelle zurückkehren.

Mani hielt sich am Datum seiner Entlassung in dreizehn Monaten fest. Aber Edith sah: der Tod rückte immer näher. Ende 1941 wurden auch Kinder aus ihrer Krippe mit den Müttern nach Lublin deportiert. Sie schickte noch ein Paket mit Gries dorthin, bekam aber keine Antwort.

Um die Mitte des Jahres 1942 begannen die Deportationen aus dem Hinterhaus. Edith sah, wie die alten Menschen abgeholt wurden, aber sie wollte es nicht sehen, sie brauchte ihre Kraft für die Kinder und für Mani.

Die Kinder litten an Vitaminmangel. Dr. Oskar Rosenberg aus dem Krankenhaus Iranische Straße besuchte die Krippe regelmäßig, aber er konnte den Kindern keine Milch und kein Gemüse geben.

Eines Tages ging Edith in die Städtische Verwaltung im Berolinahaus und verlangte für ihre Kinder Vitamine. Sie sagte dort: „Solange ihr die Kinder leben laßt, müßt ihr sie auch versorgen." Noch während sie mir das erzählte, wunderte sie sich über ihren verzweifelten Mut und über die Kaltblütigkeit, mit der sie sich den Stern vom Mantel abtrennte, wenn sie nach Hamburg zu Mani fuhr. Seit dem September 1941 mußte auch sie den gelben Stern tragen, aber als Jüdin hätte sie keine Fahrkarte kaufen können. Also fuhr sie ohne Stern und wechselte den Mantel, bevor sie das Zuchthausgebäude betrat. Eine Kontrolle hätte sie das Leben kosten können.

Aber jeder Tag war ohnehin eine Balance zwischen Leben und Tod. In den Bombennächten mußte Edith Luftschutzwache halten, und einmal löschte sie mit der Hauswartsfrau Link aus der Nummer 17 eine Brandbombe, die in das Vorderhaus gefallen war.

Es gab auch frohe Stunden. Wenn sie mit den Kindern spielte, wenn sie den kleinen Theo aus der Moltkestraße für einen Nachmittag zu sich holte und ihm einen Kuchen buk. Wenn sie mit den Freunden sprechen konnte, die ihr geblieben waren.

Einmal bekam sie für die Kinder Spinat, eine lange vermißte Kostbarkeit, die die Kinder nicht kannten. Sie spuckten das Gemüse auf die weißen Kittel der Schwestern. Dieses eine Mal heulte Edith vor den Kindern.

Im Frühjahr 1942, als er mit seiner Freilassung rechnete, wurde Emanuel Bruck ins Konzentrationslager Neuengamme gebracht. Edith erhielt von dort nur zwei oder drei kurze Karten, die mit einer veränderten, wirren Schrift geschrieben waren. Sie schrieb ihm weiter alle vierzehn Tage, schickte auch Geld. Am 23. August bekam sie den letzten Brief von ihrem Mann, geschrieben im Konzentrationslager Dachau. Er schrieb, daß er ihre Briefe nicht bekommen hatte und: „Es geht mir gut, ich werde zusehend jünger(!). Meine einzige Sorge ist: was ist mit ihr? (. . .) Es ist fast unglaublich, in welchem Maße mich Deine Briefe beeinflussen. (. . .) Ich bin den ganzen Tag bei Dir. Ich umarme Dich mit den herzlichen Grüßen und Küssen immer, immer Dein Mani.“

Fünf Tage, nachdem er diesen Brief geschrieben hatte, starb Emanuel Bruck. An „Lungenentzündung“.

Die SS teilte es Edith Bruck am 5. September mit. Zwei Tage vor Emanuel Bruck war auch Georg Benjamin in Mauthausen gestorben. Edith blieb nur, die Urne ihres Mannes zu verlangen, und am 18. Oktober 1942 ging sie zu Fuß von der Auguststraße zum Jüdischen Friedhof nach Weißensee. Ruth Lewinson kam mit ihr. Die beiden Frauen setzten die Urne bei und gingen zurück zur Auguststraße. Die Straßenbahn durften sie nicht benutzen.

Am 20. Oktober wurden die Angestellten der Jüdischen Gemeinde in die Oranienburger Straße gerufen. Hildegard Henschel, die Frau des Vorsitzenden, berichtete 1946 darüber: „Die Gestapo erschien, schritt die Reihen ab, nahm Kenntnis von den Zahlen und bestimmte durch Fingerzeig, wer beiseite zu treten habe und wer stehenbleiben solle. Als diese Procedur beendet war, teilte der berüchtigte Günther mit, daß die Ausgesuchten in Kürze abtransportiert würden. Natürlich mit ihren Familien. Wer sich vorm Transport drücken würde, hätte das Leben eines Kollegen auf dem Gewissen, denn es würden Geiseln bestimmt werden, die man anstelle eines jeden, der nicht zum Transport erscheint, erschießen würde."

Edith war unter denen, die abtransportiert werden sollten. Ihre Freunde beredeten sie, die von alledem wie betäubt war, sich zu verstecken.

Ich habe sie nicht gefragt, ob sie von den angedrohten Geiselerschießungen wußte. Und wenn sie es gewußt hätte – es gibt Alternativen, die unmenschlich sind, die man nicht annehmen kann. Es ging für die Juden in Berlin nicht mehr um Tod oder Leben, es ging nur noch um den Zeitpunkt des beschlossenen Todes. Und Edith Bruck verließ am 23. Oktober 1942 das Haus Auguststraße 14/16. Mit sich nahm sie nur eine Tasche, Emanuels Briefe und die Fotos ihrer Kinder.

Zwei Jahre lang schlug sie sich durch. Zwei Jahre lang auf der Flucht, zwei Jahre lang Angst.

Ein alter Freund, ein Zahnarzt, der seine Praxis am Königstor hatte, schickte sie zu einem Mann im Wedding.

„Es war schwer, zu sitzen und zu grübeln und nichts zu machen", erinnerte sich Edith. In dieser Zeit strickte sie noch einen Pullover, den sie Theo schicken konnte. Vielleicht trug er diesen Pullover, als er in den Zug nach Auschwitz stieg. Die Lebensgefährtin ihres Gastgebers hielt die Gefahr nicht aus, und Edith zog bald weiter. Sie kam zu Martchen Metsch, einer ehemaligen Fichte-Sportlerin, nach Heinersdorf. Deren Mann war Soldat, und Edith pflegte das Kind und die alte Mutter. Für Lebensmittel sorgten Hilde Benjamin und der Zahnarzt, der ihr auch den Postausweis seiner Schwägerin fälschen ließ. Edith Bruck war nun Gertrud Heß. Für flüchtige Kontrollen genügte dieser Ausweis, denn Edith sah nicht so aus, wie die Nazis sich eine Jüdin vorstellten. Als „Tante Gertrud" zog sie von einem Versteck zum nächsten. Manchmal ahnten ihre Helfer nur, wem sie Quartier gaben. Hilde Benjamin, die keine Jüdin war, aber von der Gestapo beobachtet wurde, konnte sie nicht zu sich nehmen. Aber sie verschaffte ihr eine Stelle im Grunewald bei dem Ehepaar Knoblauch. Die Frau war Philologin und der Mann Archäologe. Edith gab sich vor den Nachbarn als Verwandte aus, kochte, führte den Haushalt und betreute das Baby. Als Knoblauchs wegen der Bombenangriffe Berlin verließen, blieb Edith in der Wohnung. Von dort ging sie zu verschiedenen Leuten und machte fürs Essen sauber. Einmal in der Woche arbeitete sie auch bei Harald Poelchau, mit dem Hilde Benjamin sie bekannt gemacht hatte. Der Gefängnispfarrer, der so vielen zum Tode Verurteilten Partner in den letzten Stunden ihres Lebens war, der in dieser Zeit still und aufrecht Menschenwürde bewahrte, wurde ihr ein Freund. Gewiß kannte er „Tante Gertruds" Herkunft, zu ihm kamen auch andere illegal lebende Juden. Aber darüber sprachen sie nicht. Sie sprachen über den

Verlauf des Krieges, auch Poelchau hoffte auf die Rote Armee. Wenn er zu Hinrichtungen gehen mußte, war er fahrig und nervös. Aber sonst wirkte er sicher und ohne Angst. Im Schlafzimmer der Dreizimmerwohnung am Hohenzollerndamm fand Edith ein ganzes Lebensmittellager. „Glauben Sie ja nicht, daß ich das alles für mich gehamstert habe", sagte Poelchau zu seiner Putzfrau. Von Knoblauchs Wohnung im Grunewald bis zum Hohenzollerndamm mußte Edith mit der S-Bahn und der Straßenbahn fahren. Sie hatte Angst vor den Greifern, auch sie hatte von der berüchtigten Stella Kübler gehört. Die Wachsamkeit verließ sie nie. Manchmal traf sie sich mit Hilde Benjamin, manchmal mit dem Zahnarzt. Hilde Benjamin nahm Ediths Briefe und die Fotos der Kinder aus der Auguststraße und versteckte diese Papiere im Keller ihrer Eltern in Steglitz. So blieben sie erhalten. Als alles vorbei war, 1946, schrieb Edith einen Brief an ihre Schwester Rosa:

„Ich kam mir oft vor wie der einzig übriggebliebene Mensch, der alles beobachtet und den nichts mehr treffen kann, denn ich hatte ja nur noch meine Freiheit zu verlieren, sonst nichts."

Und als die Bomben auf Berlin fielen, die Häuser in sich zusammenstürzten, überkam sie ein Gefühl der Genugtuung, „denn der Haß auf diese ganze Gesellschaft war sehr groß in mir".

Als ich sie fünfundvierzig Jahre später nach diesem Haß fragte, erinnerte sie sich nicht mehr an dieses zerstörerische Gefühl der gejagten, ausgestoßenen Jüdin.

Von solchem Haß hatten mir auch andere Untergetauchte erzählt. In ihrem Brief hatte Edith auch geschrieben: „Ich konnte nur noch Mitleid aufbringen, wenn die Wohnung von einem von uns beschädigt oder zerstört war."

Einer von uns, das waren für sie verfolgte Juden, das waren Hilde Benjamin, der Zahnarzt und andere Menschen. Das war auch die Kommunstin Charlotte

Bischof, die, das ahnte Edith damals eher als daß sie es wußte, in geheimem Auftrag aus schwedischem Exil nach Berlin gekommen war. Ihre Kontaktadressen waren verraten, Charlotte Bischof wurde von der Gestapo gesucht. Auf dunklen Wegen kam Charlotte Bischof in Ediths Quartier und übernachtete dort. In Knoblauchs Wohnung war auch ein Nazi einquartiert, vielleicht hatte der Verdacht geschöpft, vielleicht hatten Spitzel Charlotte Bischof verfolgt oder jemand sie verraten; am nächsten Tag, Charlotte war schon fort, klingelte es an der Tür auf die Weise, die Edith mit Charlotte verabredet hatte. Zwei jüdische Greifer standen vor der Tür und brachten Edith ins Gestapogefängnis Schulstraße. Das war am 19. November 1944. Im Jüdischen Krankenhaus und in diesem Gefängnis boten sich apokalyptische Bilder der Auflösung. Dort traf Edith auch auf die Schwester und den Schwager der Frau Link, die Hausmeisterin in der Auguststraße 17 gewesen war. Edith mußte ihren wirklichen Namen nennen, aber sonst verriet sie nichts. Sie behauptete, sich den Postausweis selbst gemacht und unter falschem Namen bei den ahnungslosen Knoblauchs untergekrochen zu sein. So bekam sie die Karteikarte, die ich im Archiv des Oberfinanzpräsidenten gefunden hatte, so kam sie auf den 59. Osttransport.

An Rosa Adler schrieb sie später: „Mir war das ganze Pack so zuwider, daß ich froh war, mit neuem Judenstern verschmückt unter großartiger Bewachung nach Ravensbrück abrücken zu können. Vor allen Dingen war ich mir sicher, daß mir dann keiner mehr folgen würde. Denn ich wollte doch keinen verraten, der mir geholfen hatte.Das war meine größte Angst. Ich wußte ja nicht, wie weit sie was wußten. Aber die waren doch ziemlich dumm. (. . .) und sonst hatten sie wohl auch wichtigere Sachen als mich zu erledigen."

Der SS-Sturmbannführer Walter Dobberke war während der fünf Tage, die Edith in der Schulstraße verbringen mußte, krank. Dies war wohl ihr Glück. Andere sind in diesen letzten Monaten noch erschossen worden, und noch im Januar ging der letzte Transport nach Auschwitz.

Edith Bruck kam am 24. November 1944 in Ravensbrück an.

Ravensbrück gehört zu ihrer Geschichte, aber warum soll ich zu erzählen versuchen, was sich nicht schildern läßt. Sie hat dort alles erlebt, alles gesehen, was auch andere Frauen in Ravensbrück erlebten. Aber sie hat es überlebt.

Im Mai 1945 wog sie weniger als vierzig Kilogramm. Und sie war an Tuberkulose erkrankt. Im Oktober 1945 kam Edith nach Sülzhayn, um ihre Tbc auszukurieren. Von dort schrieb sie den Brief an ihre Schwester Rosa. Sie brauchte mehrere Tage, um zu erzählen, was ihr geschehen war. Sie schrieb auf den Innenseiten aufgetrennter Briefumschläge mit einer Schrift, der man die Anstrengung ansieht, die es Edith kostete, diesen Bericht zu geben.

In die Auguststraße kehrte sie nie zurück. Nur eine einzige Kinderschwester hat außer Edith überlebt. Sie hieß Margot Neumann und hatte sich mit ihren Eltern und dem Bruder verstecken können. Margot und Edith trafen sich im Sommer 1945 in Berlin. Die Spuren aller anderen Schwestern und Kinder aus der Krippe verloren sich in Auschwitz. Margot Neumann verließ Deutschland.

Fünfundvierzig Jahre später war Edith immer noch nicht in der Auguststraße gewesen, und sie wollte mir auch nicht das Haus in Niederschönhausen zeigen, in dem ihr kleines Heim gewesen war. In Gedanken kehrte sie ohnehin immer wieder an diese Orte zurück, in Gedanken sprach sie oft mit den Toten. Im Mai 1947 wurde Edith als geheilt entlassen. In Berlin half sie, einen Kindergarten im Kabelwerk Oberspree aufzubauen. Aber sie war nicht wirklich gesund. Ein Jahr später kehrte sie nach Sülzhayn zurück. Als es ihr besser ging, wurde sie dort Leiterin des Heimes für die Kinder der Tuberkulosekranken.

1950 kamen Rosa und Siegfried mit ihrer Tochter aus Bolivien zurück. Edith fuhr zu ihnen und übernahm das Kinderheim in Falkensee als Leiterin.

Über ihre Geschichte nach den schlimmen Jahren sei nicht viel zu erzählen, sagte Edith mir. Sie war Kindergärtnerin. Sie lebte. Sie versuchte, das Vergangene ruhen zu lassen. Aber sie konnte nicht vergessen. Keines der Kinder, keinen der Freunde, niemals Emanuel Bruck. „Das beste, was ich je getan habe, war, bei ihm zu bleiben."

Der Mann, den sie 1958 heiratete, war auch ein Verfolgter der Nazis gewesen. Aber diese Ehe wurde nicht so glücklich. Edith sagte mir das leise in der Dämmerung ihres Zimmers. Wir hatten stundenlang gesprochen. So vieles ließ sich nicht sagen. So vieles ließ sich nicht fragen. Vor uns lagen die Fotos der Kinder. Gleich 1945 hat Edith diese Fotos und Manis Briefe von Hilde Benjamin geholt.

Hilde Benjamin.

Sie wurde Justizministerin der Deutschen Demokratischen Republik. Sie hat Unschuldige verurteilt. Abtrünnige Genossen kamen mit ihrer Hilfe hinter Gitter. Sie war Stalin und Berija ergeben und vernichtete in dieser Hörigkeit andere Leben. Ich habe mit Menschen gesprochen, denen noch bei der Erinnerung an diese Frau Angst in den Augen stand.

Aber ich habe auch gelesen, was sie über die Dichterin Gertrud Kolmar schrieb, die eine Verwandte von Georg und Walter Benjamin war und ihr eine Freundin wurde. Hilde Benjamin versteckte, bevor Gertrud Kolmar deportiert wurde, deren Gedichte - vielleicht zusammen mit den Fotos der Kinder aus der Auguststraße.

Wer war Hilde Benjamin?

Ich habe Edith danach gefragt, aber die mochte meine Frage nicht. Für sie war Hilde Benjamin die

Gefährtin, die ihr das Leben rettete, als fast alle anderen sich abgewandt hatten. Für sie war sie die Frau Georg Benjamins, der fast am selben Tag in einem Lager starb wie ihr Mann. Und für sie war sie die Mutter Mischas, des Jungen, den sie in ihr Herz geschlossen hatte wie auch Kurt und Pimmy, wie die wenigen ihrer Kinder, die überlebten.

Hilde Benjamin hat den Haß gegen ihre Feinde zu ihrem Beruf gemacht.

Edith hat ihren Haß verloren. Ihr Beruf war, Kinder zu lieben. Mit Kindern lebte sie, mit den lebendigen und mit denen aus der Auguststraße.

Das Heim am Rande der Wüste

Vier Monate nach der Öffnung der Berliner Mauer flog ich nach Israel. Das Land, das für mich wie auf einem anderen Stern gelegen hatte, war erreichbar geworden. Von Tel Aviv aus fuhr ich wenige Tage nach meiner Ankunft nach Kiryat Gat, einer Stadt am nördlichen Rand der Wüste Negev, in das Kinderheim NEVE HANNA, wo ich Hanni Ullmann treffen wollte.

Hanni Ullmann hatte mir geschrieben, schöne, ausführliche Briefe über ihr Leben, über das Kinderheim AHAWAH, das sie schon seit den zwanziger Jahren in Berlin kannte. Ich wußte, daß sie 81 Jahre alt war und schon seit 1929 in Palästina lebte. Als 1934 die ersten dreißig Kinder aus der AHAWAH mit der Oberin Berger in Haifa ankamen, war Hanni Ullmann unter denen, die die neue AHAWAH mit aufbauten. Über das Heim NEVE HANNA in Kiryat Gat hatte sie mir geschrieben, daß es die Erfüllung ihres Lebenstraumes bedeutete. Sie hatte es gemeinsam mit Johanna Kaphan aufbauen wollen.

Der Name der Johanna Kaphan war mir schon oft bei meinen Recherchen begegnet. Sie war die Direktorin der Jüdischen Mädchenschule in der Auguststraße 11/13 gewesen. Davor hatte sie in der Kaiserstraße an einer Schule gelehrt, in die auch die Mädchen der AHAWAH gingen. Daher kannte Hanni Ullmann sie. Johanna Kaphan blieb in der Auguststraße Schuldirektorin bis zum Schluß, im letzten Moment gelang es ihr, mit zweiundzwanzig Schülerinnen nach Schweden zu fliehen. In Schweden lebte sie zusammen mit den Mädchen, deren Eltern tot oder deportiert waren. Und

1956 kam diese Johanna Kaphan nach Haifa, traf Hanni Ullmann wieder, und die beiden Frauen fühlten sich in ihren Ansichten einander so nahe, daß sie gemeinsam ein Heim aufbauen wollten. Es sollte der Berliner AHAWAH ähnlich sein.

Die AHAWAH in Kiryat Bialik unterstand inzwischen den städtischen Behörden von Haifa. Beate Berger war schon 1940 gestorben, auch die Damen und Herren des Kuratoriums gab es nicht mehr. Das Heim war zu arm und zu groß, um unter den schwierigen Bedingungen in Israel die besondere Konzeption der Berliner AHAWAH fortzuführen. Johanna Kaphan starb aber bald. Sie vererbte ihr kleines Vermögen Hanni Ullmann, die es zum Grundstock nahm, um in Kiryat Gat, einem Ort von biblischem Alter, der aber nur ein Stück ödes Bauland zu bieten hatte, dieses Heim aufzubauen. Im Gedenken an ihre Freundin nannte sie es NEVE HANNA, das heißt Hannas Heimstatt.

Dieses Heim war in Kiryat Gat nicht schwer zu finden, jeder kannte es. Es lag in der Vormittagssonne wie eine Feriensiedlung. Helle Bungalows, blühende Bäume, Blumen, ein Spielplatz. Ich setzte mich auf eine Bank, wollte den lärmenden Kindern zusehen. Die meisten waren von orientalischem Aussehen, wenige hatten eine ganz dunkle Haut, die kamen wohl aus äthiopischen Einwandererfamilien, manche waren auch blond und hellhäutig. Und ein Mädchen sah aus wie meine Berliner Bekannte Leni L., das gleiche zarte Gesicht, die gleichen grünen Augen, das gleiche flammend rote Haar. Leni hatte mir erzählt, daß ihre Mutter oder Großmutter aus einer Gegend in Galizien gekommen war, in der alle Mädchen so aussähen.

Im Nu war ich von den Kindern umringt, und sie brachten mich zu Hanni Ullmann, die in ihrem Büro gerade versuchte, einen Computer zu reparieren. Trotz ihrer lebendigen Briefe hatte ich sie mir als eine alte, würdevolle Dame vorgestellt. Aber ihre Stimme, ihr

Lachen, ihre Bewegungen waren nicht alt. In ihren Hosen, ihrem lila Pullover mit dem israelischen Silberschmuck wirkte diese lebhafte Frau fest und biegsam, gar nicht zerbrechlich. Das Besondere waren ihre Augen, in denen das Leben selbst lag. Hanni Ullmann, das spürte ich sofort, war eine Frau, der man sich nicht entziehen konnte, sie wußte, was sie wollte, und sie verstand es, ihren Willen durchzusetzen. In NEVE HANNA war sie die Seele des Heims, obwohl nicht sie, sondern David Weger das Heim leitete. Den bärtigen jungen Mann hatte ich schon auf dem Sportplatz bei den Kindern gesehen. Mir war aufgefallen, daß er etwas hinkte. Hanni Ullmann erzählte mir, daß David als Junge die Kinderlähmung überstanden hatte und daß es für ihn schwer war, zu lernen, zu studieren. „Aber er ist Lehrer geworden. Und was für einer! Wenn man mit so schwierigen Kindern arbeitet wie wir, ist es gut, wenn man selbst Härten im Leben kennt. Einen besseren Heimleiter als David können unsere Kinder sich nicht wünschen."

David, der selbst zwei Kinder hat, von denen eines behindert ist, spielte mit den Kindern wie ein großer Bruder. Als er mit mir durch das Heim ging, erzählte er mir von ihnen. Es waren Einwandererkinder aus allen Teilen der Welt, deren Familien in Israel nicht verwurzeln konnten oder schon auf dem Weg hierher zerbrochen waren. Ich erinnere mich, mit welcher Aufmerksamkeit David jedem Kind zuhörte. Und ich weiß noch, wie er sich bückte und seufzend irgendein Rohr zu reparieren versuchte. Die Bungalows sind sehr leicht gebaut, ständig geht etwas kaputt. Das Heim kann nicht von den staatlichen Geldern existieren, es wird durch Spenden erhalten. Die Namen der Spender las ich auf kleinen Keramiktafeln an den Türen. So haben auch die Namen der „Wohlthäter" Jahrzehnte früher auf Glastafeln an den Türen des Hauses in der Auguststraße gestanden.

Die Kinder wohnten in kleinen Gruppen wie unter Geschwistern zusammen, sie aßen auch zusammen in diesen Gruppen, und nur zu besonderen Anlässen kamen sie im großen, hellen Speisesaal zusammen. In einer Ecke stand der Thoraschrein, der Raum diente auch als Synagoge.

Für diese oft bindungslosen Kinder sei die Zugehörigkeit zur jüdischen Religion wie eine Lebenswurzel, die man pflegen muß, hatte mir Hanni Ullmann erklärt. Zum Sabbat käme jede Woche ein Rabbiner-Student aus Jerusalem zu den Kindern. Auch für ihr eigenes Leben sei die Einhaltung jüdischer Lebensregeln Gesetz. Um so überraschter war ich, als sie mir schon in der ersten Stunde meines Besuchs erklärte: „Wir fahren heute nachmittag zu unseren arabischen Freunden. Du kannst mitkommen." Ich hatte in den wenigen Tagen, die ich in Israel war, schon die Verkrampfungen und Ängste zwischen Arabern und Juden gespürt, die sich in manchmal kaum merklichen Zeichen zeigten, und ich ahnte, daß ich als Besucherin zu wenig wußte, um dieses gegenseitige Gefühl der Bedrohung zu verstehen.

Und dann saß ich mit Hanni Ullmann, David Weger, der Erzieherin Renate Ucko und einigen Kindern, die sich leuchtend weiße Hemden angezogen hatten, in einem klapprigen Bus, und wir fuhren durch stachliges Gras. „Nach dem 20. April wird das alles braun sein", erklärten mir die Kinder auf englisch und zeigten mir stolz ihre selbstgebastelten Geschenke, denn sie fuhren ja zu Besuch. Es war nicht ihre erste Fahrt in das Beduinendorf. Hanni Ullmann hatte dieses „Experiment" gewagt und die arabischen Kinder mit ihrem Lehrer schon einige Male nach NEVE HANNA eingeladen. Anfangs war das mit großem Argwohn von allen Seiten beobachtet worden, und manche der Eltern, so wenig sie ihren Kindern auch Halt in einer Familie bieten konnten, protestierten gegen die Begegnungen mit Arabern. Dabei spielten die Kinder zusammen, feierten Feste, modellierten aus Ton, aßen gemeinsam. „Nur wenn man den Menschen in dem anderen erkennt, verliert man die tödliche Angst. Man muß bei den Kindern anfangen.“ Das war Hanni Ullmanns Überzeugung, und David teilte sie ebenso wie die anderen Erzieher.

Nach einer knappen Stunde Fahrt durch die Grasebene kamen wir in das Dorf. In den Gärten sah ich die Beduinenzelte. Aber dort lebten nur noch die Alten. Die jüngeren Leute hatten sich zweistöckige Häuser gebaut, die wie ausgestorben in der Mittagshitze lagen. Auf dem Dach eines dieser Häuser sah ich eine verhüllte Frau Bluejeans von der Leine nehmen.

Ziegen und Schafe liefen frei zwischen den Häusern und Zelten herum. An der Schule, einem flachen Lehmbau, erwarteten uns der junge Lehrer in städtischer Kleidung und eine Lehrerin in traditionellem Gewand. Auch hier, erfuhr ich, gab es Vorbehalte gegen die jüdisch-arabischen Treffen. Aber der Lehrer hatte mit allen Eltern des Dorfes gesprochen, und die Kinder des Bürgermeisters, die des Arztes und auch die aus seiner eigenen Familie waren unter denen, die uns im Klassenzimmer begrüßten. Die Kinder freuten sich sichtbar, sie kannten sich schon von früheren Treffen. Diese Begegnung würde anders verlaufen als die übrigen, erklärte der Lehrer, denn der Ramadan, der Fastenmonat, habe begonnen. Seit fünf Uhr morgens würde nicht gegessen, nicht geraucht, erst zum Abend dürfe man wieder etwas essen. Daher dürfe man auch den Gästen nichts anbieten.

Ein Junge aus NEVE HANNA erzählte spontan vom Fasten zum Jom Kippur, dann redeten die Kinder durcheinander und berichteten sich von den Unterschieden und von den Gemeinsamkeiten ihrer Feiertage.

Der weiß gekalkte Schulraum war sehr einfach, grüne Tafeln, Tische und Stühle. Hier war es kühl, trotzdem schwirrten Fliegen durch den Raum. Durch die offenen Türen hörte ich das Wispern und Kichern der Kinder, die draußen bleiben mußten, weil ihre Eltern ihnen nicht erlaubten, mit den Juden zu spielen. Trotzdem wollten sie wissen, was vor sich ging, und ab und zu erschien ein braunes Gesicht am Fenster. Die Lehrerin, eine stolze, schöne Frau, ging heraus und sprach mit den Kindern.

Hanni Ullmann verteilte Buntstifte und Papier an die Kinder im Schulraum.

Der Lehrer setzte sich zu mir und fragte mich, warum in meiner Heimat nicht die Bürgerbewegung die Wahl vor ein paar Tagen gewonnen hätte. Das hatten mich auch die jungen christlichen Mädchen in der Küche von NEVE HANNA gefragt, die aus Hamburg und aus Süddeutschland nach Israel gekommen waren, um für ein Taschengeld ein Jahr lang zu arbeiten. So wie ich ihnen zu antworten versucht hatte, antwortete ich dem arabischen Lehrer, und ich spürte, wie alles zusammenhing, seine Sorge um die Zukunft der Kinder in diesem Beduinendorf, der glückselige Aufbruch und die Enttäuschung meiner Freunde zu Hause, der Wunsch der Mädchen in der Küche, etwas wirklich Wichtiges im Leben zu tun, und die Sehnsüchte, die die Kinder in ihre Bilder malten wie alle Kinder der Welt: Ein Haus, Blumen, die Sonne. Nein, solche Flugzeuge, Kampfflugzeuge, und Soldaten zeichnen die Kinder vielleicht nicht überall.

Ein blondes Mädchen, deren Eltern aus Rumänien gekommen waren, wie Hanni Ullmann mir erzählt hatte, malte eine wunderbare Purimfigur, sie zeigte sie allen, erklärte den arabischen Kindern, was das Purimfest bedeutet, und schenkte sie mir. Erst als ich sie genau ansah, erkannte ich, daß sie gespalten war. Die eine Hälfte des Gesichts lachte, die andere war wie von Angst verzerrt. Die eine Hälfte war in leuchtenden Farben gemalt, die andere dunkel.

Erst als vom Turm zum Abendgebet gerufen wurde, brachen wir auf. Auf dem Rückweg setzte sich Renate

Ucko, eine nicht mehr junge Erzieherin, zu mir, und ich fragte sie, warum sie so gut deutsch sprach.

Diese Frage stellte ich in Israel keinem mehr, obwohl ich später noch viele Menschen traf, die deutsch sprachen, die Heine und Goethe zitierten und die Erinnerung an ein Stück deutscher Landschaft wie eine Wunde mit sich herumtrugen.

Für Renate Ucko war es die Gegend um Offenburg. „Zu Hause war alles freundlich, fröhlich." Ihr Vater war Vorsteher einer kleinen Gemeinde mit zweiunddreißig Familien gewesen. Der Betsaal war schön und hell. Renate, die damals Ruth hieß, spielte Harmonium. Aber in der Schule spürten sie und ihre Zwillingsschwester die Feindschaft. Man rief ihnen „Judensau" hinterher. Sie waren die besten Schülerinnen, aber sie bekamen nicht die besten Zensuren.

1934 oder 1935 kam der junge Rabbi Siegfried Ucko, um sich zu verabschieden. Er reiste nach Palästina aus und besuchte mit dem Fahrrad die Juden aus den siebenundzwanzig Gemeinden, für die er Rabbiner gewesen war. Er versprach den Mädchen, sie nachzuholen, und ein Jahr später kam tatsächlich eine Anforderung aus Palästina. Dr. Ucko war inzwischen Lehrer in der AHAWAH bei Haifa. Er riet den Mädchen, zur Vorbereitung auf die Ausreise sechs Wochen lang in die Berliner AHAWAH zu gehen. Die Eltern waren fassungslos, daß ihre Töchter ohne sie ausreisen wollten, aber die Mädchen, die noch nie von zu Hause fort gewesen waren, freuten sich. Vierzehn Jahre alt waren sie, als sie in das Haus in der Auguststraße 14/16 kamen. Das war zu Beginn des Jahres 1936.

Das Haus erschien ihnen grau und düster. Die anderen Kinder der AHAWAH, diese Gören aus dem Berliner Scheunenviertel, erschienen den Schwestern aus behütetem Hause fremd und unverständlich. Außerdem waren sie in einem Dünkel gegen Ostjuden befangen, den sie erst in Palästina verloren. Die Schlafsäle kamen ihnen zu groß und zu kalt vor, die Erzieher streng. In der Luft lag eine Bedrohung, die nicht in Worten benannt wurde. Aber sie war da und erstickte das Lachen. Die Zwillinge waren froh, als die sechs Wochen um waren, sie zu ihren Eltern nach Süddeutschland zurückkehren konnten und die eigentliche Vorbereitung auf die Ausreise begann. In einer großen Gruppe fuhren sie dann mit dem Zug nach Triest und von dort mit dem Schiff nach Palästina. Auf der Reise sangen sie hebräische Lieder, waren froh und voller Erwartung. Daß sie ihre Eltern nie wiedersehen würden, ahnten die fünfzehnjährigen Mädchen nicht.

Dr. Ucko, der jetzt Sinai mit Vornamen hieß, holte sie vom Hafen ab; auf dem Weg zur AHAWAH wurde der Panzerwagen beschossen.

Renate Ucko erinnerte sich gut der beiden folgenden Jahre in der neuen AHAWAH. Ich spürte, wie schmerzhaft diese Erinnerungen waren. Trotzdem erzählte sie mir davon.

In der AHAWAH sei es streng zugegangen. Die Oberin Berger sei eine große Persönlichkeit gewesen, aber viele AHAWAH-Kinder waren herangewachsen, sie waren Jugendliche, die ganz andere Erwartungen hatten als die kleineren AHAWAH-Zöglinge, die zu versorgen, zu erziehen und denen Wärme zu geben schwer genug war. Außerdem lebte die Oberin in Sorge um die Kinder, die in Berlin zurückgeblieben waren. Einmal habe die Oberin Ruth weinen sehen und ärgerlich zu ihr gesagt: „Wenn ich noch einmal Tränen sehe, schicke ich dich alleine nach Deutschland zurück." Sie wollte, daß wenigstens die geretteten Kinder fröhlich waren. Nach zwei Jahren verließ Ruth die AHAWAH und wurde Kinderschwester. Die AHAWAH unterstützte ihre Zöglinge, solange es ging. Ruth bekam etwas Taschengeld, und als sie krank wurde, ließ die Oberin ihr sagen, sie solle ins Heim kommen, sich erholen.

„Eigentlich war sie eine fürsorgliche Frau. Aber die Eingewöhnung in der neuen Heimat mit all den Problemen war auch für die Oberin so hart, daß sie auf die Seelen der Kinder keine Rücksicht nehmen konnte." Ruth heiratete viel zu früh, weil sie eine Familie haben wollte. Die Ehe wurde unglücklich, aber erst nach sechsundzwanzig Jahren fand Ruth die Kraft, sich scheiden zu lassen. Das war nach dem Tod ihrer jungen, begabten Tochter, die als Soldatin bei der israelischen Armee umkam.

Damals glaubte sie, sie selbst sei gestorben. Zu dem nie gestillten Schmerz über den Tod der Eltern in Auschwitz kam dieser Verlust. Der junge Rabbi ihrer Kindheit, der sie nach Palästina geholt hatte, der verehrte Lehrer aus der AHAWAH, war inzwischen einer der Mitbegründer von NEVE HANNA. Als er von Ruths Schicksal hörte, suchte er den Kontakt zu der ehemaligen Schülerin, und die Zuneigung des Lehrers wandelte sich in die Liebe eines Mannes. Für ihn änderte Ruth ihren Vornamen, sie wollte nicht heißen wie seine verstorbene Frau. 1976, nach acht wunderbaren Ehejahren, starb Sinai Ucko an Krebs. Nach seinem Tod fragte Hanni Ullmann die Witwe, ob sie ihr in NEVE HANNA helfen wolle. Und seitdem ist die Arbeit mit den Kindern auch Renate Uckos Lebensaufgabe.

Im Heim zog ich mich in den leeren Speisesaal zurück und wollte Renate Uckos Erzählung und das, was ich im Beduinendorf erlebt hatte, aufschreiben. Zwischen die Zeilen drängte sich immer wieder das Bild meines Schulhauses in der Auguststraße, das Renate Ucko so freudlos und grau erlebt hatte. Wegen dieses Hauses und seiner vergessenen Geschichten war ich hierhergekommen. In dem Raum war es still. Der Thoraschrein aus hellem Holz erinnerte mich daran, daß ich in einer Synagoge saß.

Die Stille bedrückte mich, und ich setzte mich ins Freie vor einen Strauch, der in der Abendkühle duftete. Ein kleiner Junge, der mich von weitem beobachtet hatte, kam langsam näher. Eine Weile blickte er mir ins Gesicht. Er lächelte nicht, es war, als wollte er sich über irgend etwas klarwerden. Er war vielleicht fünf Jahre alt, ich hatte ihn beim Mittagessen russisch sprechen hören. Plötzlich streckte er seine Hand aus und berührte, halb neugierig, halb fordernd, mein Gesicht. Wie dieses entwurzelte Kind hatten vor Jahrzehnten die Kinder in der Auguststraße Zärtlichkeit gesucht, AHAWAH. Und wie dieser kleine Junge hatten sie sie gefunden. Frauen wie Beate Berger, wie Hanni Ullmann, wie Renate Ucko trugen die AHAWAH weiter, immer wieder. Plötzlich lachte der Kleine mich an und lief zu einer Gruppe größerer Mädchen, die eine Art Hopse spielten.

Ich hörte Renate Uckos Stimme hinter einem Fenster, sie sprach mit den deutschen Helferinnen. Und ich hörte Hanni Ullmann resolut mit zwei Halbwüchsigen schimpfen. Später, als alle Kinder schon schliefen und ich mit Hanni Ullmann in der Teeküche saß, hörte ich sie ganz anders sprechen, weich und wie ein junges Mädchen, auch spöttisch und verschmitzt, übermütig und manchmal wütend. Nur ganz selten in unserem langen Gespräch hörte ich die müde Stimme einer einundachtzigjährigen Frau, die viel gesehen hat.

Und indem ich ihr zuhörte, sah auch ich die Menschen, mit denen sie gelebt, die Häuser, in denen sie gewohnt hatte. Ich sah ihren Vater vor mir, einen Zahnarzt, den das Judentum und die deutsche Kultur gleichermaßen geprägt hatten, wie er Hanni und ihren jüngeren Bruder am Sabbatnachmittag die Sprüche der Väter lehrte, wie er sie auf Ausflügen die Namen der Pflanzen abfragte. Und Hannis heitere Mutter, die achtzehn Jahre jünger war als ihr Mann, scheinbar eine behütete Dame aus wohlhabendem Hause, die nicht zu arbeiten verstand und dann, als es nötig war, doch die praktischere von beiden war. Sie war es, die den Umzug nach Berlin bewältigte, als die Familie nach dem ersten Weltkrieg

Posen, das durch den Versailler Vertrag polnisch geworden war, verließ. Und ihr ist es zu verdanken, daß die Kinder auch dann glücklich aufwuchsen, als die Familie Risch ihr Vermögen verloren hatte.

Ich sah die siebenjährige Hanni zu den Nachmittagen des zionistischen Jugendbundes Blau-Weiß gehen, wo ihr Traum von Palästina zu wachsen begann. Ich sah sie in Berlin auf den Rängen des Opernhauses auf den billigen Stehplätzen und am Charlottenburger Kindergärtnerinnenseminar, wo sie sich ihr eigenes Geschirr mitbrachte, um koscher essen zu können. Ich sah mit ihren Augen die armselige Auguststraße, das Haus der AHAWAH mit den langen Korridoren, in das sie 1926 als Praktikantin kam.

Rebecca Engel, die Schwester des Malers Hermann Struck, hatte ihr die Stelle vermittelt. Die Familien Risch und Struck waren miteinander verwandt. Ich stellte mir die Oberin Berger in ihrer strengen Schwesterntracht vor und fühlte nach, wie sich die junge Hanni, die noch nie einen Fußboden gewischt hatte, vor dem prüfenden Blick der Oberin fürchtete. Natürlich machte sie ihre weiße Schürze naß, und das erste, was sie in der AHAWAH lernte, war die Fußböden zu wischen, ohne daß ein Fleck auf die Schürze kam. Sie lernte aber auch alles, was zur Verwaltung eines Heimes gehört, sortierte Wäsche und schuppte die Fische zum Sabbat. Als sie sich bei der Küchenarbeit an der Hand verletzte, ließ die Oberin das ungeschickte Mädchen, das selbst noch aussah wie ein Kind, murrend zu den Kindern. Und ich sah die struppigen, liebebedürftigen Knaben vor mir, allesamt Bettnässer, denen Hanni Risch Erzieherin sein sollte. In dem schmalen Kämmerchen neben dem Schlafsaal wohnten Hanni und eine andere Erzieherin. Ein eigenes Zimmer bekam sie erst, als die Oberin sich davon überzeugt hatte, daß das kindliche Mädchen kein verwöhntes Fräulein, sondern eine einfühlsame junge Erzieherin war, die ihren Beruf verstand.

Ich sah mein altes Schulhaus in der Auguststraße vor mir, aber es war anders, als ich es kannte. Die Kinder, die durch die Korridore lärmten, waren andere, die Möbel und die Bilder an den Wänden. Hanni Risch sah ich vormittags, wenn die Kinder in der Schule waren, sitzen und die gestärkten weißen Kragen an die Sabbatblusen der Kinder nähen. So einfach die Kleidung der AHAWAH-Kinder war, zum Sabbat trugen sie samtene Kleider. Die jüdischen Feiertage sollten der Halt im Leben dieser Kinder sein, sie sollten wissen, wohin sie gehörten. Wie in einem Film sah ich Hanni ihre Näharbeit weglegen, weil sie noch zur Leihbibliothek an der Ecke mußte, Bücher für die Kinder umzutauschen, und dann zur Schule eilen, ihre Knaben abzuholen. Nach dem Mittagessen sah ich sie mit den Kindern auf meinem späteren Schulhof.

„Ob es heiß war oder zwanzig Grad minus, wir mußten alle auf dem Hof spazieren gehen. Die Oberin Berger fand das für die Gesundheit wichtig. Die Kinder haben sich in den Schränken versteckt, ich hätte mich auch gern im Schrank versteckt, aber da ich Erzieherin war, mußte ich sie rausholen und mit ihnen auf den Hof gehen."

Nachmittags machte Hanni mit den Kindern Schularbeiten, sie spielte mit ihnen und las etwas vor. Die Kinder hatten für die damalige Zeit wunderbares Spielzeug, sie konnten Musikunterricht oder Tanzstunden nehmen.

Aber ich sah Hanni auch steif hinter ihrem Stuhl stehen, bis die Oberin sich zur gemeinsamen Mahlzeit niedergesetzt hatte. Doch trotz aller Strenge ließ man in der AHAWAH den Kindern ein Maß an Freiheit, wie es damals nicht üblich war. In der AHAWAH gab es einen Kinderrat, eine Art Selbstverwaltung der Kinder, und auch die Erzieher mußten sich unter Umständen dem Rat der Kinder beugen.

Hanni waren einmal die Nerven durchgegangen, sie hatte einem der Jungen eine Ohrfeige gegeben, und der Kinderrat verlangte, daß sie sich bei dem Kind entschuldigte. Der Junge hätte sich besser benehmen müssen, gewiß, aber man dürfe nicht schlagen. Und ich sah Hanni hingehen und sich bei dem Kind entschuldigen.

Die AHAWAH war voller Widersprüche. Da gab es den Katzentisch für die Bettnässer, man wußte einfach zu wenig über die psychischen Ursachen dieser Störung. Aber ein Junge aus der Ukraine, der mit angesehen hatte, wie sein Vater getötet wurde, und hartnäckig stotterte, wurde von der Oberin Berger zu einem Psychoanalytiker gebracht, der das Kind mit Freudschen Methoden therapierte.

Ein Mädchen, das, wie man im Tanzunterricht bemerkte, seinen Arm nicht richtig bewegen konnte, wurde zu den besten Ärzten gebracht. Als man Knochentuberkulose feststellte, wurde sie auf Kosten der AHAWAH für drei Jahre in die Schweiz gebracht. Hanni Risch selbst fuhr mit diesem Kind nach Lausanne.

Sie habe ungeheuer viel in der Berliner AHAWAH gelernt, sagte mir Hanni Ullmann, und sie sei der Oberin dankbar, auch für die Strenge. Die in der AHAWAH von den Erziehern verlangte eiserne Disziplin erwies sich später in Palästina als notwendig.

Aus Hannis Erinnerungen erfuhr ich, wie sie, die noch heute „mit Leidenschaft" Schlüssel verliert, eines Abends vor verschlossener Tür stand, als sie aus dem Theater kam, und ihr nichts anderes übrigblieb, als bei Ernst Ullmann zu klopfen, der seine Werkstatt neben dem Eingang hatte. Ernst Ullmann war ein Ingenieurstudent, der zionistischen Ideen anhing und in der AHAWAH den größeren Jungen handwerkliche Kniffe beibrachte. Natürlich feilte er Hanni Risch einen neuen Schlüssel.

„Und damit fing die Liebe an. Er kam dann öfter spätabends zu mir. Darin war die Oberin nun wieder großzügig."

Und ich stellte mir vor, wie Hanni, die gerade achtzehneinhalb Jahre alt war, vor ihren Vater hintrat und ihm erklärte, sie wolle mit dem jungen Ingenieur Ernst Ullmann nach Palästina auswandern, und wie sie, die sich doch gerade vor dem Kinderrat verpflichtet hatte, auf Ohrfeigen zu verzichten, vom Vater eine Ohrfeige bekam. Aber die Mutter, die ja selbst mit achtzehn Jahren geheiratet hatte, billigte die Pläne der jungen Leute.

In dieser Zeit kam eines Tages Siegfried Lehmann in die AHAWAH, der 1916 das Volksheim in der Dragonerstraße und in Palästina die Waisensiedlung Ben Schemen gegründet hatte. Das Volksheim war Hanni Risch natürlich bekannt, auch die älteren Zöglinge der AHAWAH gingen dorthin zu Vorträgen und Veranstaltungen. Siegfried Lehmann brachte eine Gruppe litauischer Waisenkinder mit, sie übernachteten auf dem Dachboden der AHAWAH, bis sie weiterreisten nach Palästina. Die Waisensiedlung Ben Schemen und die spätere AHAWAH bei Haifa blieben einander lange Zeit verbunden, so wie das Jüdische Volksheim und das Haus in der Auguststraße einander verbunden gewesen waren. Auch Ernst Ullmann reiste im Jahre 1929 nach Palästina aus. Vorher hatten Hanni und er sich standesamtlich trauen lassen. Bald schon fand er eine Arbeit als Wasseringenieur auf Hadar Carmel, die er bis zu seiner Pensionierung behielt. Nun verabschiedete Hanni Ullmann sich von ihren Kindern, die keine Bettnässer mehr waren, von den Erzieherinnen und Erziehern der AHAWAH und von der Oberin, die Hanni, wie sie von allen, auch von den Kindern, genannt wurde, liebgewonnen hatte. Alle hofften, daß es kein Abschied für immer wäre, denn die Oberin plante schon, die AHAWAH nach Palästina zu bringen. Hanni Ullmann wurde dem Maler Hermann Struck anvertraut, der mit demselben Schiff fuhr.

Der Anfang war hart. Der jüdischen Hochzeit, die Hanni und Ernst Ullmann in Haifa nachholten, fehlte es an jeder Pracht. Das Ehepaar bewohnte anfangs nur ein winziges Zimmer. Aber Hanni war von derselben lebenszugewandten Art wie ihre Mutter, und es machte ihr nichts aus, als Putz- und Waschfrau zu arbeiten.

Als 1934 ihr Vater als Jude seine Existenz in Berlin verlor, konnte sie ihre Eltern nach Palästina holen.

1934 kamen auch die ersten Zöglinge der AHAWAH mit der Oberin und einigen Erziehern nach Haifa. Es waren diejenigen Jugendlichen, die von Anfang an, schon als kleine Kinder in der AHAWAH gelebt hatten. Die AHAWAH war ihr Zuhause. Überall beginnen sich Kinder von ihrem Zuhause zu lösen, wenn sie vierzehn, fünfzehn Jahre alt sind. Die Ablösung dieser Kinder fiel in die schwierige Zeit des Neubeginns in Palästina. Die AHAWAH besaß nur sieben kleine Häuser in Neve Shaanan. Die Jugendlichen mußten unter den ungewohnten klimatischen Bedingungen hart arbeiten, um den anderen, die in Berlin geblieben waren, in Kiryat Bialik ein Heim zu schaffen. Gegen diese Arbeit rebellierten sie nicht, aber der Erziehungsstil der Oberin erschien ihnen nun zu autoritär. Einige wollten auch die strengen jüdischen Regeln, auf die die Oberin Wert legte, etwas lockern. Zum Jom Kippur taten sich einige der Jugendlichen zusammen, und statt in die Synagoge zu gehen, machten sie einen Ausflug... Schweren Herzens trennte die Oberin sich von den Herangewachsenen und ließ sie in einen Kibbuz ziehen. Sie waren dem Kinderheim entwachsen, und ohnehin begann für die AHAWAH in Palästina eine neue Zeit.

Beate Berger fuhr noch einige Male nach Berlin, um sich dort um die AHAWAH zu kümmern, um die Ausreise der nächsten Kinder vorzubereiten, um Geld aufzutreiben. Dieses Geld schmuggelte die beherzte Frau aus Deutschland heraus. Das Stück Land in Kiryat Bialik in der Haifa-Bucht wurde davon gekauft, und die schlichten, zweckmäßigen Häuser für 120 Kinder wurden davon errichtet. Sie heißen noch heute AHAWAH.

Die AHAWAH hatte sich der Arbeitsgemeinschaft der Kinder- und Jugend-Alijah angeschlossen, und so nahm sie auch Kinder auf, die nicht aus dem Haus in der Auguststraße kamen.

Es kamen jüdische Kinder aus Deutschland, Österreich, Italien, der Tschechoslowakei, aus Polen, Rumänien, Bulgarien. Während der Kriegsjahre lebten im Heim manchmal zwei- bis dreihundert Kinder, die der Shoah entkommen waren, Kinder, die aus normalen Familien stammten, aber das Trauma der Trennung von ihren Eltern zu verarbeiten hatten, Kinder, die den Tod ihrer Angehörigen nicht vergessen konnten. Die pädagogische Arbeit war schwer. Erst nach dem Krieg, als Josef Jaschuwi Leiter der AHAWAH war, wurde sie zu einem Heim für Kinder, deren Eltern aus sozialen und psychischen Gründen keine Eltern sein konnten.

Ganz andere Schwierigkeiten standen nun vor den Erziehern. Hanni Ullmann war über all die Jahre Wirtschaftsleiterin. Sie hatte 1935 selbst einen Sohn bekommen, fünf Jahre später eine Tochter, und 1948 wurde ihr jüngster Sohn geboren. Sie lebte für die fremden Kinder ebenso wie für die eigenen. Die Söhne waren daran gewöhnt, die Liebe ihrer Mutter mit den Kindern der AHAWAH zu teilen, auch ihr Mann Ernst Ullmann fand es richtig, sein eigenes Leben der Gemeinschaft zu widmen. Aber die Tochter litt darunter, daß ihre Mutter für so viele Kinder da war. Ihretwegen blieb Hanni Ullmann eine Zeitlang zu Hause, aber selbst in dieser Zeit, in der auch ihr jüngster Sohn geboren wurde, nahm sie ein kleines Flüchtlingsmädchen aus Teheran in ihre Familie auf.

Es war schon Nacht, hinter den geöffneten Fenstern der Küche, in der ich mit Hanni Ullmann saß, hörte ich die Rufe mir fremder Vögel. Der Raum schien mir nun angefüllt mit den Schatten so vieler Menschen, die Hanni Ullmann in so vielen Jahren begegnet waren. Sie erinnerte sich ohne Schmerz, mit der Heiterkeit eines Menschen, der weiß, daß er das Seine getan hat.

Zedakah ist eine Gerechtigkeit, die natürliches und soziales Unrecht ausgleicht.

1956, da war sie siebenundvierzig Jahre alt, ging sie für ein Jahr und acht Monate in die Schweiz, wo sie sich an einem pädagogischen Seminar in Psychotherapie ausbilden ließ. Sie spürte, daß ihre Liebe und ihre Erfahrungen als Erzieherin nicht ausreichten, um den Kindern, die durch ihre Familiengeschichte oft an komplizierten Störungen litten, zu helfen. Und helfen wollte sie, das war der Inhalt ihres Lebens. Die Arbeit habe ihr so viel gegeben, sagte sie mir. Sie sagte nicht, daß sie selbst viel gegeben hat, immer empfand sie sich als die, der etwas gegeben wurde.

Hanni Ullmann bekam keine große Pension. Zunächst wollte sie nur etwas dazuverdienen, als sie sich entschloß, in dem Wohnheim in Kfar Saba, wo sie selbst lebt, die Hausmutter zu werden. Drei oder vier Tage in der Woche ist sie in Kiryat Gat, drei oder vier Tage in Kfar Saba, wo alte, zumeist aus Deutschland geflohene Menschen ihren Lebensabend verbringen. Mit ihrer Lebendigkeit, ihrem Organisationstalent und ihrem Einfühlungsvermögen wurde sie dort gebraucht. Aber auch diese Pflicht geriet ihr zur Freude. Im Alter habe sie entdeckt, sagte sie mir, daß man nicht nur in der Jugend Freundschaft schließen könne. In Kfar Saba traf sie auch Menschen, die das Berlin ihrer Jugend kannten, das Jüdische Volksheim in der Dragonerstraße, die Anfänge der AHAWAH in Berlin ...

Ihr Mann starb vor über zehn Jahren. Die Tochter ist Schuldirektorin, ein Sohn hat Landwirtschaft studiert und lebt im Kibbuz, der andere Sohn wurde Rechtsanwalt und lebt in den USA. Hanni Ullmann hat neun Enkelkinder. Wenn sie bei ihren amerikanischen Kindern zu Besuch ist, kümmert sie sich auch dort um

Hilfe für das Kinderheim NEVE HANNA. Sie reist auch jedes Jahr in die Schweiz, in die Niederlande und nach Deutschland, wo ein evangelischer Theologieprofessor einen Freundeskreis für die Unterstützung der NEVE HANNA aufgebaut hat.

Einige Monate nach meinem Besuch war Hanni Ullmann wieder einmal unterwegs und kam nach Berlin. Zusammen gingen wir in die Auguststraße. Neugierig und erwartungsvoll, ohne jede Sentimentalität ging sie durch das Haus, das in ihrem Leben eine so wichtige Rolle gespielt hatte. Die Max-Planck-Schule war längst in einen Neubau in der Singerstraße umgezogen, das alte Gebäude des Jüdischen Krankenhauses und der AHAWAH diente nun als Internat für sehschwache Kinder, die in Berlin eine besondere Schule besuchten und nur an Wochenenden heimfuhren. Hanni Ullmann besah sich interessiert die Schlafsäle und Spielzimmer, sie erinnerte sich heiter ihrer bettnässenden Knaben, von denen sie einige als reife Männer erlebt hatte. Aber sie erinnerte sich auch der vielen anderen, die nicht mehr aus Deutschland entkamen, und es befremdete sie, daß keine Tafel, nichts an die Vergangenheit des Hauses erinnerte. Auch Beate Berger und Johanna Kaphan waren hier vergessen. Sie erzählte den Erzieherinnen des Internats bei ihrem Rundgang von den beiden außergewöhnlichen Pädagoginnen. Später saßen wir in einem Café am Koppenplatz, Hanni freute sich, daß es in dieser grauen Gegend ein so schönes Café gab, und als die Kellnerin kam, fragte sie sie, wo es solche weißen Schürzen gäbe, denn sie suchte ebensolche für die Küchenhelferinnen der NEVE HANNA. Für Hanni Ullmann war die Erinnerung an die AHAWAH aufgehoben in ihrer Sorge für NEVE HANNA.

Ob diese Reisen nicht zu anstrengend wären, fragte ich die über Achtzigjährige. Sie verstand meine Frage nicht. Aber in meinen Notizen fand ich später drei Sätze aus unserem Gespräch: „Ich bin nicht auf der Welt, um bequem zu leben. Ich habe immer in einer Gemeinschaft gelebt und habe mir schon manchmal vorgenommen, jetzt gibst du nicht alles weg. Aber wenn ich weiß, es ist nötig, gebe ich es doch."

AHAWAH-Lebensfäden

Hanni hatte mich zu Siegfried Rothschild geschickt, der in den dreißiger Jahren Direktor der Berliner AHAWAH gewesen war. Er hieß nun Pinchas Rothschild, und mit seinem Käppchen auf dem weißen Haar sah er aus wie ein Patriarch aus den alten Geschichten. Man hatte ihn mir als einen Mann von unerbittlicher Frömmigkeit geschildert; fromm war er gewiß, aber Unerbittlichkeit konnte ich in seinem Wesen nicht erkennen, nur gelassene Weisheit, abgeklärtes Wissen um die Abgründe in diesem Leben, die er überwunden hatte ohne zu stürzen. Er empfing mich in seiner Jerusalemer Wohnung, die seine Frau zum bevorstehenden Pessachfest geputzt und gescheuert hatte, eines seiner zweiundzwanzig Enkelkinder war zu Besuch und lernte mit der Großmutter im Nebenzimmer Vokabeln, während Pinchas Rothschild mir mit leisem Humor sein Leben erzählte.

Voller Humor war auch Pnina Ezeria Rosolio, die früher Paula Wiener hieß und von 1932 bis 1933 in der AHAWAH Erzieherin war. Bei der über Achtzigjährigen habe ich viel gelacht, denn sie war so fröhlich und bei aller Lebensklugheit unkompliziert. Sie zeigte mir sofort ein Bett, in dem ich schlafen könnte. Ihre Wohnung war voller Bilder, Bücher, Zeitungen und Blumen. Nichts war ordentlich, und alles war schön. Vor meinem Besuch hatte sie einen Kuchen gekauft und war dabei mit einer interessanten Frau ins Gespräch gekommen. Pnina gehört zu den Menschen, denen immerfort etwas Interessantes begegnet.

Sie hatte früh ihren Mann verloren, ihr Leben mit den drei Kindern und der alten Mutter, die sich im letzten Moment aus Katowice gerettet hatte, war oft hart gewesen, aber sie sagte:

„Ich genieße jeden Tag, den ich auf meinen zwei Beinen gehe. Die Alternative zum Leben ist mir unklar, also lebe ich. Ich lebe gern, und ich liebe Menschen. Ich bin längst Pensionärin, aber ich kümmere mich um alte Leute. Das ist freiwillige Arbeit, das kennt ihr in Deutschland nicht. Aber hier machen das viele. Man gibt von dem, was man hat."

Die *Zedakah,* die das Haus in der Auguststraße errichtet hatte, traf ich bei Pinchas Rothschild wieder und bei Pnina Ezeria Rosolio und bei Israel Weiß, der früher Otto Weiß hieß. Otto, das Ottchen, wie ihn alle genannt hatten, war schon als Vierjähriger in die AHAWAH gekommen, das war 1920 oder 1921. Ich besuchte ihn in Netanya in seiner Neubauwohnung, auch er war längst Großvater. Mit seiner Frau Amanda, die in der Auguststraße in Johanna Kaphans Schule gegangen war, hatte er bis vor kurzem in einem Kibbuz gelebt. Das Leben für die Gemeinschaft hatte sein Leben geprägt, er war Soldat in der Jüdischen Brigade gewesen, hatte gegen die Faschisten gekämpft, er hat mit seinen Händen geholfen, den Staat Israel aufzubauen. Als 1953 sein Sohn geboren wurde, nahm er aus Dankbarkeit für das Land, das ihm das Leben gerettet hatte, das ihm Heimat geworden war, den Vornamen Israel an. Im Alter hatte er noch zu malen begonnen, Aquarelle mit Blumenmotiven und Stilleben schmückten die Wände seiner Wohnung. Auch er leistete als Pensionär freiwillige Arbeit, er gab fast jeden Tag einige Stunden Turnunterricht für alte Menschen. Dafür hatte Israel Weiß einen Kursus besucht, mit dem Turnunterricht wollte er den meist aus Einwandererfamilien stammenden Alten Freude an ihrem Körper vermitteln, ihnen Mut zu sich selbst geben.

Und ich traf Chawa Naveh, die einmal Eva Tennenbaum hieß und nun in einem Moschaw lebte, einer Genossenschaft, in der die Häuser und Produktionsmittel allen Mitgliedern gehören.

Chawa Naveh, eine mütterliche Frau, zeigte mir voller Stolz ihre Siedlung. 1948 gab es hier kein Wasser, keinen Strom. Sie hatten in Zelten gewohnt. Chawa erzählte von ihrem Mann, der mit der Jugend-Alijah aus Wien gekommen war, von ihren Kindern und Nachbarn, sie zeigte mir die sauberen Häuschen und die blühenden Apfelsinenhaine, die Spielplätze, den Kulturraum, die Synagoge, in der ein einziger Greis saß und Gebete murmelte. Der Moschaw besaß einen Kindergarten, einen modernen Laden, in den Fabrikhallen wurden Möbel hergestellt. Ich erinnere mich, wie sich Chawa Naveh immerfort bückte und vom Wind verwehtes Papier aufhob. Die jungen Leute, klagte sie beiläufig, könnten das alles nicht so recht schätzen, sie hätten die Armut am Anfang nicht erlebt, nicht die Überfälle 1948, bei denen sieben der damals jungen Siedler, die gerade von der Jüdischen Brigade zurückgekehrt waren, starben. Aber sie habe es erlebt, und sie werde das alles nie vergessen. Es ginge ihr gut, zu jedem zweiten Sabbat käme die große Familie, zu der die drei Kinder, die Schwiegerkinder und die sieben Enkel gehörten, in ihrem Haus zusammen. Das Haus der Familie Naveh war mit den Jahren immer größer geworden, es wurde angebaut und erweitert, um Platz für alle zu schaffen.

Chawas Deutsch hatte einen merkwürdigen Klang angenommen, sie sprach sonst nur hebräisch, ihre Kinder verstanden kein Deutsch. Und doch hat sie Berlin nicht vergessen, nicht das Haus in der Auguststraße, nicht das Kind Eva Tennenbaum, das mit sechs Jahren in dieses Haus gekommen war, weil seine alleinstehende Mutter als Köchin im jüdischen Altersheim in Köpenick arbeiten mußte und keine Zeit für das Mädchen hatte. 1929 war Eva in die AHAWAH gekommen, und zehn Jahre später fuhr sie mit einer Gruppe von

150 Jugendlichen nach Palästina. Nach ihnen kam kein Schiff mehr legal. Der Lift mit den Kleidern, Laken und Handtüchern, die ihre Mutter jahrelang zusammengespart hatte und ihr unbedingt mitgeben wollte („für die Aussteuer"), ging verloren. Die Mutter sah sie nicht wieder. Immer denke sie an ihre Mutter, sagte mir Chawa Naveh, immer, bei allem, was geschähe, obwohl sie sonst ganz in der Gegenwart lebe. Weil sie die Einsamkeit der Eva Tennenbaum kannte und ihre Verzweiflung um den Tod, gab Chawa Naveh anderen von ihrem reichen Leben ab. Sie kümmerte sich um Frauen, die ihre Söhne und Männer bei einem der Kriege verloren hatten, und arbeitete auch regelmäßig in einem Krankenhaus als Freiwillige. Diesen Gemeinschaftssinn hätten alle Kinder der AHAWAH, erzählte sie mir. Man wurde dort so erzogen.

In Tel Aviv wohnte ich bei der Schriftstellerin Inge Deutschkron. Die schrieb in der Zeitung „Maariv" einen kleinen Artikel über meine Suche nach den Kindern der AHAWAH, und einige meldeten sich. In Inges Wohnung riefen ältere Frauen und Männer an, wollten mich sprechen und sagten dann doch nichts am Telefon, fragten nur nach dem Haus in der Auguststraße, nach dem Blumenrondell vor der alten Tür. Eine Frau nannte nur ihren Namen, sagte, daß sie in der AHAWAH aufgewachsen sei und seit vierundfünfzig Jahren im Kibbuz lebe, dann weinte sie, ohne etwas zu sagen oder zu fragen. Sie wollte sich nicht mit mir treffen.

Als ich schon nach Berlin zurückgekehrt war, bekam ich Briefe aus Israel, und oft bin ich seitdem mit Besuchern von dort durch die Auguststraße gegangen.

Wenn ich durch die Einfahrt auf den ersten Hof der Auguststraße 14/16 ging, sah ich nun nicht nur das alte Haus, ich sah auch, was dort geschehen war, ich sah die Kinder vor mir, deren Geschichten ich nun kannte.

Ottchen Weiß kam mit vier Jahren in das Haus mit den langen Korridoren. Er war 1917 in Budapest geboren, und dann hatte es seine Mutter mit zweien ihrer vier Kinder in den Berliner Wedding verschlagen. In einem winzigen Laden verkaufte sie dort Knöpfe. Hinter dem Laden war ein Zimmer, darin glitzerte der Frost an den Wänden. Otto und seine Schwester lagen nachts auf dem Sofa und sahen die Mutter über ihre Nähmaschine gebeugt, sie nähte Mäntel für einen Zwischenhändler. Aber sie konnte die Kinder nicht ernähren, und die AHAWAH wurde Ottchens Zuhause und das seiner Schwester. Manchmal besuchte er seine Mutter, aber oft blieb er auch am Wochenende lieber im Heim, weil die Kinder jeden Sonntag mit den Erziehern in den Grunewald oder in die Müggelberge fuhren. Zum Sabbat gingen sie zu Fuß in die Heidereuthergasse, zu der Alten Synagoge. Die Erziehung in der AHAWAH war religiös, aber nicht orthodox, und sie war zionistisch. Otto erinnerte sich, daß einige der Erzieher den Kindern abends vorm Einschlafen von Palästina erzählten, sie erzählten ihnen, daß der Begriff Zion seit zweitausend Jahren eine Umschreibung für Jerusalem war, daß die Begründer des Zionismus an die von Generation zu Generation weitergegebene Erinnerung der Juden in der Diaspora anknüpften und daß der jüdische Staat eine Gemeinschaft sein müßte, in der die *Zedakah* und die AHAWAH von jedem einzelnen gelebt werden sollten.

Noch heute prägen diese Ideen das Leben des Israel Weiß, der damals das Ottchen war und sich in der AHAWAH wohlfühlte. Nur einmal bekam er eine Tracht Prügel von der Erzieherin Lilly Winternitz, weil er die Schule geschwänzt hatte. Er fürchtete sich vor den Lehrern seiner Schule am Koppenplatz, besonders vor einem ehemaligen Unteroffizier namens Walter, der die jüdischen Kinder haßte und schlug. Später gingen die Kinder der AHAWAH in die Rykestraße in die jüdische Volksschule, dort verlor Otto Weiß seine

Angst vor den Lehrern. Die Tracht Prügel blieb die einzige, die er in der AHAWAH erfuhr, auch die Kinder schlugen sich kaum, erinnerte er sich. Sie lebten besser zusammen als gewöhnlich Brüder und Schwestern, jedes größere Kind betreute ein kleines, und auch Otto bekam einen „Sohn“. Dieser Schlomo Eisenberg, für den er verantwortlich war, dem er die Schuhe zubinden mußte, lebt heute bei Haifa, hat zwei Kinder und ist für Israel Weiß wie ein naher Verwandter. Aber lange Zeit war er ja selbst der Kleine, der von den anderen umsorgt wurde.

Einer, der bis heute sein Freund blieb, ist David Marcus. Den habe ich in seiner schönen Wohnung in Berlin Charlottenburg besucht, und er hatte die gleichen Erinnerungen wie Otto Weiß. David war als Fünfjähriger im Jahre 1922 in die AHAWAH gekommen. Seine Eltern wohnten in der Zionskirchstraße. Als der kleine David und sein Bruder Hermann in die AHAWAH kamen, waren Davids Beine von der Englischen Krankheit verkrümmt. Die AHAWAH ließ ihn operieren, und zu den ersten Erinnerungen des David Marcus gehört, wie die anderen Jungen ihn auf dem Rücken hin- und hertrugen. Mit Respekt erinnerte er sich der Oberin Berger, die die Kinder ein wenig fürchteten. Aber richtige Angst hatten sie nicht vor ihr, sie spürten, daß diese Frau sie bei aller Strenge liebte. Die anderen Erzieher aber wurden von den Kindern geliebt, die Hanni Risch, die Paula Wiener, der Franz Hainebach . . .

In der AHAWAH wurden das ganze Jahr über Geschenke für Chanukka gebastelt, die Kinder lernten, mit Holz und Leder umzugehen, die Mädchen nähten und stickten. David flocht besonders gern aus Weidenruten kleine Körbe. Zum Chanukkafest lagen dann für jedes Kind Geschenke auf dem Tisch, liebevoll nur für dieses Kind ausgesuchte Dinge. Man bekam wirklich, was man sich gewünscht hatte. Das konnte auch sein, ein Instrument zu erlernen oder ins Theater zu gehen. Das Geld für die Geschenke wurde von den Freunden der AHAWAH gespendet. Manchmal mußten die Kinder auch Spenden einsammeln gehen, Otto und David zogen dann gemeinsam mit dem Wäschekorb los. Sie bekamen Adressen von reichen jüdischen Häusern, in denen sie etwas abholen sollten, und sie bekamen Fahrgeld, das sie natürlich für Süßigkeiten ausgaben.

Beide erzählten mir, wie sie einmal in der Leipziger Straße in einem jüdischen Warenhaus einen großen Karton bekamen. Das muß so etwa 1926/27 gewesen sein. Die Jungen blickten in den Karton und sahen entsetzt, daß die Spende für die AHAWAH aus altmodischen Filzhüten bestand. Sie fürchteten, diese Hüte später tragen zu müssen, und warfen sie kurzerhand in die Spree. Vergnügt sahen sie noch zu, wie die Glocken davonschwammen. Der Oberin erklärten sie, es hätte nichts gegeben. Otto fand das Einsammeln der Spenden demütigend, David erinnerte sich, daß es ihm Spaß machte, in die vornehmen Häuser zu gehen. Einmal war er mit Otto im Haus von Max Liebermann am Brandenburger Tor, wo sie etwas abholen sollten. Dort bekamen sie auch Kuchen und ein paar Groschen. Der große Meister erschien selbst und begrüßte die beiden Jungen aus der AHAWAH.

Etwa 1926 kam Franz Hainebach in die AHAWAH. Israel Weiß erzählte mir in Netanya von dieser Begegnung mit solcher Liebe und Verehrung, daß ich begriff, Franz Hainebach war in seinem Leben ein Lehrer, ein Vater, ein Freund. In Palästina nannte er sich Peres Urieli, sein Tod lag noch nicht lange zurück, als ich mit Otto Weiß sprach. Bis zum Schluß waren der Erzieher und sein ehemaliger Zögling Freunde.

Franz Hainebach war aus Frankfurt am Main gekommen, er studierte in Berlin Landwirtschaft und gehörte zu den jungen Juden, die nach dem ersten Weltkrieg zum Zionismus fanden. Er ging ohne Krawatte, das war damals ungewöhnlich für einen Erzieher der AHAWAH. Franz Hainebach war in der jüdischen Wanderbewegung. Den Kindern erklärte er die Sterne und Pflanzen, er erzählte ihnen die biblischen Geschichten, und er entwarf ihnen Bilder von der Zukunft in Palästina, er lehrte sie, der AHAWAH und dem Gesetz der *Zedakah* zu folgen. Sonntags fuhr er mit den Kindern auf eine Wiese, legte sich unter einen Baum, und die Kinder konnten sich auf ihn stürzen, er befreite sich lachend und war ihr Held.

Er war es auch, der den Kinderrat einführte, die Selbstverwaltung, die schon zum pädagogischen Programm im Jüdischen Volksheim in der Dragonerstraße gehört hatte.

Eines Tages veranstaltete Franz Hainebach ein Fest. Er lud die Kinder seiner beiden Gruppen in das Musikzimmer ein. Dort waren die Tische festlich gedeckt, Franz Hainebach hatte für jedes Kind einen Vers geschrieben, den er vorlas. Eine Sängerin trat auf, und dann sangen sie gemeinsam jiddische Lieder. Zum Schluß erklärte der Erzieher: „Das war ein Duz-Fest. Ab heute sagen wir Du zueinander."

Die Oberin, die ja selbst eher zugeknöpft war, duldete diese Freiheit nicht nur, sie erkannte, wie wichtig sie für die Kinder war, und schätzte die modernen pädagogischen Ansichten ihrer Erzieher. Ihre Größe bestand darin, sagte Israel Weiß, „daß sie keinen verstockten Kopf hatte".

Franz Hainebach verließ die Berliner AHAWAH 1929, im selben Jahr, als auch Hanni und Ernst Ullmann nach Palästina gingen. Er arbeitete dort in Siegfried Lehmanns Waisensiedlung Ben Schemen, und als fünf Jahre später die Oberin Berger mit den ersten Kindern nach Palästina übersiedelte, kehrte er in die AHAWAH zurück. Später leitete er mit seiner zweiten Frau Mania - die erste war gestorben - selbst ein Kinderheim.

Immer wieder andere, kleinere Kinder waren in die Auguststraße gekommen. Die großen konnten noch als Lehrlinge in den Jugendheimen im Seitenflügel bleiben, bis sie wirklich selbständig waren. Die Kinder, die kamen, waren nun nicht mehr die jiddisch sprechenden ostjüdischen Flüchtlingskinder, die aus ihrem Dorf, aus dem Schtetl vertrieben worden waren, es waren schlecht ernährte Großstadtkinder, die in dunklen Stuben und Hinterhöfen ihre ersten Kinderjahre verbracht hatten. Ihnen kam das Haus in der Auguststraße hell und freundlich vor. Erst in den dreißiger Jahren kamen andere Kinder, die schöne große Bürgerwohnungen, manchmal sogar Villen und Gärten kennengelernt hatten und nun ins Elend gestürzt waren. Für sie war die AHAWAH ein Abstieg, ihnen erschien das Haus dunkel, die Straße bedrohlich.

Paula Wiener kam 1932 als dreiundzwanzigjährige Erzieherin in die AHAWAH. Sie stammte aus Katowice, wo ihre Mutter eine kleine Buchhandlung besaß. Paula wollte Kindergärtnerin werden, und schon als Dreizehnjährige bestellte sie sich, was der Mutter peinlich war, eine „Zeitschrift für alle Fragen der Schwangerschaft, Geburt und Säuglingspflege". Der Vater war früh gestorben, und die Mutter hatte es schwer, die drei Kinder aufzuziehen. Paula folgte schon als Sechzehnjährige einer Einladung nach Palästina zu Verwandten. Dort arbeitete sie in einem jüdisch-arabischen Kindergarten und lernte hebräisch. Aber sie hätte gern eine richtige Ausbildung gehabt, so fuhr sie nach zwei Jahren wieder zurück und studierte in Berlin am Fröbel-Pestalozzi-Seminar. Das Schulgeld wurde ihr erlassen, weil sie so eine gute Schülerin war. Neben der Ausbildung arbeitete sie, wartete Kinder, richtete Kindergeburtstage aus, um Geld zu verdienen.

1932 kam sie also in die AHAWAH und übernahm dort eine Gruppe mit vierzehn Jungen und Mädchen. Die AHAWAH-Kinder lebten zwar recht abgeschirmt und geborgen in ihrem Haus in der Auguststraße, aber die Gewalt, die Angst drangen auch durch die Mauern des alten Hauses. Einmal, kurz nach Hitlers Machtantritt, ging Paula mit den Kindern über die Weidendammer Brücke, und Jossl, ein ängstliches Kind, fragte stotternd: „Tante Paula, was ist, wenn die Brücke jetzt einstürzt?" Paula erwiderte lachend: „Weißt du, die Brücke steht schon so lange, das wird der liebe Gott nicht zulassen, daß sie gerade mit uns einstürzt." Der Junge guckte sich erschrocken nach allen Seiten um und sagte: „Du darfst nicht solche Sachen sprechen."

„Warum nicht, Jossl?"

„Der liebe Gott ist was Jüdisches. Ich will keine Riches haben."

Riches oder Rischüss ist ein jiddisches Wort für Feindseligkeit, Gemeinheit, Antisemitismus.

Die Kinder sangen auf ihren Ausflügen auch nicht mehr die jiddischen und zionistischen Lieder. Sie waren still geworden. Niemand hatte ihnen das Singen verboten. Sie spürten instinktiv, daß es gefährlich geworden war, jüdisch zu sein.

Gewiß stellte niemand sich vor, was einige Jahre später geschehen würde, aber daß die Juden in Deutschland unerwünscht waren, sah man immer deutlicher. Anfang 1933 erlebte Paula Wiener eine groteske Episode, die sie mir siebenundfünfzig Jahre später in Jerusalem erzählte. Sie ging eines Sonnabends an der Synagoge von Adass Jisroel in der Artilleriestraße vorbei, da sah sie einen SA-Mann stehen, der mit einer Sammelbüchse klapperte und rief: „Gebt Geld, damit die Juden ohne Rückfahrkarte nach Jerusalem ziehen können!" Eine alte Frau kam mit ihrem Gebetbuch aus der Synagoge, erkannte die Uniform des Sammlers nicht und sagte kopfschüttelnd zu Paula Wiener: „Jetzt sammeln sie schon sonnabends Geld. Was sind das nur für Juden ..."

Im April 1933 fuhr Paula Wiener nach Palästina. Sie heiratete dort einen gebürtigen Jerusalemer, wurde

Pnina Ezeria Rosolio. Ihre Mutter kam später nach, ihre Schwester Berta Waterstradt blieb in Deutschland, durch ihre Ehe mit einem nichtjüdischen Mann entging sie dem Tod. Später wurde sie eine bekannte Schriftstellerin.

Pnina arbeitete in Palästina nicht mehr in der AHAWAH, die Oberin wollte sie nicht, aber sie blieb dem Heim und letztlich auch der Oberin viele Jahre lang verbunden. Als die Kindergruppen aus der Auguststraße kamen, suchte Pnina vergeblich nach ihrem stotternden Jossl, nach dem bettnässenden Oskar. Man hatte zu wenig Zertifikate und nur die gesunden, die kräftigen und intelligenten Kinder ausgesucht...

Für David Marcus und Otto Weiß, die ja zu den ersten Zöglingen der AHAWAH gehörten, war es immer klar, daß sie mitgenommen werden würden. Als ihr geliebter Erzieher Franz Hainebach 1929 ging, verabredeten sie sich für das Jahr 1932 am Jaffator in Jerusalem mit dem rechten Schuh in der linken Hand. Es dauerte noch zwei Jahre länger, bis sie sich wiedersahen. Otto ging nach der Volksschule in eine Aufbau-Schule in der Dunckerstraße, er gehörte zum Jüdischen Wanderbund, und auf einem Foto vom ersten Mai 1932 sieht man ihn mit Freunden von der Sozialistischen Arbeiterpartei hinter der roten Fahne hergehen. Das Foto wurde in der Gartenstraße aufgenommen. Die Oberin hatte nichts dagegen, wenn ihre älteren Zöglinge sich politischen Organisationen anschlossen. Als Zionistin war sie ja sozialistischen Ideen gegenüber aufgeschlossen.

Otto wollte eigentlich Elektrotechniker werden. Aber als er eine Lehrstelle suchte, es war die Zeit der großen Arbeitslosigkeit, wies man ihn immer wieder ab. Als Jude hatte er keine Chance. So schickte ihn die AHAWAH auf ein landwirtschaftliches Gut in Bärenklau bei Velten, er sollte sich dort auf die Arbeit in Palästina vorbereiten. Die Gemeinde zahlte für ihn monatlich sechzehn Mark Lehrgeld. Im Frühjahr 1933 wurde sein Chef, Rudolf Lubelski, der selbst Jude war und der Eisernen Front angehört haben sollte, von SA-Leuten verhaftet und in das Lager Oranienburg gebracht. Das war nur vier Kilometer von Bärenklau entfernt. Otto brachte einige Male das Essen für seinen Chef ans Lagertor. Nach einigen Wochen wurde der Mann wieder entlassen, ging aber sofort über die Grenze ins Ausland. Otto Weiß war schon sechzehn Jahre alt, der AHAWAH war er eigentlich entwachsen, aber dort war sein Zuhause. Man gab ihm den Posten als Heizer, er lebte in einer der Kammern im Keller, vielleicht dort, wo zehn Jahre später der Seemann Arthur Soldin seine letzte Lebenszeit verbrachte. Einige Monate lang arbeitete Otto noch bei einem Bauern in Nauen, und vier Wochen lang besuchte er einen Vorbereitungskurs in Lehnitz. Im April 1934 war es endlich soweit: Er konnte nach Palästina ausreisen.

Sein Freund David hatte auch ein Hachscharahlager besucht, er und Somka Reif aus der AHAWAH waren in Neuendorf bei Fürstenwalde, wo sie für die Arbeit in der Landwirtschaft ausgebildet wurden. Lieber wäre David Schlosser geworden, aber eine solche Ausbildung war für ihn schon nicht mehr möglich. In Deutschland nicht und in Palästina dann auch nicht. Die AHAWAH gab ihnen große Kisten mit, die Lifts, sie verabschiedete die dreißig Vierzehn- bis Sechzehnjährigen wie eine Familie, und das war sie ja auch. Auf dem Lehrter Bahnhof tanzten und sangen die Jugendlichen, und als sie die deutsche Grenze hinter sich hatten, fühlten sie sich befreit.

Am Anfang des Jahres 1933 war Siegfried Rothschild als Erzieher in die AHAWAH nach Berlin gekommen. Damals war er ein junger Mann von sechsundzwanzig Jahren, er hatte Anstaltskunde studiert. Seine Eltern leiteten in Dinslaken ein bekanntes jüdisches Kinderheim, sein Vater war Vorsitzender der Organisation deutsch-jüdischer Heimerzieher. Die AHAWAH war wegen ihrer pädagogischen Konzeption, wegen ihrer schwierigen Kinder und wegen des Regimes der Oberin Berger bekannt, und der junge Erzieher wußte, wenn er es fertigbrächte, sich dort zu behaupten, hätte er viel für seinen Beruf gelernt. Seine Verlobte war schon einmal kurze Zeit als Erzieherin in der AHAWAH gewesen, die Oberin hatte sie aber wieder hinausgeworfen. Sie hatte sie zwar zurückgeholt, aber nur für die Krankenstation. Als Siegfried Rothschild die Oberin und den Vorstand der AHAWAH um die Heiratserlaubnis bat, bekam er sie, aber die Oberin verabschiedete ihn mit den Worten: „Alles Gute, aber vergessen sie nicht, am Donnerstag möchte ich sie um sechs Uhr auf ihrem Posten sehen."

Nun, Siegfried Rothschild war auf seinem Posten.

Er war voll und ganz Erzieher. Das Leben außerhalb der AHAWAH empfand er als „fremdartig", die Macht der Nationalsozialisten nahm er zur Kenntnis, aber er verachtete diese Leute so sehr, daß er sich möglichst nicht um sie kümmerte.

Als die Oberin ihre Ausreise nach Palästina vorbereitete, fiel jedem der fünf oder sechs Erzieherinnen und Erzieher eine Aufgabe dabei zu. Siegfried Rothschild sollte sich um die Pässe der Kinder kümmern. Die Zertifikate auf ihre Namen lagen bereits vor. Aber viele der Kinder besaßen keine ordentlichen Papiere, ihre Eltern waren manchmal nur nach jüdischem Gesetz, nicht aber standesamtlich getraut, außerdem waren sie fast alle in Gegenden geboren, die zu Polen gehörten. Bei den meisten stimmten die Namen auf den mühsam beschafften Geburtsurkunden nicht mit denen auf den Zertifikaten überein. Eine Lena Weiß beispielsweise hieß in Wirklichkeit Fejgl Gewürzkraut.

Siegfried Rothschild ging zum polnischen Konsulat und bat den Beamten, die Pässe nach den Namen auf den Zertifikaten auszustellen, nicht nach den Geburtsurkunden. Der Beamte schwieg lange vor Überraschung, dann hob er seine Stimme und verwahrte sich gegen das Ansinnen. „Sie sind deutscher Staatsbürger. Nie würden Sie es wagen, einem preußischen Beamten vorzuschlagen, einen offiziellen Paß umzuschreiben. Aber einem Polen muten Sie das zu. Was erlauben Sie sich!"

Bedrückt ging Siegfried Rothschild fort. Er mußte der Oberin gestehen, daß er versagt hatte. Die Pässe der Kinder würden nicht gültig sein. Die folgende Auseinandersetzung übertraf alle von den Erziehern gefürchteten Zornausbrüche der Oberin.

Siegfried Rothschild, zutiefst in seiner Ehre verletzt, wollte kündigen.

Dieses einemal lenkte die Oberin ein, sie ließ den Erzieher zu sich bitten, und als der sich weigerte, kam sie selbst und schlug ihm vor, bei einem Glas Wein gemeinsam nach einer Lösung für die Kinder zu suchen.

Schließlich schickte man ein Telegramm nach Haifa an den alten Freund der AHAWAH, den Maler Hermann Struck, und bat ihn, neue Zertifikate nach den urkundlichen Namen der Kinder zu besorgen.

Hermann Struck gelang es, diese Zertifikate zu beschaffen.

Als die Oberin abgereist war, kam ein Fräulein Betty Rothschild als Leiterin in die AHAWAH. Sie war nicht mit Siegfried Rothschild verwandt. Er blieb Erzieher bis 1935. Dann wurde er nach Dinslaken in das Heim seines Vaters gerufen, denn der hatte mit seiner Frau eine Reise nach Palästina geschenkt bekommen und bat seinen Sohn, ihn zu vetreten. Das Heim in Dinslaken war nicht mit der AHAWAH zu vergleichen. Es war ein kleines, gut geführtes, recht wohlhabendes Heim. Der alte Rothschild kehrte zurück, die Verhältnisse in Deutschland schreckten ihn nicht. Für ihn war das Kinderheim eine Welt, in der andere ethische Gesetze galten als sonst in Deutschland, er wollte sich dem Terror, der Dummheit und Brutalität nicht beugen und übernahm wieder die Leitung seines Heimes.

In dieser Zeit emigrierte Betty Rothschild nach England. Sie nahm eine Gruppe von AHAWAH-Kindern mit, andere Kinder waren inzwischen mit der Jugend-Alijah nach Palästina ausgereist. Aber die AHAWAH in der Auguststraße bestand weiter, und die Jüdische Gemeinde, die das Haus übernommen hatte, suchte einen Direktor. So kam Siegfried Rothschild 1937 aus Dinslaken zurück nach Berlin. In den zwei Jahren seiner Abwesenheit war die Lage noch schwieriger geworden. Die Erzieher wechselten häufig. Auch wurden ständig neue Kinder eingewiesen, deren Eltern umgekommen, verhaftet oder durch die Not der Zeit unfähig geworden waren, ihren Kindern ein Zuhause zu geben.

Siegfried Rothschild tat seine Arbeit, ohne sich viel um die Verhältnisse außerhalb des Heimes zu kümmern. Für ihn galten die Regeln der *Zedakah,* er versuchte den Kindern Halt in der Religion zu vermitteln. Er galt als streng.

1937 bekam er eine Vorladung zur Gestapo. Er erinnerte sich gut seines Kollegen Oskar Friedemann, der im jüdischen Jugendheim Wolzig bei Potsdam gearbeitet hatte und 1934 einer ebensolchen Vorladung zur Gestapo gefolgt war. Oskar Friedemann kam zurück, aber schwer mißhandelt und gebrochen.

Siegfried Rothschild beschloß, Deutschland zu verlassen.

Währenddessen waren David Marcus und Otto Weiß von der AHAWAH in den Kibbuz Givat Brenner bei Rechovot geschickt worden. In diesem Kibbuz lebten vor allem Deutsche, die große Einwanderungswelle hatte schon begonnen. Aber viele der Kibbuzniks waren Intellektuelle, sie verstanden nichts von Landwirtschaft. Der Anfang war hart. Man schlief in Zelten, die wenigen primitiven Häuser waren Kindern vorbehalten. David und Otto hätten lieber einen Beruf gelernt, aber daran war unter diesen Bedingungen nicht zu denken.

In dem Kibbuz trafen sie auf ihren Kameraden Gutschi Mamuth, einen der legendären Mamuthbrüder aus der AHAWAH. Sein Bruder Lowe, der auch in der AHAWAH gewesen war, ging 1937 nach Spanien. Er war Dolmetscher in den Internationalen Brigaden und fiel dort.

Unter den etwa dreihundert jungen Männern, die aus Palästina nach Spanien gingen, war noch ein zweiter Zögling der AHAWAH: Abraham Rosenstrauch. Er kam später in ein französisches Internierungslager, floh von dort, kämpfte in der Resistance und wurde bei der Befreiung von Paris schwer verwundet. Abraham Rosenstrauch, den alle Dickus nannten, blieb in Frankreich, heiratete eine Französin und steht bis heute mit seinen Freunden Otto und David aus der AHAWAH in Verbindung.

Im Kibbuz Givat Brenner war auch Leibl Bienstock aus der Berliner AHAWAH. Leibl war als einer der ersten ins Land gekommen. Er hatte bei Siegfried Lehmann in Ben Schemen gelebt, dann die AHAWAH nach ihrer Ankunft unterstützt, und nun war er in Givat Brenner. Für David und Otto war er wie ein älterer Bruder.

Otto Weiß war gleich nach seiner Ankunft in Palästina in die Arbeiterjugendorganisation Hanoar Haoved eingetreten, auch David Marcus schloß sich ihr an. Die Hanoar Haoved wollte einen eigenen Kibbuz aufbauen, und Otto und David sollten sich in Givat Brenner darauf vorbereiten. David, der im Hachscharahlager Neuendorf gelernt hatte, mit Pferd und Wagen umzugehen, wurde Kutscher. Er wollte lernen, aber was? Im Kibbuz gefiel es ihm nicht besonders, aber wohin sollte er gehen. Eines Tages lief er aus dem Kibbuz fort, ohne einen Schekel, in kurzen Hosen, mit nur einem Hemd. Er wollte in Haifa Arbeit suchen. Otto blieb.

In Otto war der zionistische Gedanke tief verwurzelt. Mit neunzehn Jahren wurde er Mitglied des Kibbuz der Arbeiterjugend, der später Alonim hieß. Der Fluß Kishon, an dem das von den Arabern gekaufte Land lag, führte kaum Wasser. Alle bekamen Malaria, litten an Furunkeln. Als die Araber ihnen die Felder anzündeten, die Siedlung überfielen, zogen sie ein Stück weiter. Sie pflanzten Wälder, arbeiteten auf dem Feld, nachts bewachte Otto mit anderen die Pflanzungen. 1937 konnte er seine Mutter ins Land holen, sie arbeitete als Schneiderin. Und auch seine Schwester und seine zwei Brüder reisten in Palästina ein. Otto war froh, daß sie in Sicherheit waren, seine Familie aber war die AHAWAH, seine Brüder und Schwestern waren die Kinder aus der Auguststraße.

Siegfried Rothschild verließ also 1937 Berlin, verließ Deutschland und ging mit seiner Familie nach Antwerpen. Er übernahm dort ein Heim der jüdischen Gemeinde, in dem vor allem Kinder ohne Väter untergebracht waren, deren Mütter arbeiten mußten. Am 10. Mai 1940 fielen die Deutschen in Belgien ein, die Mütter kamen und holten ihre Kinder. Siegfried Rothschild wurde Zivilgefangener, man brachte ihn nach Frankreich. Je weiter die Deutschen vordrangen, um so näher ans Meer brachte man die Gefangenen. Die meiste Zeit war er im Lager Gurs. Seine Frau Rose Rothschild blieb mit den beiden kleinen Töchtern und einer Erzieherin sowie ihrem alten Vater im Heim. Es gelang ihr, Dutzenden jüdischer Kinder das Leben zu retten. Das Heim wurde nach Lasne verlegt, auch dort ließ sie Kinder verschwinden, fand Verstecke, täuschte die Gestapo. Zum Schluß mußte sie sich selbst verstecken, aber sie überlebte. Nach der Befreiung ging sie mit den Kindern in die Nähe von Brüssel, übernahm wieder ein Heim, diesmal für elternlose Kinder, die aus den Konzentrationslagern zurückkamen.

Siegfried Rothschild gelang es, aus dem Lager Gurs zu entkommen. Wie, das fand er nicht der Rede wert. Er bekam Kontakt zur Hilfsorganisation OSE (Oeuvre de Secours aux Enfants). Die Helfer dieser Organisation versuchten seit dem August 1943 verstärkt, jüdische Kinder in die Schweiz zu bringen. Man fragte Siegfried Rothschild, ob er bereit wäre, eine Gruppe gefährdeter Kinder an einer bestimmten Stelle über die Grenze zu schleusen. In Chambéry erfuhr er die Einzelheiten des Planes. Die Kinder waren zehn bis zwölf Jahre alt, unter ihnen war auch eine Frau mit einem Baby.

Er hat mir diese abenteuerliche Flucht in seiner Wohnung in Jerusalem geschildert, weil ich gefragt hatte. Für ihn war es selbstverständlich, sich dieser Pflicht nicht zu entziehen, so wie er sich überhaupt keiner menschlichen Aufgabe entzog, die das Leben von ihm verlangte. Und wieder wurde er Leiter eines Heimes für jüdische Kinder. In Basel gab er geretteten Kindern ein Zuhause. An die AHAWAH in Berlin dachte er kaum, zu viel war geschehen.

Aus den letzten Jahren der Berliner AHAWAH ist ein Liedtext überliefert, den die in der Auguststraße zurückgebliebenen Kinder sangen:

„Tafellieder gibts ne Menge. / Sie sind immer sehr beliebt. / Unser Lied wählt neue Klänge, / was besondern Wert ihm gibt. // Aus den Liedern der Chaluzim / wählten wir die Melodie. / Sind wir heute auch noch Chuzim / unser Vorbild bleiben sie. // Viele sind schon abgefahren, / viele wünschen, 's wär soweit, / und auch unsre Kinderscharen / stehn in Lehnitz startbereit. // Dorten scheuern sie die Fliesen, / putzen, kochen ohne Muck / denn in Erez auf den Wiesen / schaffen will der ganze Chug. // Heute fehln sie hier im Kreise, / gerade heut sind sie nicht da, / wo nach guter alter Weise / Festtag hat die AHAWAH. // In Iwrith wird gratuliert, / da wir fleißig es studiert. /

Darum stimmen Groß und Klein / jetzt in unsern Glückwunsch ein. //

Masseltow, Jom simcha! Achot haraschit – nimm uns doch nach Erez mit! Wakascha, trallala ...

Zu der zweiten Alijah / sind wir sicher alle da. / Von dem Bubi bis zum Heinz, / fehlen darf dort drüben keins. /

Wo blieb die Simcha?

Du hast doch Erfahrung viel, / bring zusammen uns ans Ziel. / Steck uns alle in den Lift, / daß zusammen wir verschifft! // Wäre das Simcha!“

Die *Chaluzim* waren die Pioniere, die Arbeiter, die in Palästina einwanderten, also die großen Zöglinge der AHAWAH, die schon dort waren. Die *Chuzim* sind die von draußen, hier die Zurückgebliebenen. *Erez* war das Land, dem alle Hoffnung galt, *Erez Israel.* In Lehnitz gab es ein Schulungslager, in das auch die Kinder der AHAWAH fuhren, dort lernten sie *Iwrith,* also hebräisch, und bereiteten sich durch körperliche Arbeit auf die Auswanderung vor. *Masseltow Jom simcha* bedeutet viel Glück zum Tag der Freude. *Achot haraschit* ist die Schwester Oberin. Der Lift die große Kiste, die die Auswanderer mit sich nahmen.

Dieses sehnsüchtige Lied wurde mit den anderen, den alten Liedern gesungen und mit denen, die Else Berger, die Schwester der Oberin, für die Feiertage gedichtet hatte. Eines, was zum Purimfest gesungen wurde, ging so:

„Mordechai konnt nicht gut reiten, / er fürchtet, daß ihm was passiert. / So muß Haman ihn begleiten, / der das Pferd am Zaume führt. // Er hielt es an des Steiges Bügel, / setzte in den Sattel ihn, / gab ihm in die Hand die Zügel, / und der Mordechai sollt ziehn. // Und so gings durch Sosas Straßen, / dieser vor, der auf dem Gaul, / so, bis alle Leute spaßten: / Kieck mal an, der ist nicht faul. // Er, vor dem man sich einst bückte, / der der erste Mann im Staat / wie uns doch sein Sturz entzückte / ausregiert für den sichs hat! //

Bald wir werden ihn verhöhnen, / kräftig an der Strippe ziehn. / Denn zusammen mit den Söhnen / hängt man seine Frau und ihn.“

Diese holperigen Verse, scheinbar nur eine alte biblische Geschichte meinend, drücken für mich die verzweifelte Wut und die Hoffnung auf eine Wende aus.

In den letzten, bitteren Jahren wurden die Feste in der AHAWAH wie eh und je gefeiert, vielleicht sogar demonstrativer. Manche Nachbarinnen aus der Auguststraße hatten mir von den, wie sie es nannten, merkwürdigen Faschingsumzügen erzählt, als die Kinder von der AHAWAH zum Kindergarten Gipsstraße gingen und zurück. Abraham Pisarek, der Fotograf aus der Oranienburger Straße, hat die Kinder der AHAWAH in ihren Kostümen fotografiert.

Auch Chawa Naveh, die Eva Tennenbaum, konnte sich genau an diese Feste erinnern, als ich sie nach den letzten Jahren in der Auguststraße fragte, an die Lichter und die Geschenke zu Chanukka, an die herrliche Sukka auf dem Vordach, in der hundert Kinder Platz fanden. Acht Tage lang nahm man die Mahlzeiten in der Laubhütte ein, die mit bunten Zeichnungen, gefalteten Vögeln und Blumen geschmückt war. Die jüdischen Feiertage gaben den Kindern einen Halt. Sie spürten, daß es etwas gab, das dauerhafter und stärker war als die Kälte da draußen. Eva ging es gut in der AHAWAH. Sie fuhr regelmäßig zu ihrer Mutter ins Altersheim Mahlsdorfer Straße nach Köpenick. Manchmal kam ihre Mutter auch in die Auguststraße und brachte ihr irgendwelche Leckerbissen, sie wollte, daß die Tochter sie gleich äße. Aber Eva wollte ihren Freundinnen davon abgeben, es hätte ihr keinen Spaß gemacht, für sich allein etwas Gutes zu haben. Bis 1938 ging sie in Johanna Kaphans Mädchenschule gleich nebenan. Ein paar Monate war sie dann noch in der Großen Hamburger Straße. Außerdem lernte sie in der Kochschule kochen und in der Hauswirtschaftsschule, auch im Haus in der Auguststraße, etwas Hauswirtschaft.

Sie, die seit 1929 in der AHAWAH war, gehörte nun schon zu den älteren Zöglingen. Sie schlief nicht mehr in einem großen Schlafsaal, sondern mit drei oder vier anderen Mädchen in einem kleineren Raum im oberen Stockwerk. Ihre ganze Hoffnung war, mit der Jugend-Alijah aus dem Land zu kommen.

Die Arbeitsgemeinschaft der Jugend-Alijah war 1932 von Recha Freier begründet worden, auch die Oberin Berger und Siegfried Lehmann aus Ben Schemen hatten sich ihr angeschlossen. Sehr viele Persönlichkeiten aus aller Welt, vor allem Henriette Szould, unterstützten die Alijah, deren Sinn es war, so viele Kinder wie möglich nach Palästina zu bringen, auch ohne ihre Eltern. Bis 1939 konnte Recha Freier in Berlin legal arbeiten, danach schloß die Gestapo ihr Büro. Die jüdischen Behörden in Deutschland, vor allem die Reichsvereinigung mit dem Rabbiner Baeck, standen ihrem Plan der Kinderemigration sehr zurückhaltend gegenüber. Und doch wurde 7 746 Heranwachsenden durch Recha Freiers Jugend-Alijah das Leben gerettet. Zu ihnen gehörte auch Eva Tennenbaum. 1939 war sie einige Monate lang im Hachscharahlager Schniebinchen in der Niederlausitz. Man wohnte beengt in Doppelstockbetten, arbeitete, ähnlich wie in Neuendorf, in der Landwirtschaft und hörte Vorträge zum Zionismus, zur Arbeiterbewegung, über Palästina, auch über Chassidismus und andere jüdische Themen. Das Leben war streng auf die Gemeinschaft ausgerichtet, und wer sich nicht bewährte, wer als Einzelgänger galt, wer bei der Arbeit zu ungeschickt war, sich vor Nachtwachen drückte, wer sich unkameradschaftlich verhielt, bekam nicht das Eignungszeugnis für die Alijah. Eva war ja durch ihr Leben in der AHAWAH gut vorbereitet, und sie wurde genommen. Ihre Mutter war verzweifelt. „Was willst Du dort?“ fragte sie immer wieder, zumal in

Palästina die Unruhen schon ausgebrochen waren. Obwohl sie kurz zuvor von christlichen Nachbarn ihrer alten Eltern in Breslau benachrichtigt worden war, daß die in ein Lager gebracht worden wären, und Eva und sie, als sie nach Breslau gefahren waren und die Wohnung betreten hatten, nur noch den vorbereiteten Sabbatfisch auf dem Tisch gefunden hatten und nie wieder eine Spur von den Abgeholten, obwohl sie das Novemberpogrom erlebt hatte, konnte die Köchin Sophie Tennenbaum sich das Schlimmste nicht vorstellen.

Am 1. September 1939, als der Krieg begann, war ihre Tochter schon mit 150 anderen Jugendlichen unterwegs nach Palästina. Der Abschied von der AHAWAH war viel stiller gewesen als bei denen, die mit der Oberin Berger gegangen waren. Die AHAWAH war in Auflösung begriffen. Wer bis jetzt nicht aus Deutschland entkommen war, würde es nie mehr schaffen. Eva dachte nicht an die Zurückgebliebenen, sie freute sich auf Palästina. In Haifa erwarteten die Madrichim, die Führer aus den Kibbuzim, die Ankömmlinge. Eva wurde dem Kibbuz Ajeleth Haschachar, das heißt Morgenstern, zugeteilt. Sie lebte sich schnell ein, auch die harte Arbeit schreckte sie nicht. Sie hätte gern etwas gelernt, aber das war nicht möglich. Zur AHAWAH in Kiryat Bialik hatte sie keine Verbindung. Erst 1940 fuhr sie per Anhalter nach Haifa und von dort zur AHAWAH. Da war die Oberin Berger schon gestorben. Die meisten ihrer Freunde aus der Auguststraße hatten das Heim schon verlassen. Manchmal trifft sie einen, und das ist dann jedesmal, bis heute, als ob sie einen Verwandten wiedersähe.

Erst nach dem Krieg erfuhr sie, daß ihre Mutter und alle Schwestern und Brüder ihrer Mutter und deren Kinder nach Auschwitz gekommen waren. Das ist die Wunde ihres Lebens.

Als die Engländer in den Krieg gegen die Deutschen eintraten, wollte auch Otto Weiß gegen die Faschisten kämpfen. Aber wer Soldat werden sollte und wer nicht, wurde im Kibbuz von allen Mitgliedern beschlossen. Wer auf eigene Faust gehen wollte, wurde zum Abenteurer erklärt und ausgeschlossen. Manchmal wollte einer nicht Soldat werden, der vom Kibbuz delegiert war, der wurde dann Feigling genannt und auch ausgeschlossen. Otto Weiß wollte man nicht gehen lassen, der Kibbuz brauchte ihn. Aber Otto hörte auf sich selbst und ging zum Militär. Der Kibbuz brach drei Jahre lang den Kontakt zu ihm ab. Er wurde in Ägypten und in Italien einer palästinensischen Kompanie zugeteilt, die später einen Teil der Jüdischen Brigade bildete. Seine Aufgabe war, eine Felddruckerei zu warten. 35 000 jüdische Soldaten kämpften bei den Engländern. Sie wurden behandelt wie Kolonialtruppen. Es gab sogar Latrinen, an denen stand: Nur für Engländer. Trotzdem wollte Otto Weiß Soldat sein, er wollte selbst etwas dafür tun, die Deutschen zurückzuschlagen.

David Marcus lebte in Haifa in einem Zimmer zusammen mit einem Kameraden, er arbeitete, wo sich Arbeit bot, schlug sich durch. 1937 wollte auch er sich zu den Internationalen Brigaden nach Spanien melden, aber mit seinem Paß war etwas nicht in Ordnung. 1938 erreichte ihn das mit einem Hakenkreuz versehene Schreiben des deutschen Generalkonsulats in Jerusalem, das ihm mitteilte, daß er in Deutschland wehrpflichtig, aber für zwei Jahre zurückgestellt sei. Dieses merkwürdige Dokument bewahrt er noch immer auf. Von 1942 bis 1946 war auch er dann bei der britischen Armee, in Ägypten und Zypern. Sein jüngerer Bruder Hermann, der als Zweijähriger mit Marcus zusammen in die AHAWAH gekommen war und in Ben Schemen gelebt hatte, später im Kibbuz, war 1944 mit dreihundert anderen jüdischen Freiwilligen unterwegs nach Italien. Das Schiff wurde von deutschen U-Booten bombardiert, einhundertfünfzig Jungen starben, auch

Hermann Marcus. Und noch ein Junge aus der AHAWAH war unter den Toten: Leibl Bienstock. In Kiryat Bialik in der AHAWAH bewahrt die Leiterin Ofra Meierson, die Leibl Bienstock nie kennengelernt hat, sein Fotoalbum auf. Ich habe die vergilbten Bilder gesehen und mein altes Schulhaus wiedererkannt, die Klassenzimmer, das Blumenrondell, den Hof in der Auguststraße.

Einmal im Jahr findet auf dem Militärfriedhof, auf dem auch die Steine der hundertfünfzig Jungen stehen, eine Feier für die Gefallenen statt. Israel Weiß fährt jedesmal dorthin, seiner beiden Brüder aus der AHAWAH wegen.

Nach Deutschland wünscht er sich nicht zurück.

Sein Leben ist mit Israel verbunden, mit dem Kibbuz Kwar Monasch, in dem Amanda, die er 1952 geheiratet hat, und er achtunddreißig Jahre lang gelebt haben, in dem seine beiden Kinder aufwuchsen. Sie haben ihr schönes Haus dort aufgegeben, sind nach Netanya gezogen, um im Alter noch einmal etwas Neues auszuprobieren.

David Marcus lebt seit 1958 im Westen Berlins. Durch harte Arbeit hat er sich in seinem Leben immer wieder etwas aufgebaut, es geht ihm heute gut. Er, der keinen Beruf lernen konnte, hat in vielen Berufen bestanden. Die Spuren seiner Angehörigen aus der Zionskirchstraße, seiner Mutter, seines Bruders Martin, dessen Frau und ihres Kindes fand er im Archiv des Oberfinanzpräsidenten: Auschwitz.

Trotzdem blieb David Marcus in Deutschland, wo auch seine Frau geboren wurde. Die drei Kinder sind noch in Israel geboren, aber in Berlin aufgewachsen. Der älteste Sohn meldete sich freiwillig zur israelischen Armee, auch die anderen haben „israelische Seelen“, und die Schwiegertöchter sind zu David Marcus Zufriedenheit Jüdinnen.

Manchmal kommen Freunde aus der AHAWAH zu ihm, oder er fährt zu ihnen. Die Kinder der AHAWAH leben überall, in Frankreich, in Amerika, in Israel. Wenn einer kommt, der Isaak Birkenwald oder der Schlomo, dann geht David Marcus mit ihnen in die Auguststraße. Dann stehen sie auf dem Hof, gucken ein bißchen, reden nicht und denken an das, was gewesen ist.

Als der Krieg zu Ende war, löste die Schweizer Kinderhilfe das Heim für die jüdischen Flüchtlingskinder in Basel auf. Die Kinder kehrten in ihre Ursprungsländer zurück. Auch Siegfried Rothschild fuhr nach Belgien zu seiner Frau und den Töchtern. In Auderghen bei Brüssel führte er mit seiner Frau ein Heim. Die Kinder waren versteckt gewesen oder hatten in Konzentrationslagern überlebt. Sie waren zutiefst verstört, ihre Seelen waren unheilbar verletzt. Manche schützten sich, indem sie scheinbar vergaßen, was sie erlebt hatten. Ihr Gedächtnis weigerte sich, die Erinnerung zu behalten. Andere wollten nicht glauben, daß ihre Eltern tot waren. Wenn der Briefbote kam, liefen alle die Treppe herunter, auch die Kinder, die wußten, daß keiner ihnen schreiben konnte. Die Rothschilds leiteten dieses Heim bis 1948, dann folgten sie einer Einladung von Verwandten in Amerika. Dort arbeitete Siegfried Rothschild als Lehrer für jüdische Fächer, es waren die einzigen Jahre seines Arbeitslebens, in denen er nicht Erzieher war. Sein Vater war im November 1938, während in Deutschland die Synagogen brannten, zufällig auf Reisen. Diesmal kehrte er nicht nach Deutschland zurück. Das Heim in Dinslaken wurde sinnlos zerstört, die Einrichtung zerschlagen. Ein Teil der Kinder konnte nach Antwerpen in Siegfried Rothschilds Heim entkommen, die anderen Kinder wurden bis auf zwei ermordet.

1950 besuchte Siegfried Rothschild seinen Vater in Palästina, und als ihm dort die Leitung eines neueröffneten Kinderheims in Afula angeboten wurde, übernahm er diese Aufgabe.

Fünfundzwanzig Jahre lang leitete er dieses Heim. Seine Frau Rose starb. Die Töchter sind Lehrerinnen geworden, der nach dem Krieg geborene Sohn Klempner. In Jerusalem lebt er heute ein einfaches Leben mit seiner zweiten Frau, mit der großen Familie, mit den Büchern. Wie Beate Berger, wie Hanni Ullmann hat er jahrzehntelang jüdischen Kindern ein Heim gegeben. Nach Berlin zieht ihn nichts zurück. Bestimmt *nichts,* wiederholte er.

Von den vielen Geschichten der AHAWAH-Kinder, die ich erfuhr, erschien mir die von Avivit Schneider, geborene Rubinstein, zunächst so anders, hell und unbeschwert. Avivit war mir von einigen aus der AHAWAH genannt worden, weil sie ein besonderes Kind gewesen war. Nicht so schüchtern wie die meisten der Kinder, als sie ins Heim kamen. Sie war das lebhafte, etwas verwöhnte Kind einer Schauspielerfamilie, und sie hatte schon viele Länder gesehen, bevor sie in die Auguststraße kam.

Jemand hatte mir ihre Adresse in Israel gegeben, ich schrieb ihr, sie antwortete, und als sie im Oktober 1991 über Berlin reiste, verabredete sie sich mit mir im Foyer ihres Hotels. Dort saß, als ich kam, ein alter Herr mit einem jüdischen Gesicht. Ich ahnte, daß wir auf die selbe Dame warteten, und lächelte ihm zu. Er stand auf und verbeugte sich. Als sie dann kam, war ich sofort von ihr bezaubert. Ich wußte, daß sie siebzig Jahre alt sein mußte, sie sah viel jünger aus, attraktiv und temperamentvoll. Sofort begann sie zu plaudern. Ihr Mann saß während unseres Gesprächs still und geduldig daneben.

Avivits Geschichte schien mir tatsächlich glücklicher als die der anderen AHAWAH-Kinder. Ihr Vater stammte aus Nikolajew, ihre Mutter aus Odessa, Avivit wurde in Moskau geboren. Die Eltern sprachen russisch, aber als ihre Muttersprache sieht Avivit Iwrith an. Ihr Vater leitete eine Schauspielertruppe, aus der später das berühmte Habimah-Theater hervorging, das israelische Nationaltheater. Avivit lebte das bunte, ungeregelte Leben ihrer Eltern, in dem sie trotz aller Unruhe Geborgenheit fand. Schon als Kind ahmte sie andere Menschen nach, und es stand fest, daß sie Schauspielerin oder Tänzerin werden würde, wie alle in ihrer Umgebung. An die Moskauer Zeit hat sie keine deutlichen Erinnerungen, aber an eine lange Amerika-Tournee, auf der 1927 ihr Bruder geboren wurde. Sieben Monate lang lebten sie in Amerika bei einer Tante. In dieser Zeit kam Avivit zur Schule. Dann fuhr die Familie nach Palästina, wo schon einige Schauspieler aus der Truppe sich angesiedelt hatten. Ein Jahr lang ging Avivit in Tel Aviv zur Schule. Die Stadt war damals noch so klein, daß sich alle Menschen zu kennen schienen. 1929 ging die Truppe wieder auf eine Tournee durch europäische Länder, die Kinder nahm man mit. Avivit war schon neuneinhalb Jahre alt, ihre Eltern meinten, daß es gut für sie wäre, wenn sie für die Dauer der Tournee in ein jüdisches Heim käme, und brachten sie in die AHAWAH. Avivit sprach kein Deutsch, nur etwas Jiddisch. Aber nicht das war für sie schlimm, sie hat in ihrem Leben viele Sprachen schnell gelernt. Sie fühlte sich nicht wohl in der AHAWAH. Das geregelte, karge Leben war anders als das, was sie kannte. Die Oberin Berger blieb ihr fremd, Hanni dagegen war ihr sympathisch. Und eine Erzieherin namens Rose Stall, eine schöne Frau, wurde von ihr sogar verehrt. Aber eigentlich hat sie die Zeit in der AHAWAH vergessen. Nein, die AHAWAH hätte in ihrem Leben keine Rolle gespielt, beteuerte sie mir. 1931 holten ihre Eltern sie nach Tel Aviv. Fünf Jahre später bekam das Habimah-Theater ein eigenes Haus, in diesem Haus lebte auch Avivit, es war ihre Welt. Natürlich probierte sie sich auf der Bühne aus, sang und spielte Geige. Aber sie spürte, daß sie nicht das Talent ihrer Eltern besaß und suchte sich einen anderen Beruf. Viele Jahre lang leitete sie im Außenministerium die Abteilung für Public Relations, sie heiratete und bekam zwei Kinder. Ihr Leben, sagte sie, sei erfüllt und glücklich, besonders nachdem sie ihren zweiten Mann fand, der ihr, während sie erzählte, mit den Augen zustimmte.

1948 bei den Unruhen fiel ihr Bruder. Sieben Jahre lang ging ihre Mutter nicht vor die Tür, nicht einmal auf den Balkon. Der Vater starb achtundsiebzigjährig 1968. Er hatte sein Leben lang auf der Bühne gestanden. Die Mutter wurde siebenundachtzig Jahre alt. Avivit zeigte mir Fotos ihrer fünf Enkelkinder, für die sie noch Geschenke einkaufen wollte. Ihre Tochter wurde Choreografin, ihr Sohn Filmemacher. Regelmäßig kümmere sie sich um die Enkelkinder, außerdem sei sie in verschiedenen Hilfsorganisationen und Komitees, zweimal in der Woche arbeite sie in einem Büro. Sie habe mit ihrem Mann viele Bekannte, oft Gäste. Sie reisen, gehen in Konzerte. Das Beste aber sei, daß sie vor drei Jahren begonnen habe, an der Universität Außenpolitik zu studieren. Ein Leben lang habe sie sich das gewünscht und erst im Alter Zeit für das Studium gefunden. Ihre Lebendigkeit übertrug sich auf mich, und es hätte mir Spaß gemacht, noch länger mit ihr zu sprechen, ihre ausdrucksvollen Gesten zu beobachten, ihre Augen zu sehen, aber ihr Mann hatte anfangs erwähnt, daß er das Pergamonmuseum sehen wollte, und weil er gewiß nicht ohne seine Frau dorthin gegangen wäre, verabschiedete ich mich. Das Pergamonmuseum sei nicht so weit von der Auguststraße, vielleicht könnte sie das alte Haus der AHAWAH besuchen, schlug ich ihr vor. Sie schien zu zögern, aber ich zeichnete ihr den Weg auf.

Eine Stunde später saß ich im Warteraum des Arbeitsamtes in der Storkower Straße, um mich herum Menschen mit betont ausdruckslosen Gesichtern, die einander nicht ansahen. Jeder hielt eine Mappe mit seinen Papieren auf dem Schoß fest und verschloß sein Gesicht. Es war ein unbehaglicher Raum, in dem ich fast drei Stunden warten mußte. Ich war spät gekommen, nach mir erschien nur noch ein Mann, der eine der wartenden Frauen begrüßte. Sie kannten sich, hatten offensichtlich im selben Betrieb gearbeitet. Die beiden sprachen als einzige miteinander. Während der Raum sich langsam leerte, vergaßen sie allmählich die starr sitzenden Zuhörer, zu denen auch ich gehörte, und redeten unbefangen über ihre Kollegen, schimpften auf die Chefs und auf ein Komplott der Vorgesetzten, die sie als Seilschaft bezeichneten. Dann versiegte ihr Gesprächsstoff, und der Mann griff nach einer Zeitung, die die Frau zuammengefaltet hatte, als er kam.

„Steht was Interessantes drin?"

„Nee, nichts Besonderes."

„Und der Gerichtsbericht?"

„Ist langweilig diesmal. Ein Ausländer, der sich die Taschen vollgeklaut hat. Den haben sie wieder laufen lassen, bloß weil er Jude ist. Der hat noch ne große Klappe gehabt."

Der Mann überflog den Artikel und sagte zu seiner Bekannten: „Die wollen uns ein schlechtes Gewissen machen, die Juden. Die hassen uns Deutsche."

„Ja, manche wühlen immer in der Vergangenheit. Damit muß doch mal Schluß sein. Das sind doch alles Ausreden, auch von den Zigeunern und diesen ganzen Ausländern. Die wollen nicht arbeiten, die beklauen uns, und dann beschimpfen sie uns noch."

„Und außerdem sind die Juden nicht besser als Hitler. Was die mit den Arabern machen, ist genauso schlimm."

Ich erbat die Zeitung und las den Gerichtsbericht über einen Mann, der vom Senat eingeladen worden war, mit anderen aus Berlin vertriebenen Juden die Stadt seiner Jugend zu besichtigen. Er war allein durch die Straßen gegangen, in denen keiner mehr lebte, den er kannte. Er betrat einen Laden, und weil er sich mit den Körben nicht auskannte und weil er ohnehin verwirrt war, packte er, was er kaufen wollte, in seinen Beutel. Er wollte alles bezahlen, aber noch bevor er sich an die Kasse stellen konnte, ergriff ihn die Verkaufsstellenleiterin, schimpften die anderen Kunden auf ihn ein, stießen ihn in den Rücken. So jedenfalls schilderte er den Vorgang. Die Verkäuferin behauptete, er hätte sie als Faschistin beschimpft. Er verlangte selbst, daß man die Polizei holte. Als die Polizisten erschienen, begriffen sie nicht recht, was los war, und nahmen den Ausländer mit zum Revier. Die Verkäuferin verlangte seine Bestrafung für den Diebstahl und die Beleidigung. Die Polizisten hätten ihn grob behandelt, ihn verspottet, sagte der Mann später. Dann hätten sie ihn laufenlassen wollen. Aber er bestand auf einer Gerichtsverhandlung, weigerte sich nun, die Waren zu bezahlen. Das Gericht sprach ihn frei, entschuldigte sich. Darauf war es ihm angekommen.

Die Frau, der die Zeitung gehörte, war aufgerufen worden. Ich war mit ihrem Kollegen allein. Ein müder, nicht mehr junger Mann mit verarbeiteten Händen. Seine Hosen waren ausgebeult, die Kunstlederjacke spannte über dem Bauch. Jetzt wühlte er mit fahrigen Händen in seinen Papieren. Er tat mir leid. Und ich fürchtete mich vor ihm. Vor seinem Satz „Mit denen muß man ganz anders umgehen".

Auf dem Weg nach Hause sah ich wieder ein Hakenkreuz. Das war nichts Neues mehr in der Stadt. Das Zeichen schrie von der Wand, und ich ging vorbei wie alle.

An manchen Tagen schmeckt die Luft in Berlin wie Rauch.

Am Abend rief Ayivit Schneider mich an. Sie war in der Auguststraße gewesen. Sie habe meinen Zettel nicht gebraucht, sagte sie mir. Als sie die Spree sah, wußte sie den Weg über die Monbijoubrücke, durch die Oranienburger Straße, die Große Hamburger in die

Auguststraße. Ihr Herz hatte geklopft. Sie war plötzlich so aufgeregt, daß ihr Mann sagte: Komm, wir kehren um. Was willst du dort. Es war für dein Leben nicht wichtig.

„Und doch war es wichtig", sagte sie mir. Sie wiederholte die Straßennamen: Oranienburger Straße. Große Hamburger Straße. Auguststraße.

Wie hätte sie nur glauben können, das alles ginge sie nichts an. Wie hätte sie nur annehmen können, sie habe die Straße, das Haus vergessen. Alles hätte ausgesehen wie in den Erinnerungen, die plötzlich aufbrachen. Sie hatte vor dem Haus gestanden und die Kinder auf dem Hof gesehen, und da war dieser Schmerz. Sie brach ab.

In die Stille hinein hörte ich die beruhigende Stimme ihres Mannes. Er tröstete sie. Es waren keine deutschen Worte. Avivit Schneider sagte: „Bitte, schreiben Sie über das Haus."

Die Grundstücke der Jüdischen Gemeinde in der Auguststraße, um 1930 fotografiert von Abraham Pisarek. Links vorn: Auguststraße 17, dahinter Auguststraße 14/16

Das Haus der AHAWAH, um 1935 fotografiert von Abraham Pisarek

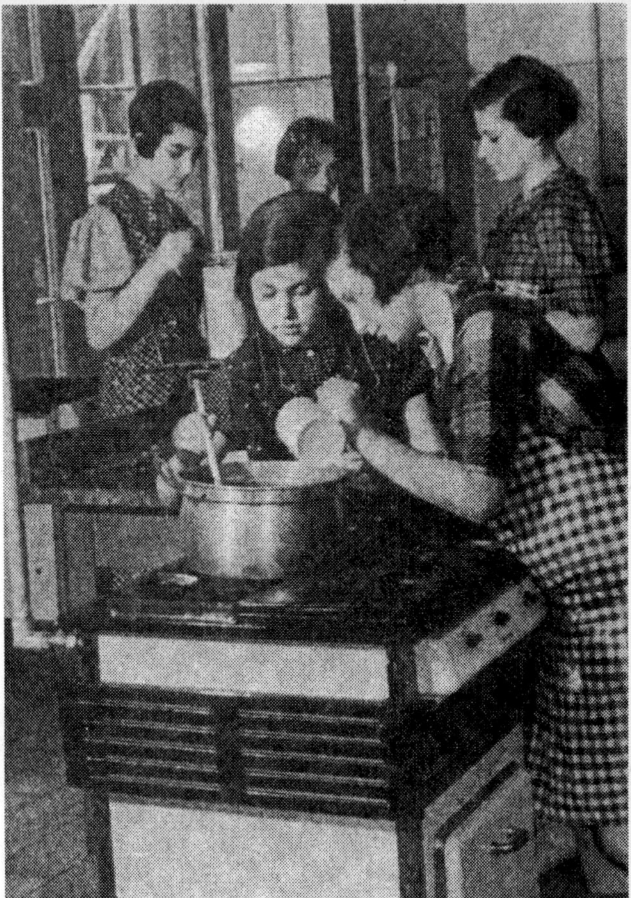

Jüdische Kochschule, um 1935 fotografiert von Abraham Pisarek

Vor der Eingangstür der AHAWAH, um 1937 fotografiert von Abraham Pisarek

Jüdische Kinderferienkolonie auf dem Hof der AHAWAH, um 1937 fotografiert von Abraham Pisarek

Purimfeier, 1938 oder 1939 fotografiert von Abraham Pisarek

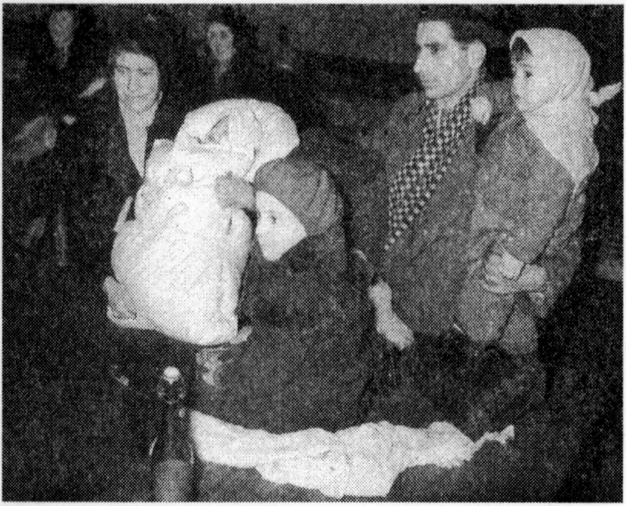

Purim in der Auguststraße, 1938 oder 1939 fotografiert von Abraham Pisarek

Im Wartezimmer des Jüdischen Wohlfahrtsamtes, fotografiert von Abraham Pisarek

Abendveranstaltung der Jüdischen Gemeinde Ende der dreißiger Jahre, fotografiert von Abraham Pisarek

AHAWAH um 1924
Dieses Bild wurde als Postkarte zum Roschhaschannah (Jüdisches Neujahr) verschickt.

Eßzimmer im Haus der AHAWAH in der 1. Etage, an der Wand Gestalten aus dem Buch Ruth

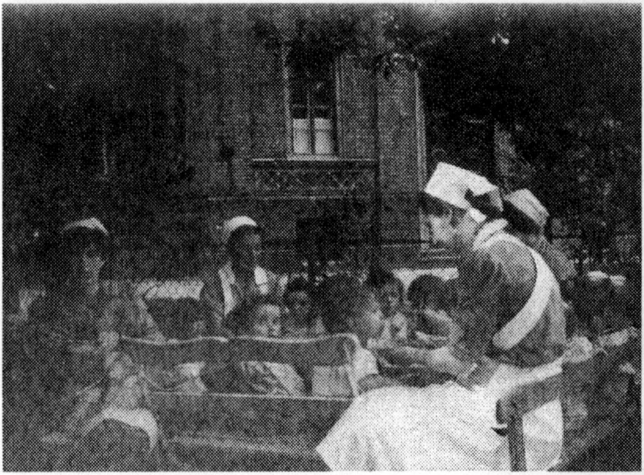

Edith Fürst (rechts) mit Kindern und Schwestern auf dem Hof um 1940

Die Krippenkinder auf dem Hof um 1940 (im Hintergrund das ehemalige Haus der AHAWAH)

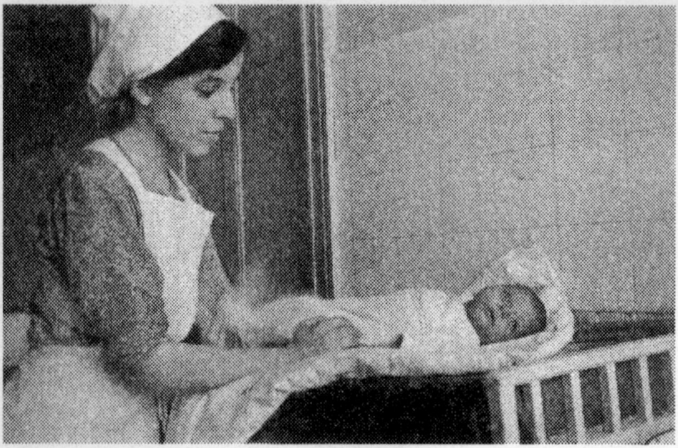

Eine Lehrschwester in Edith Fürsts Krippe mit einem der jüngsten Kinder, um 1939

Recha Cohn lernt laufen

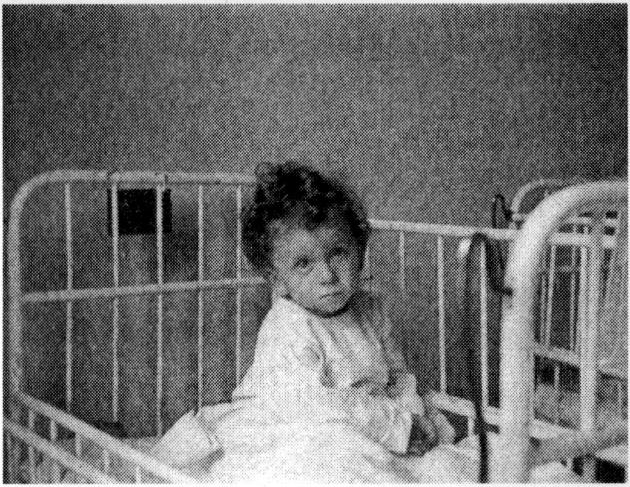

Der „Schiefhals“ aus der Mulackstraße

Dieses Gruppenbild schickte Edith Fürst-Bruck ihrem Mann ins Zuchthaus, um 1940

Nachwort 1997

Als ich in den siebziger und achtziger Jahren in der Auguststraße nach der Geschichte des vergessenen Hauses suchte, schien die Zeit auf seltsame Art stillzustehen. In diese Häuser, auf diese Höfe brachte das Leben kaum eine Veränderung. Manchmal zogen Leute aus – in die begehrten Neubauwohnungen von Marzahn und Hohenschönhausen. Meist aber war es der Tod, der Wohnungen leerräumte. Dann konnte man am Straßenrand die Gerümpelhaufen betrachten, zerknitterte Postkarten, vergilbte Fotos finden – Zeugnisse einer Vergangenheit, die in dieser Spandauer Vorstadt noch zu spüren war. Am Koppenplatz fanden die Kinder manchmal Knochenteile auf dem Bunkerberg, menschliche Knochen, die noch aus der Zeit nach 1704 vom Armenfriedhof stammten. Vielleicht, wer weiß das schon so genau, waren darunter auch Überbleibsel von Bombentoten des letzten Krieges. Die fromme Schwester Gunthilde hatte mir die Stelle im Garten des Sankt-Hedwig-Hospitals gezeigt, wo noch immer in den letzten Kriegstagen vergrabene Waffen und Uniformteile von Deserteuren liegen. Es wird noch viele solcher Stellen in diesen Straßen gegeben haben, als ich dort recherchierte.

Noch heute sind Einschußlöcher in den Fassaden zu sehen, aber viele Häuser wurden in den letzten Jahren rekonstruiert, die Spuren von Krieg, Zerstörung und Verfall beseitigt. Auf den Hackeschen Höfen sind die blauen Jugendstilkacheln erneuert worden, verschwunden sind die Einschußlöcher, die seit jenem Apriltag 1945 da zu sehen waren, als hier das „Fliegende Standgericht“ auf Befehl des Ortsgruppenleiters Waskuleit aus der Kleinen Präsidentenstraße die Polizisten Steuck und Trischak erschoß, die dann auf die Verkehrsinsel am Hackeschen Markt geworfen wurden und langsam verbluteten … Ihre Schreie hängen nicht mehr in den frisch verputzen Wänden der Häuser.

Aber das Schweigen und Verdrängen, das mir begegnete, als ich in den siebziger und achtziger Jahren hier nach dem „vergessenen Haus“ in der Auguststraße fragte, ist heute geradezu einer Geschwätzigkeit gewichen. Die alten Einwohner, die gesehen haben, wonach ich fragte, gibt es kaum noch. Aber mehrmals am Tag gehen Touristengruppen hinter ihren Führern her und erkunden „Spuren jüdischen Lebens“ in der Spandauer Vorstadt, die hartnäckig als Scheunenviertel bezeichnet wird, obwohl das historische Scheunenviertel nur ein kleiner Teil dieses Gebiets ist, östlich von der Rosenthaler Straße gelegen. Auch durch die Auguststraße gehen heute Touristengruppen, betrachten schaudernd die immer mehr wie eine historische Kulisse wirkenden Häuser und Höfe, lassen sich das von der Bertolt-Brecht-Schule inzwischen geräumte Gebäude der ehemaligen Jüdischen Mädchenschule zeigen, ein Bauwerk von Alexander Beer, und das Haus des ersten Jüdischen Krankenhauses, später des Kinderheims AHAWAH.

Das „vergessene Haus“ ist nicht mehr vergessen.

Schon 1992 hatte das Aktive Museum Faschismus und Widerstand, ein Verein, dessen Mitglied ich auch bin, dort eine Gedenktafel angebracht. An diesem Tag war Hanni Ullmann aus Israel gekommen. Mit sechzehn Jahren hatte sie als Erzieherin in diesem Haus ihre Arbeit begonnen, die sie noch heute, mit 89 Jahren, fortsetzt. Auch ehemalige Zöglinge des Kinderheims waren gekommen, nun selbst alte Männer. Es bedeutete ihnen viel, daß die Geschichte dieses Hauses, ihre eigene Geschichte, nicht vergessen bleibt.

Seit kurzem wird das Haus wieder von der Berliner

Jüdischen Gemeinde verwaltet; die sehschwachen Kinder, die hier in den letzten Jahren ihr Internat hatten, sind schon ausgezogen. Noch nicht entschieden ist, welchen Zwecken dieses alte Haus, für das die Berliner Juden im 19. Jahrhundert jahrzehntelang Geld gesammelt hatten, nach seiner Modernisierung dienen wird. Sicher ist, daß es soziale Zwecke sein werden. Durch die Einwanderung von Juden aus den Gebieten der ehemaligen Sowjetunion wuchs die Gemeinde in den letzten Jahren unerwartet schnell, wieder steht die Jüdische Gemeinde vor der Aufgabe, ihre Identität als jüdische Gemeinschaft zu bestimmen und zu bewahren, gleichzeitig neue Mitglieder zu integrieren, sich, wie Moses Mendelssohn schon formulierte, an die Gesetze ihrer Väter zu halten und doch sich in die „Sitten und Verfassung" des Landes, in das sie „gesetzt" sind, zu schicken.

Im Mai 1995 wurde in der Oranienburger Straße nach sieben Jahren Bauzeit das Centrum Judaicum eröffnet, in den Teilen der Neuen Synagoge, die man wiedererrichten konnte. Ich war unter den Tausenden Gästen, die von überall her gekommen waren, unter ihnen viele ehemalige Berliner, zu deren Leben diese Synagoge einst gehört hatte. Ich saß unter freiem Himmel in einer der hinteren Stuhlreihen seitlich und konnte die Rückseite meines alten Schulhauses sehen, die Fenster, hinter denen ich gelernt hatte, hinter denen der Schlafsaal der bettnässenden Knaben der AHAWAH gewesen war, noch früher ein Patientenzimmer des Jüdischen Krankenhauses. Die Fenster, hinter denen alte Menschen ihre letzte Hoffnung aufgegeben hatten und aus denen Halbwüchsige gesprungen waren ... Ich hörte die Klänge des *Boruch habbo* von Louis Lewandowski, sah die alten Kastanienbäume blühen und spürte, wie eng verbunden die Neue Synagoge und das Haus dort gewesen sind, wie das einmal ein einziger Ort gewesen ist und daß trotz aller Toten, trotz des gewaltigen Vergessens nichts wirklich verlorengeht.

In der Großen Hamburger Straße ist das Haus der Jüdischen Knabenschule wieder eine jüdische Schule, Gymnasium und Realschule. Die Berufsschule, in der man sich so beeilt hatte, die Vergangenheit loszuwerden, mußte ausziehen, weil die Jüdische Gemeinde, wie die Direktorin es im Oktober 1990 gefürchtet hatte, ihr traditionsreiches Haus zurückbekam. Wieder, wie zu Zeiten von Moses Mendelssohns und David Friedländers Jüdischer Freischule, lernen jüdische und nichtjüdische Schüler zusammen, gibt es manchen unter den Schülern, der besser deutsch spricht als seine aus dem Osten gekommenen Eltern.

Neben diesen und anderen lebendigen jüdischen Institutionen gibt es in der Spandauer Vorstadt alle möglichen Versuche, sich der jüdischen Geschichte zu bedienen, um Kunden anzulocken. Es gibt sogar eine Kneipe, die nichts, aber auch gar nichts mit den Menschen zu tun hat, die hier einmal lebten, sich aber des authentischen Namens eines toten Juden bemächtigt hat, der hier einmal eine Gaststätte führte.

Angesichts der schon an der Oberfläche liegenden Vielzahl von Zeichen jüdischer Geschichte in diesen Straßen fällt es schwer, zu glauben, daß ein paar Jahrzehnte lang alles verdrängt war, kein Zeichen wahrgenommen wurde. Leser dieses Buches haben mich immer wieder ungläubig gefragt, ob wirklich keiner wußte, was die Vergangenheit des Hauses in der Auguststraße war, bevor es Schule wurde. Mich haben viele ehemalige Schüler und Lehrer der Max-Planck-Schule angerufen, mich aufgesucht, mir geschrieben, darunter manche, die gleich nach Kriegsende hier lernten. Sie erzählten mir, woran sie sich erinnerten: wie sie bei Stalins Tod Nachtwache in der Schule hielten, wie kurz nach dem Mauerbau eine ganze Abiturklasse durch die Kanalisation in den Westen ging – wie die Geschehnisse in diesem Schulhaus zu jeder Zeit mit dem zu tun hatten, was man deutsche Geschichte nennt. Aber die Vergangenheit des Hauses als Krankenhaus, als jüdisches Kinderheim, als Sammelstelle vor den Deportationen war niemandem bewußt, keinem Schüler, keinem Lehrer.

Nach dem Erscheinen des Buches habe ich einige hundert Briefe bekommen, die meisten von Juden aus Israel, aus den USA, aus Argentinien, aus Südafrika. Sie waren selbst einmal Berliner gewesen, manche kannten das Haus, sind selbst dort ein- und ausgegangen, sie erzählten mir ihre Geschichten, und ich begriff, daß für diese Menschen die Vergangenheit nicht vorbei ist und schon gar nicht vergessen. Eine Frau, die in Jerusalem lebt, hat durch mein Buch erfahren, daß auch ihre Eltern in der Sammelstelle Augustraße gewesen sind, als sie schon in England in Sicherheit war. Der Schmerz um das Schicksal ihrer Eltern hat sie nie verlassen, aber es war für sie wichtig, diesen Ort, diese Adresse zu kennen. Andere schrieben mir etwas über das Leben von Menschen, die in dem Buch nur als Namen vorkommen. Ein Mann schrieb mir, der als Siebenjähriger aus der AHAWAH adoptiert worden war. Er sucht noch immer nach seiner leiblichen Mutter Sophia Dawidowsky, und er fuhr aus London nach Israel, um Hanni Ullmann, die letzte, die es wissen könnte, danach zu fragen. Natürlich weiß sie nichts, und wie sollte er Sophia Dawidowsky, eine Jüdin aus Berlin-Mitte, am Ende dieses Jahrhunderts noch finden können, aber er sucht weiter nach ihr. Wenn man ihren Namen fände, und sei es auf einer Totenliste, vielleicht ginge es ihm besser.

Gar kein Erinnerungszeichen zu besitzen, kein Foto, keine Liste, muß für die Überlebenden unerträglich sein. Es kamen Menschen zu mir, die glaubten, sich oder einen Angehörigen auf den Fotos von Abraham Pisarek oder aus Edith Brucks Besitz erkannt zu haben. Ich war erschüttert, als ich sah, was ihnen diese Entdeckung bedeutete. Eine Frau glaubte in einer Kinderpflegerin ihre Schwester zu erkennen, von der sie kein Foto besaß, die wie alle Angehörigen ihrer Familie umgebracht worden war. Aber dassselbe Foto hatte eine andere Frau schon für sich beansprucht, die meinte, sie selbst sei das in ihrer Jugend gewesen. Sie hatte auch in dem Haus in der Auguststraße gearbeitet, aber in anderen Jahren. Ich war nicht überzeugt, daß dieses Foto sie zeigte. Aber sie wollte es, sie wollte unbedingt ein Bild von sich aus dieser Zeit haben und ich widersprach ihr nicht. Ich widersprach auch nicht der anderen Frau, obwohl ich von Edith Bruck wußte, daß der Name der abgebildeten Pflegerin ein ganz anderer war als der jener Schwester.

Als ich das Buch über das Haus in der Augustraße schrieb, glaubte ich, so etwas wie eine Aufgabe zu erfüllen, die mit dem Erscheinen des Buches beendet wäre. Aber dann begriff ich, das die Beschäftigung mit dieser Straße, mit diesen Schicksalen keine Arbeit ist wie jede andere. Sie hat mein Leben verändert. Was ich erfahren habe dadurch, wird in alles einfließen, was ich mache, was ich sage und schreibe. Es zwingt mich, genauer hinzusehen, die verschiedenen Schattierungen der Grautöne zu erkennen, die zwischen schwarz und weiß liegen.

An dieser Stelle möchte ich etwas über Erhard Lux schreiben, den Arzt aus dem Sankt-Hedwig-Hospital.

Seine Witwe hat mir, zögernd, weil es ihr im Grunde widerstrebte, die Familie in die Öffentlichkeit zu bringen, von seinem Wirken erzählt und von seinem Schicksal nach 1945. In meinem Buch habe ich nur wenig, ungenau und teilweise unrichtig darüber schreiben können.

Geboren wurde er 1909 als Sohn eines Krankenpflegers, der im Sankt-Hedwig-Hospital arbeitete und am Koppenplatz wohnte. Erhard Lux, der zeit seines Lebens tief gläubiger Katholik war, studierte Medizin und begann im Januar 1935 sein Praktikum im Sankt-Hedwig-Krankenhaus, im selben Jahr erhielt er die Approbation. 1937 heiratete er eine Pharmaziestudentin aus Rahnsdorf, die er in der katholischen Jugendbewegung kennengelernt hatte. Das Ehepaar Lux wohnte in der Krausnickstraße 11. Die Frau hatte ihr Studium aufgegeben. 1943, als sie ihr viertes Kind erwartete und die Bomben in immer kürzeren Abständen auf Berlin fielen, ging sie mit den Kindern nach Schlesien. Ohnehin hatte ihr Mann, obwohl er dicht neben dem Krankenhaus wohnte, kaum Zeit für die Familie. Seit 1939 war er Oberarzt, leitete das Franziskushaus in der Auguststraße, die ehemalige Mädchenschule neben dem Haus der AHAWAH. Er ließ nicht zu, daß dort, wo er Arzt war, Menschen nach ihrer „Rasse" behandelt wurden. Auf seinen Stationen lagen auch Juden, anfangs ganz offen. Ein Josef Rajewski, kein Jude, schrieb 1946 einen Brief an die „Entnazifizierungskommission", in dem er sich erinnerte, daß er 1935 im Sankt-Hedwig-Hospital im selben Zimmer wie der sozialdemokratische ehemalige Vorsitzende des Buchdruckerverbandes von der Heiden und der jüdische Patient Rosen lag. In diesem Zimmer lagen aber auch SA-Leute, die sich über den Juden aufregten. Es gab Streit unter den Patienten, den Dr. Lux mit seiner ärztlichen Autorität beendete.

Später war er vorsichtiger, sagte mir seine Frau, aber er wies niemals jüdische Patienten ab. Frau Alice Briesemeister besaß mit ihrem Mann das Fotogeschäft in der Großen Hamburger Straße 39. Dr. Lux wußte, daß sie eine geborene Ephraim war, eine Jüdin, die nur durch ihre „Mischehe" etwas Schutz besaß. Obwohl sie das Krankenhaus nicht hätte betreten dürfen, nahm er die kranke Frau immer wieder auf. Sie starb im Februar 1944 im Sankt-Hedwig-Hospital. Auch ihrer Schwester Meta Choduss war er Hausarzt. Und ungezählten anderen jüdischen Patienten, die frommen Schwestern hatten es mir bei meinem Recherchen erzählt. Was sie mir nicht erzählt hatten, vielleicht, weil sie es nicht wußten, war, daß Dr. Lux zusammen mit der Fürsorgerin Marianne Hapig ein Hilfsnetz für junge jüdische Mädchen aufgebaut hatte, die ohne Papiere, ohne Schutz illegal lebten. Wenn gutsituierte Patienten nach einer Operation oder langem Krankenlager das Hospital verließen, boten Arzt und Fürsorgerin ihnen an, einige Wochen lang eine junge Pflegerin mitzunehmen. Die würde in der Wohnung des Patienten wohnen, er müsse sie allerdings mit Lebensmitteln versorgen. Das sei so üblich im Sankt-Hedwig-Hospital. War der Patient einverstanden, hatte eine junge Jüdin für Wochen ein unverdächtiges Auskommen. So konnte einigen Frauen über die Zeit der Illegalität geholfen werden. Anderen half der Arzt auf andere Weise, aber wie und wem genau, hat seine Frau nicht erfahren. Auch nach dem Verbleib der in katholischen Heimen oder Familien versteckten jüdischen Kleinkinder hat sie nicht gefragt.

1938 hatte sich Dr. Erhard Lux freiwillig als Arzt für die Hitlerjugend in Kreuzberg und Mitte gemeldet. Nie war er Mitglied oder Anwärter der NSDAP gewesen. Aber um diese Arbeit machen zu können, mußte er sich als „Kommissarischen Bannarzt" bezeichnen lassen, als Arzt gehörte er automatisch zum Führerkorps des Bannes 155. Er bestellte die Eltern der Jugendlichen ins Hospital, vielen konnte er Freistellungen für militärische Übungen beschaffen, er sah, wenn der ideologische Druck auf die Jungen so stark war, daß er als Arzt eingreifen mußte, und half, wo er konnte. In der Großen Hamburger Straße 19 befand sich ein katholisches Jungmännerhaus, das Don-Bosco-Heim. Mit dem Direktor, Klinski, traf Dr. Erhard Lux Absprachen. Einmal ordnete er für das gesamte Heim Quarantäne wegen Typhusverdacht an, damit die jungen Männer nicht zu einer militärischen Übung einrücken mußten.

Er wußte, was in der Auguststraße geschah, was in der Sammelstelle in der Großen Hamburger Straße 27 vor sich ging, er litt darunter und fühlte sich machtlos. Einige Male nahmen er und seine Schwestern Entflohene aus der Großen Hamburger auf. Als die letzten alten jüdischen Menschen mit dem 90. Alterstransport im Mai

1943 das Haus in der Auguststraße 14–16 verlassen hatten und die Hitlerjugend in das Haus zog, ging Dr. Lux dort als Arzt ein und aus. Er sah, daß das Haus für etwa fünfzig bis siebzig ausländische Zwangsarbeiter zum Lager wurde, die als Bauarbeiter bei der Reichsjugendführung beschäftigt waren. Die meisten dieser jungen Männer waren sogenannte Ostarbeiter aus Polen und der Sowjetunion, auch Italiener, Holländer und Franzosen sollen unter ihnen gewesen sein, sie waren beim Bau des Bunkers am Koppenplatz eingesetzt. Auch im Heereslager in der Oranienburger Straße bei der ehemaligen Neuen Synagoge und an anderen Gebäuden hatten sie Bombenschäden zu beseitigen. Dr. Erhard Lux bestand darauf, diese Zwangsarbeiter ärztlich zu betreuen, er begründete das mit der Seuchengefahr. So konnte er ihnen helfen, ihnen Lebensmittel, Medikamente und einfach menschliche Zuwendung geben. Aus denselben Gründen bewarb er sich darum, die ärztliche Aufsicht über das Gestapogefängnis in der Großen Hamburger Straße zu führen. Dort gab es seit dem Sommer 1943 kein Sammellager mehr, weil die Zeit der großen Judentransporte vorbei war und im Jüdischen Krankenhaus Iranische Straße ein eigenes Gestapogefängnis für aufgegriffene Juden eingerichtet worden war, die von dort aus, zuletzt im März 1945, auf Transport gingen. Die Große Hamburger Straße 27 aber blieb ein Gefängnis, unterstand der Gestapo. Hier wurden vor allem ausländische Zwangsarbeiter gefangengehalten, aber auch politische Häftlinge, manchmal auch Juden. Im Februar 1944 wurde Erhard Lux zum Arzt für dieses Gefängnis bestellt, auf eigenen Wunsch und neben seiner Arbeit als Oberarzt im Sankt-Hedwig-Hospital. Unter dem Vorwand, sie wegen TBC-Gefahr röntgen zu müssen, holte er immer wieder Häftlinge in sein Krankenhaus. Dort ergaben sich Möglichkeiten für Gespräche, und er konnte den Häftlingen zu essen geben. Dem Pater Schmidt aus der Sankt-Canisius-Gemeinde, der die Botschaft des Bischofs von Galen verbreitet hatte und vor seinem Transport nach Dachau in der Großen Hamburger Straße einsaß, hat Dr. Lux im Sankt-Hedwig-Hospital die Begegnung mit seinen Brüdern ermöglicht. Katholischen Häftlingen ermöglichte er die Teilnahme am Gottesdienst in seinem Krankenhaus. Andere schrieb er immer wieder transportunfähig, stellte sie unter Typhusverdacht, um ihren Abtransport ins Lager hinauszuzögern. Vor Seuchen hatten die Gestapoleute panische Angst.

Den jüdischen Arzt Dr. Martin Sternberg, seine Frau und seinen Sohn Heinz bewahrte Dr. Lux auf diese Weise mehrfach vor dem Abtransport nach Auschwitz. Er behauptete, bei seiner Überlastung und der Typhusgefahr den jüdischen Arzt als Sanitäter zu brauchen, ebenso die jüdische Krankenschwester Julia. Am 22. April 1945, als der jüdische Arzt und die Krankenschwester Julia, sowie Frau Sternberg und Heinz im letzten Moment erschossen werden sollten, verhalf Dr. Lux ihnen zur Flucht. Er holte diese Menschen in die Kellerräume des Sankt-Hedwig-Hoaspitals, versteckte sie dort. Sie überlebten. Auch der Jude Dr. Hegewald, an den sich die frommen Schwestern noch 1981 dunkel erinnert hatten, überlebte unter Dr. Lux' Schutz. Nach dem Krieg wohnte er in der Mommsenstraße 66. Auch er hat einen Brief an jene Entnazifizierungskommission geschrieben.

Das war 1946.

Im Januar 1945 war Frau Lux mit den Kindern nach Berlin zurückgekehrt. Die Familie zog in die Krausnickstraße 12 a, denn ihre Wohnung im Nebenhaus war augebomt worden. Russische Zwangsarbeiter halfen beim Umzug.

Dr. Lux arbeitete in diesen Monaten Tag und Nacht. Nach dem Kriegsende war er nur noch im Krankenhaus Arzt, seit September 1945 Leiter der medizinischen Abteilung.

Am 15. März 1946 wurde ihm gekündigt. Die Anweisung Nr. 101 a der Alliierten Kommission der Stadt Berlin verbot die Beschäftigung eines Arztes, der „Bannarzt" gewesen war. Schockiert stellte Erhard Lux einen Antrag an die Entnazifizierungsstelle beim Magistrat. Er schilderte seine Gründe, sich als Arzt der Hitlerjugend und den Gestapogefangenen zuzuwenden. Er benannte Zeugen, ehemalige Patienten, die Gräfin Matuschka, die Schwester Julia, die inzwischen im Jüdischen Krankenhaus arbeitete, Dr. Sternberg, der in der Binzstraße in Pankow wieder eine Praxis hatte, er nannte die Namen von Zwangsarbeitern, katholischen Priestern, Kommunisten, Juden. Die Entnazifizierungskommission für Ärzte beim Magistrat beschloß im Juli 1946, sein Gesuch befürwortend an die Alliierte Kommission weiterzureichen. Als „Dienstverpflichteter" durfte Dr. Lux im Krankenhaus weiter arbeiten. Obwohl doch dort alle wußten, wer er war, obwohl ihm weiterhin mit menschlichem Respekt begegnet wurde, fand sich unter seinen Kollegen keiner, der ihn öffentlich rehabilitierte. Keiner, der es wagte, sich mit den Alliierten anzulegen. Auch er protestierte nicht laut, aber er litt unter dem Makel, als Nazi angesehen zu werden. Er bekam nicht das Gehalt eines Arztes, die Familie litt Not, aber noch schlimmer war für diesen uneigennützigen Menschen, der sein Leben für andere riskiert hatte, daß seine Würde so getreten wurde. Auf ihrer 43. Sitzung im Juli 1947 beschloß die Alliierte Kommission, die den Dr. Lux nur aus den Akten kannte, ihn nicht zu „entnazifizieren". Dr. Lux erfuhr dies erst 19 Monate später. Da half es nicht, daß Patienten Briefe schrieben, daß Pater Schmidt, Dr. Sternberg, viele andere für ihn aussagten. Die Macht hatte ihr Wort gefällt, und keiner wagte, sich ihr zu widersetzen. Dr. Lux war weiterhin nur „dienstverpflichteter" Arzt. 1949 wurde ihm im englischen Sektor eine Stelle als Chefarzt im Krankenhaus Maria Trost angeboten. Vielleicht hatte es mit der Teilung Berlins zu tun, daß der Spruchausschuß Steglitz Dr. Lux wieder als Arzt mit allen Rechten bestätigte. Er verließ das Sankt-Hedwig-Hospital, an dem schon sein Vater Krankenpfleger gewesen war, an dem so viele verfolgte Menschen durch ihn mehr als ärztliche Hilfe gefunden hatten. In Lankwitz blieb er bis 1976. Nach seiner Pensionierung arbeitete er noch dreimal in der Woche in einem Altersheim. Seit 1961 packte seine Familie, zu der inzwischen zehn Kinder, darunter ein angenommenes gehörten, über tausend Pakete mit Medikamenten für die dritte Welt. Als er 1981 starb, war Erhard Lux ein von vielen verehrter, geliebter Arzt. Nachdem sein Name in meinem Buch vorkam, riefen mich Menschen an, die seine Patienten, seine Kollegen oder Nachbarn der Familie in Lichterfelde gewesen waren, um mir zu erzählen, was für ein seltener Mensch er gewesen ist.

Aber die Demütigung, zu den Nazis gezählt zu werden, und daß seine Kollegen am Krankenhaus diese Demütigung schweigend hinnahmen, hatte seine Seele verletzt. Er sprach nie darüber, aber es war in ihm. Seine Frau zeigte mir die Dokumente, seine Briefe, die der Zeugen. Sogar die Quittung über 100 Mark hatte er aufgehoben, die er am 10. Mai 194 6 einzahlen mußte, damit sein Antrag auf Entnazifizierung geprüft wurde.

Dieser Katholik war, was man in jüdischem Verständnis einen Gerechten nennt. Und weil diese Art von Gerechtigkeit, Zedakah, mit der Geschichte des Hauses in der Auguststraße verbunden ist, soll hier an sie erinnert werden.

Regina Scheer

Personenregister

Literaturverzeichnis

Borinski, Ora-Anneliese: Erinnerungen. Kwuzat Maayan-zwi Israel 1970

Galliner, Nicola (Hsg.): Wegweiser durch das Jüdische Berlin. Berlin 1987

Geiger, Ludwig: Geschichte der Juden in Berlin. Berlin 1871, Reprint 1988

Geisel, Eike: Im Scheunenviertel. Berlin 1981

Hartung, Dagmar von Doenichen und Winau, Rolf (Hsg.): Zerstörte Fortschritte. Das Jüdische Krankenhaus in Berlin. Edition Hentrich 1989

Henriette Herz in Erinnerungen, Briefen und Zeugnissen. Leipzig und Weimar 1984

Juden in Berlin. Ein Lesebuch. Berlin 1988

Juden in Preußen. Herausgegeben vom Bildarchiv Preußischer Kulturbesitz. Berlin 1981

Knobloch, Heinz: Herr Moses in Berlin. Berlin 1980

Krünitz, Johann Georg 1791 zitiert nach **M. Stürzebecher** in: Historica Hospitalium (Mitteilungen der Deutschen Gesellschaft für Krankenhausgeschichte). Sonderheft 1970. Düsseldorf

Liebermann, Willy Ritter von Wahlendorf: Erinnerungen eines deutschen Juden 1863-1936. München Zürich 1988

Mendelssohn, Moses: Selbstzeugnisse.
Tübingen und Basel 1979

Offenberg, Mario: Adass Jisroel. Die jüdische Gemeinde in Berlin (1869-1942).
Museumspädagogischer Dienst Berlin 1986

Pätzold, Kurt (Hsg.): Verfolgung Vertreibung Vernichtung. Dokumente des faschistischen Antisemitismus 1933-1942. Leipzig 1983

Poelchau, Harald/Stenbock-Fermor, Graf Alexander: Die letzten Stunden.
Berlin 1949

Rosenstein, Paul: Narben bleiben zurück.
München 1954

Rosenstrauch, Hazel (Hsg.): Aus Nachbarn werden Juden. Berlin 1988

Rürup, Reinhard: Emanzipation und Antisemitismus. Studien zur „Judenfrage" der bürgerlichen Gesellschaft. Göttingen 1975

Salomon Maimons Lebensgeschichte, von ihm selbst geschrieben. Berlin 1988

Scholem, Gershom: Von Berlin nach Jerusalem.
Frankfurt am Main 1977

Simon, Hermann: Das Jüdische Museum in der Oranienburger Straße. Berlin 1983

Stern, Selma: Der Preußische Staat und die Juden. Teil 1-3. Tübingen 1962-1971

Weil, Simone: Schwerkraft und Gnade. München Zürich 1989

Winau, Rolf (Hsg.): James Israel - 1846-1926. Wiesbaden 1983

Wollheim, H.: Versuch einer medizinischen Topographie und Statistik von Berlin. Berlin 1844

AtV

Band 5514

Victor Klemperer
Ich will Zeugnis ablegen bis zum letzten

Tagebücher 1933–1945

Herausgegeben von Walter Nowojski
unter Mitarbeit von Hadwig Klemperer

8 Bände in Kassette. 1856 Seiten
ISBN 3-7466-5514-5

Victor Klemperers Tagebücher haben sich als unverzichtbare und unvergleichliche Zeitdokumente von außergewöhnlicher Faszination erwiesen. »Beobachten, notieren, studieren« – das war die ständige Forderung, die er an sich selbst stellte. Seine minutiösen Notizen über den Alltag der Judenverfolgung mitten in einer deutschen Großstadt lösten die selbstgesetzte Christenpflicht des zwangsemeritierten jüdischen Professors ein, den die Liebe seiner nichtjüdischen Ehefrau Eva vor der Deportation bewahrte. Tag für Tag, trotz ständiger Todesgefahr, Zwangsarbeit und entwürdigender Existenz im »Judenhaus«, hielt Victor Klemperer fest, was er erlebte, hörte, sah, was ihm zugetragen wurde: den täglichen Terror mit Razzien, ständig neuen Verboten und Schikanen, gelegentlich auch Gesten der Solidarität von Unbekannten, Gerüchte, politische Witze oder Berichte von Frontsoldaten. Er wollte der »Kulturgeschichtsschreiber der Katastrophe« sein, er wurde darüber hinaus auch der Chronist von bewegenden Schicksalen und Familientragödien, über die die Zeit hinwegging.

AtV

Band 7019

Margret Jäger
Siegfried Jäger
Gefährliche Erbschaften

Die schleichende Restauration rechten Denkens

Originalausgabe
216 Seiten
ISBN 3-7466-7019-5

»Ich sehe einen neuen Hitlerismus kommen«, notierte Victor Klemperer kurz nach dem Zusammenbruch des Naziregimes. Aus seinen Tagebüchern der Jahre 1933–1945 destillierte er sein Buch über die Sprache des Dritten Reiches, »LTI«, das er als »Erziehungsbuch« verstand. Margret Jäger und Siegfried Jäger rekonstruieren Klemperers Sprach- und Gesellschaftskritik und versuchen, sie für die Gegenwart fruchtbar zu machen. Sie wenden Klemperers Methode zum einen auf die Sprache und Ideologie des heutigen Rechtsextremismus an und untersuchen darüber hinaus, ob und welche Elemente völkischen Denkens in die »Mitte« der Gesellschaft eingedrungen sind. Ihre Analysen beziehen sich auf aktuelle Textbeispiele und Illustrationen zentraler deutscher Zeitungen und Zeitschriften, auf Politikerreden jüngster Zeit und auf Alltagsinterviews. Eine fatale Erbschaft wird offensichtlich und eine schleichende Restauration rechts-konservativer Ideen unter links-liberalem Etikett.

AtV

Band 1338

Franz J. Jürgens
»Wir waren ja eigentlich Deutsche«

Juden berichten von Emigration und Rückkehr

248 Seiten
ISBN 3-7466-1338-8

Was kann deutsche Juden nach Jahren im Exil dazu bewegen, wieder nach Deutschland zurückzukehren? Wie empfinden sie eine solche Rückkehr? Wie begegnen sie den Enttäuschungen? Was heißt es schließlich, nach vielen Jahren wieder die Muttersprache zu sprechen?
Die in diesem Band porträtierten Menschen haben in vielen Jahrzehnten die schmerzlichen Erfahrungen von Vertreibung und Exil zu verarbeiten versucht. Im Gespräch mit Franz J. Jürgens geben sie freimütig Auskunft über das im Dritten Reich Erlebte, über die Rettung, über ihre Rückkehr.